PROYECTO
SABER
HACER

W0405111

Música
4.º ESO

SERIE **ESCUCHA**

El libro Música para 4.º de ESO es una obra colectiva concebida, diseñada y creada en el Departamento de Ediciones Educativas de Santillana Educación, S. L., dirigido por **Teresa Grence Ruiz**.

En su elaboración ha participado el siguiente equipo:
María Larumbe Martín
Esther Martín Sánchez-Ballesteros
Inés Reyes Ferrero
Sabina Sánchez de Enciso Defarge

EDICIÓN EJECUTIVA
Eva Herrero González

DIRECCIÓN DEL PROYECTO
Mercedes Rubio Cordovés

Las actividades de este libro no deben ser realizadas en ningún caso en el propio libro. Las tablas, esquemas y otros recursos que se incluyen son modelos para que el alumno los traslade a su cuaderno.

SANTILLANA

ESO

Esquema del libro

El libro del alumno consta de **siete unidades** organizadas en tres secciones: Cultura musical, Lenguaje musical y Edición y difusión musical, más un proyecto, un apartado de actividades finales y un apéndice.

El **CD** que lo acompaña incluye una cuidada selección de las principales piezas musicales que se trabajan en el libro (el profesor dispone de un triple CD con el repertorio completo).

La presentación de la unidad da paso a la sección **Cultura musical**, que desarrolla los contenidos relativos al origen y desarrollo del *jazz* y de la música popular urbana, a la música en las producciones audiovisuales y en las artes escénicas, a las músicas del mundo y al patrimonio musical español.

Contenidos de la unidad desglosados en **Saber** y **Saber hacer**.

Texto de introducción al tema de la unidad.

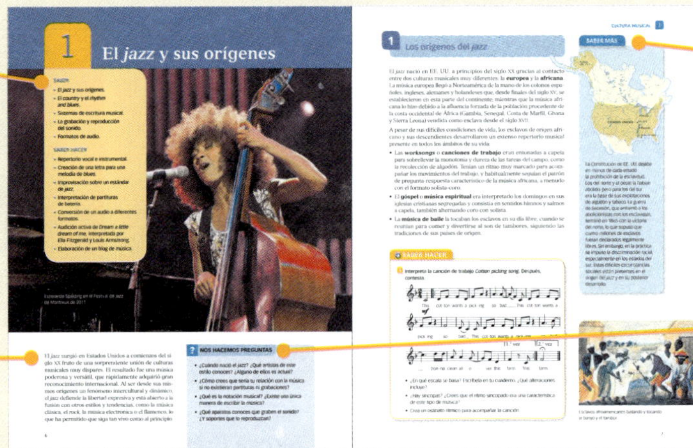

Saber más, con información complementaria sobre los contenidos.

Nos hacemos preguntas, con cuestiones que relacionan la experiencia personal con el tema de la unidad.

El apartado **Lenguaje musical** presenta de manera clara y sencilla conceptos fundamentales de esta materia. Incluye una sección de repertorio musical.

Ten en cuenta, con información relevante complementaria.

Actividades para asimilar los contenidos teóricos.

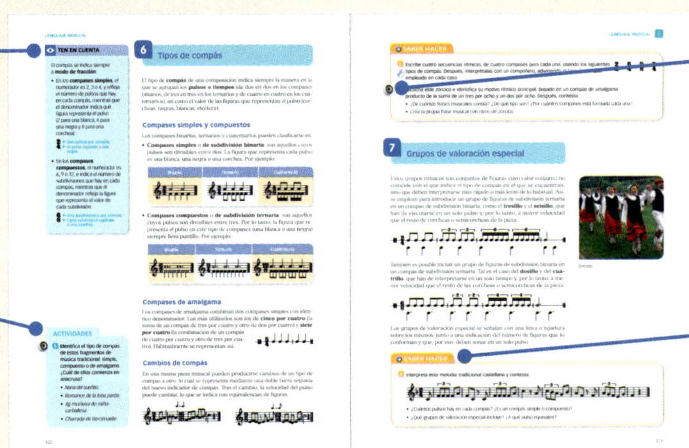

Icono que indica que hay un audio asociado a la actividad en el triple **CD del profesor**.

Saber hacer, con propuestas para poner en práctica lo aprendido.

Repertorio musical, con partituras adecuadas al nivel para interpretar en el aula.

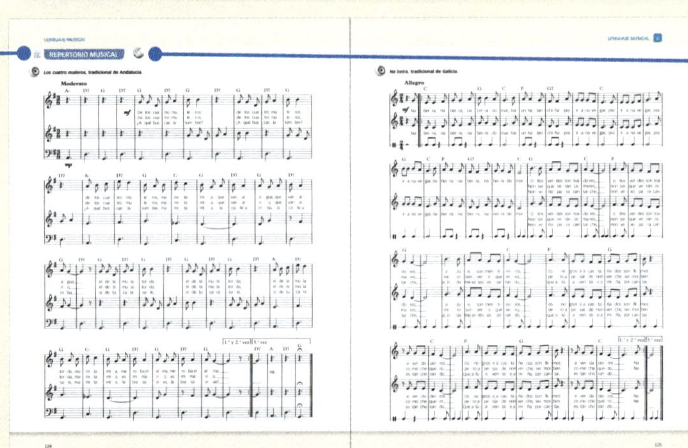

Icono que indica que hay un audio asociado a la actividad en el **CD del alumno**.

ACORDES DE GUITARRA EN CIFRADO AMERICANO

Acordes menores

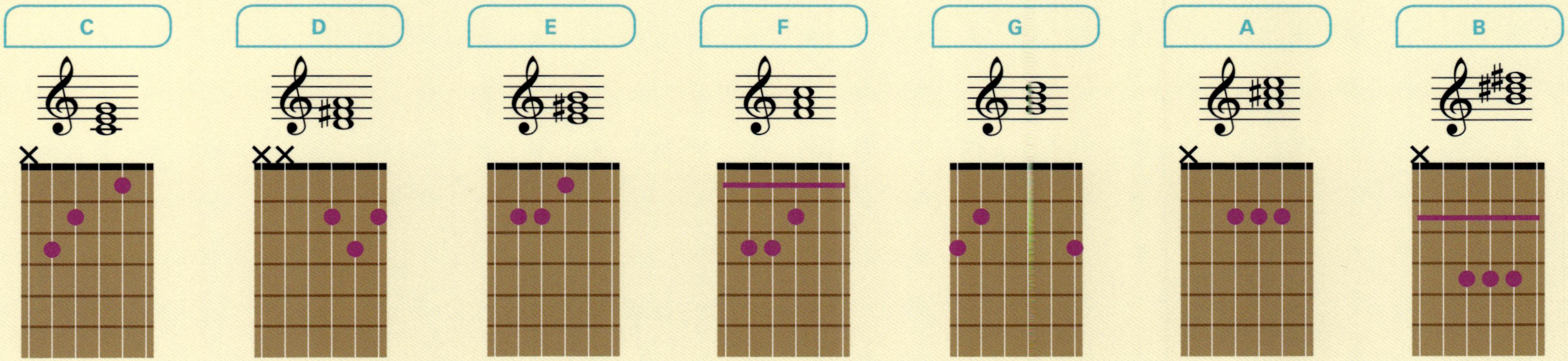

Acordes mayores

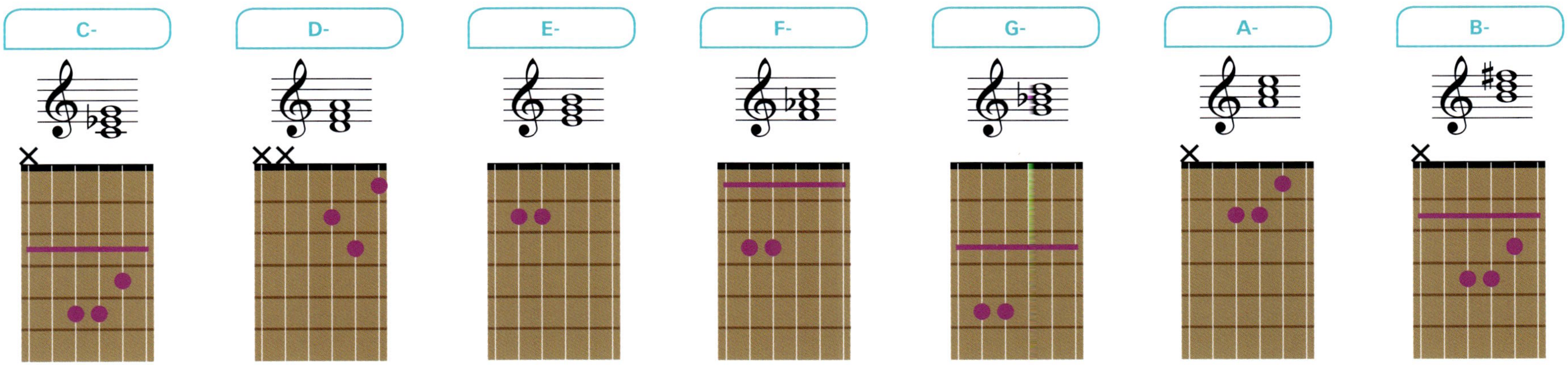

Acordes con séptima

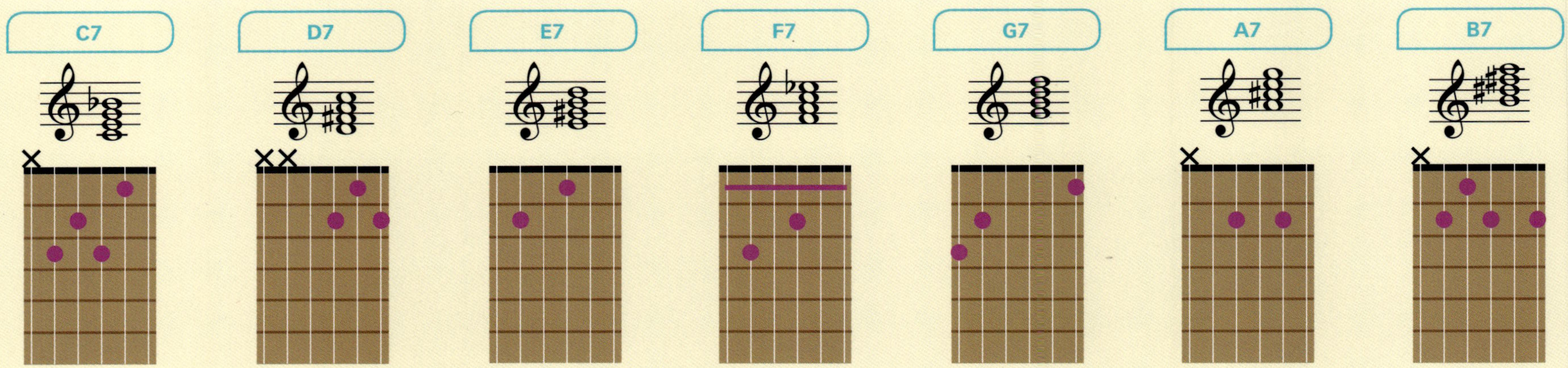

NOTA: Algunas notas en la guitarra se tocan una octava más aguda de como aparecen escritas sobre el pentagrama.
(X): Las cuerdas que llevan este signo no deben tocarse con la mano derecha.

LAS NOTAS EN LA FLAUTA

El apartado **Edición y difusión musical** introduce al alumnado en los medios de difusión de la música (prensa, radio, televisión, industria discográfica, espectáculos musicales en vivo, Internet), en los profesionales que están involucrados en ellos, y en otros temas asociados, como los derechos de autor o los formatos de audio y vídeo. Incluye, además, una sección de repertorio musical con una propuesta de audición activa de una obra representativa del tema estudiado.

Icono que indica la **competencia clave** que se trabaja específicamente en esa sección o actividad.

Características básicas de la obra y del contexto en el que se inscribe.

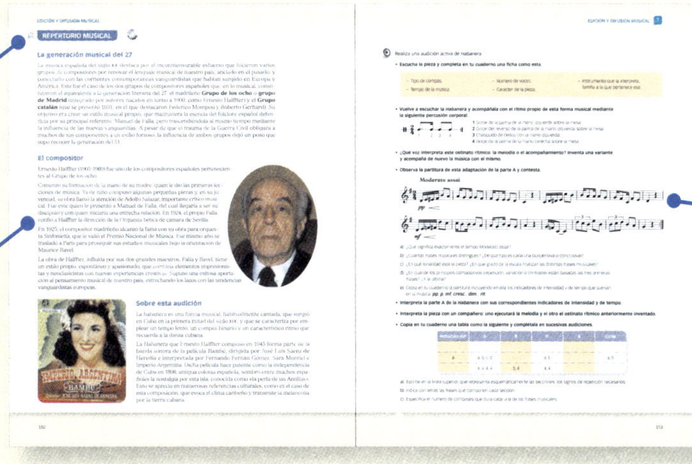

Partitura u otro recurso apropiado para analizar y acompañar la audición propuesta.

Las últimas páginas de la unidad constan de un apartado de **Desarrollo de las competencias clave**, de una doble página de **Actividades finales** para la fijación y repaso de los contenidos, y de un apéndice con una última propuesta de interpretación y con una **Lectura** que cierra la unidad.

Desarrollo de las competencias clave a través de la elaboración de un proyecto creativo en grupo.

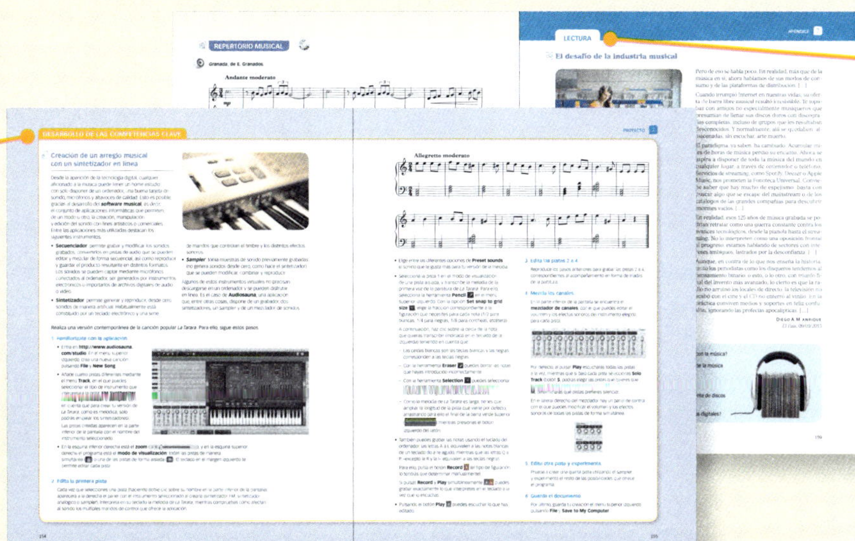

Lectura en forma de reportaje que pone fin a la unidad.

ICONOS

- Comunicación lingüística
- Competencia matemática y competencias básicas en ciencia y tecnología
- Competencias sociales y cívicas
- Conciencia y expresiones culturales
- Sentido de iniciativa y espíritu emprendedor
- Competencia digital
- Aprender a aprender
- Pista de audio incluida en el triple **CD del profesor**
- Pista de audio incluida en el **CD del alumno**

Índice

Repertorio musical	Edición y difusión musical	Apéndice
• *Go down, Moses*, espiritual negro anónimo. • *Summertime* de *Porgy and Bess* de G. Gershwin. • *Dream a little dream of me*, interpretada por E. Fitzgerald y L. Armstrong. • *When you're smiling* de M. Fischer, J. Goodwin y L. Shay.	• La captura del sonido: la grabación y reproducción analógica y digital. • Formatos de audio comprimidos y sin comprimir. • El sistema MIDI.	• **Desarrollo de las competencias clave**: Elaboración de un blog de música. • **Lectura**: Usos del fonógrafo según Edison.
• *I want to break free* de Queen. • *Billie Jean* de M. Jackson. • *School day*, interpretada por Chuck Berry. • *Hey, soul sister* de Train.	• La industria discográfica e Internet. • La producción, distribución y promoción de un disco. • El diseño de un estudio de grabación. Los *home studio*.	• **Desarrollo de las competencias clave**: Creación de un acompañamiento para *We will rock you* con una caja de ritmos. • **Lectura**: Entre la calidez y la calidad en el escenario.
• *Comptine d'un autre été* de la BSO de *Amélie* de J. Tiersen. • *Concerning hobbits* de la BSO de *El señor de los anillos* de H. Shore. • *Tema principal* de la BSO de *La Pantera Rosa* de H. Mancini. • *Willkommen* de la BSO de *Cabaret* de J. Kander.	• La edición de vídeo: formatos de vídeo y tareas de edición. • La creación de la música para una película y los profesionales involucrados.	• **Desarrollo de las competencias clave**: Sonorización de una escena de película muda: *Nosferatu* (1922). • **Lectura**: Entrevista a Ennio Morricone.
• *El sueño imposible* del musical *El hombre de La Mancha* de M. Leigh. • Escena 10 del acto II del *ballet El lago de los cisnes* de P. I. Chaikovsky. • *Danza rusa* del *ballet Petrushka* de I. Stravinsky. • *Noches de amor* del musical *Grease* de J. Jacobs y W. Casey. • *Brindis* de la ópera *La Traviata* de G. Verdi.	• El montaje de un espectáculo musical: fases, profesionales involucrados, espacios escénicos y partes de un teatro.	• **Desarrollo de las competencias clave**: Representación de la escena de un musical: *Noches de amor* del musical *Grease*. • **Lectura**: El musical *West Side story*.
• *Kalinka*, tradicional rusa. • *Shalom haverim*, canon tradicional hebreo. • *Siyahamba*, tradicional zulú. • *Tuichya y San'a «Ya Wahida»*, piezas de una nuba tradicional árabe. • *Cotton-eyed Joe*, tradicional *country*. • *Paranaue*, capoeira tradicional brasileña.	• Las funciones de la música. • Los efectos de la globalización. • La apreciación crítica de la música y los gustos musicales. • La prensa musical. • La crítica musical.	• **Desarrollo de las competencias clave**: Baile de una danza en línea *country*. • **Lectura**: Cuaderno de campo
• *Los cuatro muleros*, tradicional andaluza. • *Na beira*, tradicional gallega. • *Como el agua*, interpretada por Camarón y P. de Lucía. • Sintonía de la serie de televisión *Juego de tronos* de R. Djawadi.	• La música en la radio. • Las plataformas de *streaming*. • La música en la televisión y en la publicidad.	• **Desarrollo de las competencias clave**: Creación de una emisora de radio digital. • **Lectura**: ¿Qué le hace la música a nuestro cerebro?
• *Din dirindín*, anónimo del *Cancionero de Palacio*. • *Las espigadoras* de la zarzuela *La rosa del azafrán* de J. Guerrero. • *Habanera* de E. Halffter. • *Granada* de E. Granados.	• La educación musical en España. • La edición de partituras. • Los derechos de autor y los derechos conexos. • La piratería.	• **Desarrollo de las competencias clave**: Composición de un arreglo musical con un sintetizador en línea. • **Lectura**: El desafío de la industria musical.

1 El *jazz* y sus orígenes

SABER

- El *jazz* y sus orígenes.
- El *country* y el *rhythm and blues*.
- Sistemas de escritura musical.
- La grabación y reproducción del sonido.
- Formatos de audio.

SABER HACER

- Repertorio vocal e instrumental.
- Creación de una letra para una melodía de *blues*.
- Improvisación sobre un estándar de *jazz*.
- Interpretación de partituras de batería.
- Conversión de un audio a diferentes formatos.
- Audición activa de *Dream a little dream of me,* interpretada por Ella Fitzgerald y Louis Armstrong.
- Elaboración de un blog de música.

Esperanza Spalding en el Festival de Jazz de Montreux de 2011.

El *jazz* surgió en Estados Unidos a comienzos del siglo XX fruto de una sorprendente unión de culturas musicales muy dispares. El resultado fue una música poderosa y versátil, que rápidamente adquirió gran reconocimiento internacional. Al ser desde sus mismos orígenes un fenómeno intercultural y dinámico, el *jazz* defiende la libertad expresiva y está abierto a la fusión con otros estilos y tendencias, como la música clásica, el *rock*, la música electrónica o el flamenco, lo que ha permitido que siga tan vivo como al principio.

? NOS HACEMOS PREGUNTAS

- ¿Cuándo nació el *jazz*? ¿Qué artistas de este estilo conoces? ¿Alguno de ellos es actual?
- ¿Cómo crees que sería tu relación con la música si no existieran partituras ni grabaciones?
- ¿Qué es la notación musical? ¿Existe una única manera de escribir la música?
- ¿Qué aparatos conoces que graben el sonido? ¿Y soportes que lo reproduzcan?

1 Los orígenes del *jazz*

El *jazz* nació en EE. UU. a principios del siglo XX gracias al contacto entre dos culturas musicales muy diferentes: la **europea** y la **africana**. La música europea llegó a Norteamérica de la mano de los colonos españoles, ingleses, alemanes y holandeses que, desde finales del siglo XV, se establecieron en esta parte del continente; mientras que la música africana lo hizo debido a la afluencia forzada de la población procedente de la costa occidental de África (Gambia, Senegal, Costa de Marfil, Ghana y Sierra Leona) vendida como esclava desde el siglo XVII.

A pesar de sus difíciles condiciones de vida, los esclavos de origen africano y sus descendientes desarrollaron un extenso repertorio musical presente en todos los ámbitos de su vida:

- Las ***worksongs*** o **canciones de trabajo** eran entonadas a capela para sobrellevar la monotonía y dureza de las tareas del campo, como la recolección de algodón. Tenían un ritmo muy marcado para acompañar los movimientos del trabajo, y habitualmente seguían el patrón de pregunta-respuesta característico de la música africana, a menudo con el formato solista-coro.
- El **góspel** o **música espiritual** era interpretado los domingos en sus iglesias cristianas segregadas y consistía en sentidos himnos y salmos a capela, también alternando coro con solista.
- La **música de baile** la tocaban los esclavos en su día libre, cuando se reunían para comer y divertirse al son de tambores, siguiendo las tradiciones de sus países de origen.

SABER HACER

1 Interpreta la canción de trabajo *Cotton picking song*. Después, contesta.

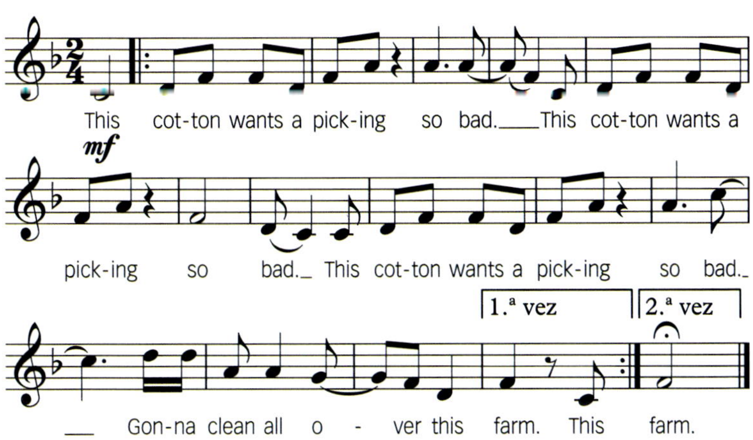

- ¿En qué escala se basa? Escríbela en tu cuaderno. ¿Qué alteraciones incluye?
- ¿Hay síncopas? ¿Crees que el ritmo sincopado era una característica de este tipo de música?
- Crea un ostinato rítmico para acompañar la canción.

SABER MÁS

La Constitución de EE. UU. dejaba en manos de cada estado la prohibición de la esclavitud. Los del norte y el oeste la habían abolido, pero para los del sur era la base de sus explotaciones de algodón y tabaco. La guerra de Secesión, que enfrentó a los abolicionistas con los esclavistas, terminó en 1865 con la victoria del norte, lo que supuso que cuatro millones de esclavos fueran declarados legalmente libres. Sin embargo, en la práctica se impuso la discriminación racial, especialmente en los estados del sur. Estas difíciles circunstancias sociales están presentes en el origen del *jazz* y en su posterior desarrollo.

Esclavos afroamericanos bailando y tocando el banyo y el tambor.

ACTIVIDADES

1 Escucha el *ragtime Maple leaf rag*, de S. Joplin, y contesta.

- ¿Cuál es el tempo? ¿Qué carácter tiene la pieza?
- ¿Comienza en anacrusa?
- ¿Qué pasa en el primer y tercer pulso de cada compás?

2 Escucha *Black mountain blues*, interpretada por B. Smith, y contesta.

- ¿Comienza en anacrusa?
- ¿Cuántos compases dura la introducción?
- Identifica la estructura AAB de doce compases, con su repetición.

Con el tiempo, las características de este repertorio africano se mezclaron con elementos europeos, dando lugar a estilos como el *ragtime* y el *blues*.

El *ragtime*

El *ragtime* era una música de baile a la que se incorporaron instrumentos y características de tradición europea, provenientes de las marchas, bandas de desfile y orquestas de baile. Este estilo pianístico se caracterizaba por un ritmo cuaternario muy vivo, acentuado en los tiempos impares, y una melodía de carácter animado y repleta de síncopas. Scott Joplin fue uno de sus compositores más célebres.

El *blues*

El *blues* era un canto triste y desgarrado, expresión del dolor y la añoranza por una vida mejor (*blue* significa «tristeza, melancolía»), nacido de la fusión de los cantos de trabajo y los espirituales. Esta música, originalmente para voz y guitarra o banyo, era de tempo lento, carácter intimista y ritmo cuaternario, y narraba los problemas y sentimientos de los esclavos y sus descendientes. Sigue el patrón pregunta-respuesta, con estrofas de doce compases formadas por un primer verso repetido, seguido de un tercer verso contrastante, creando una estructura AAB. Se caracteriza por el uso de las notas de *blues* (notas «desafinadas» que producen una sensación de inestabilidad armónica característica de este estilo). Bessie Smith fue la cantante más popular de los años veinte y treinta.

SABER HACER

2 Interpreta este fragmento de *Saint Louis blues*, de W. C. Handy, y contesta a las preguntas. Por último, crea una letra en castellano para cantarla sobre la música.

Saint Louis blues, compuesta en 1914 por William Christopher Handy, «el padre del *blues*», es una de las piezas más interpretadas a lo largo de la historia del *jazz*. En ella se combinan una melodía de inspiración tradicional, el ritmo sincopado del *ragtime* y la estructura de doce compases del *blues* más clásico.

- ¿En qué compás está?
- Identifica la estructura AAB y su repetición.
- Señala las síncopas que hay en cada compás.
- ¿Qué sentimientos provoca la canción? ¿A qué crees que es debido?

2 Características del *jazz*

El primer *jazz* surgió de la mezcla del *blues* y del *ragtime* en Nueva Orleans, capital del estado de Luisiana y ciudad en la que convivían europeos, criollos (los descendientes de europeos nacidos en el continente americano), latinoamericanos y afroamericanos. Allí se fusionaron las prácticas musicales de todas estas culturas dando lugar a un nuevo y original estilo.

Las primeras agrupaciones que interpretaron este tipo de música fueron las bandas callejeras o ***marching bands***, integradas por instrumentos de viento y percusión, que tocaban en desfiles, *picnics* y funerales.

Tras la abolición de la esclavitud, los músicos de *jazz* encontraron en Nueva Orleans sus primeros trabajos pagados en los locales del famoso barrio de Storyville, así como en los barcos que recorrían el río Mississippi en dirección a Memphis, San Luis y Chicago, lo que dio lugar a la expansión del *jazz* por el centro y el este de los EE. UU.

En apenas un siglo de vida, el *jazz* ha creado una tradición rica, profunda y muy influyente. Sus características más destacadas son:

- Se basa en la **improvisación** y no en la interpretación fiel de una partitura. El músico parte de un tema musical y crea a partir de este su propia versión. Cuando un tema se ha hecho tan popular que ha sido versionado numerosas veces, se conoce como **estándar**.
- El ritmo es sincopado, otorgando a la música una estimulante sensación llamada *swing*.
- Es interpretado por agrupaciones de cámara o bandas que se organizan en una **sección melódica** (habitualmente trompetas, trombones, saxofones y clarinetes) y otra **rítmica** (normalmente piano, tuba, contrabajo, batería y guitarra).

Duke Ellington (1899-1974) fue un pianista, compositor y director de orquesta estadounidense, y una de las grandes figuras del *jazz*. En 1924 formó su propia banda, que alcanzó gran prestigio tocando en el Cotton Club de Harlem (Nueva York). Fue uno de los compositores de *jazz* más prolíficos.

SABER HACER

3 Escucha el estándar de *jazz Satin doll*, interpretado por D. Ellington, y contesta.

- Observa las diferentes secciones de las que consta esta pieza e indica el número de compases que integran cada una y el orden en el que suenan. Ten en cuenta que también se llama estándar a la parte de la melodía que se interpreta tal cual es, sin ningún tipo de improvisación por parte del intérprete.

estándar	coda	improvisación	estándar (solo parte A)	introducción

- Interpreta el estándar sobre la música mientras lo grabas, y reproduce el resultado para valorarlo.

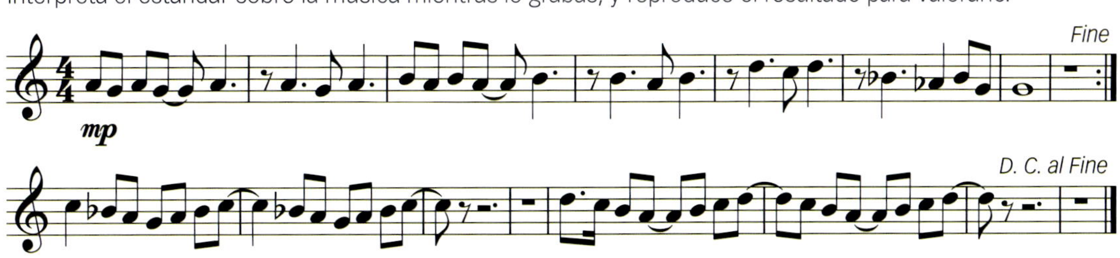

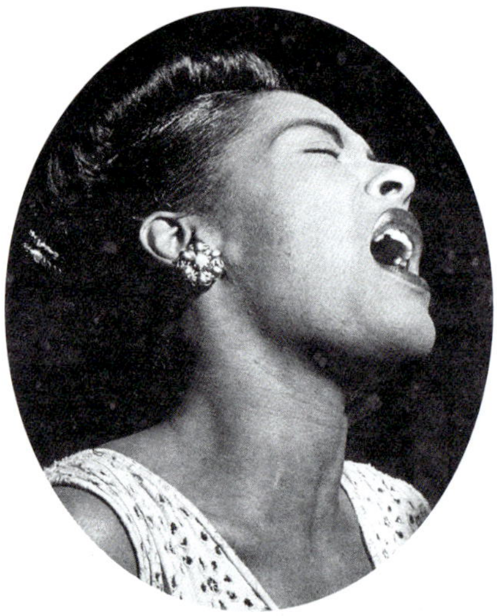

Billie Holiday (1915-1959) fue una cantante estadounidense de *jazz*. Tras actuar como solista en las orquestas de Count Basie y Artie Shaw, inició su carrera en solitario. Su forma de interpretar, muy influida por el *blues*, y su voz cálida, profunda y desgarrada la convirtieron en una de las intérpretes más admiradas del siglo XX.

La evolución del *jazz*

A principios del siglo XX, los músicos de *jazz* dejaron de emplear adornos y variaciones, y pasaron a improvisar individualmente líneas melódicas de gran fuerza expresiva con tempos cada vez más rápidos, en pasajes conocidos como **solos**. Además, las bandas incorporaron instrumentos como la guitarra, el banyo, el piano y el saxofón.

En 1917, las autoridades cerraron Storyville y los músicos emigraron al norte en busca de trabajo y mejores condiciones sociales, y se establecieron principalmente en las ricas ciudades industriales de Chicago y Nueva York, con lo que se inició la primera expansión del *jazz*. El cantante y trompetista Louis Armstrong y el pianista Count Basie fueron las principales figuras de este primer estilo conocido como ***dixieland***, en el que se desarrollaron las improvisaciones y se agilizaron los tempos.

Durante los años treinta, el *jazz* alcanzó un elevado nivel profesional con solistas de renombre internacional, como el pianista Duke Ellington, el clarinetista Benny Goodman y las cantantes Billie Holiday y Ella Fitzgerald. Este período también es conocido como la época de las ***big bands***: orquestas profesionales que, bajo la batuta de un director, interpretaban arreglos elaborados de antemano oponiendo secciones orquestales a solos individuales improvisados.

Entre 1939 y 1945 se desarrolló el ***swing***, un estilo de ritmo bailable y carácter animado, interpretado por grandes bandas, como la del compositor, trombonista y director de orquesta Glenn Miller. Se caracteriza por la repetición de frases musicales y un ritmo sincopado con notas a contratiempo y una marcada sensación de irregularidad rítmica.

SABER HACER

4 Improvisa sobre el tema A de uno de los estándares más célebres de *jazz*: *In the mood*, de G. Miller.

- Recuerda las posiciones de las notas en la flauta y practica el tema A.

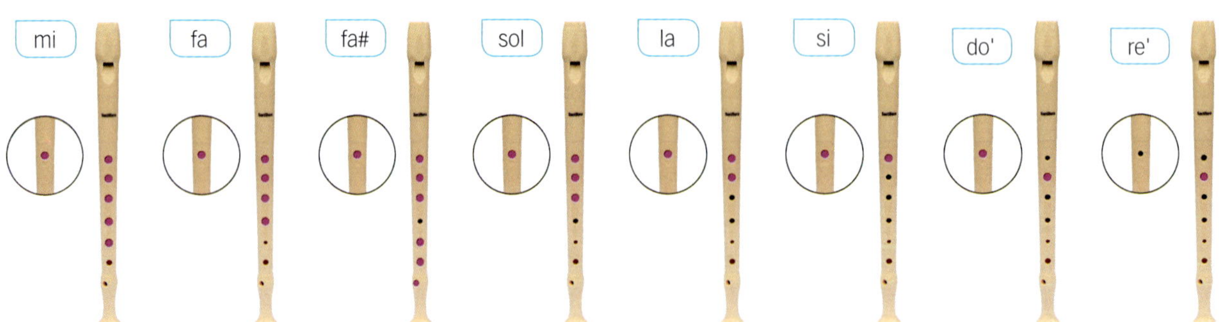

- Haz variaciones en la melodía, modificando la duración de las notas, la intensidad, el ritmo, etcétera.
- Interpreta las variaciones y altérnalas entre sí. Graba el resultado y reprodúcelo para valorarlo.

Tras la Segunda Guerra Mundial se extendió el ***be-bop***, un tipo de música más compleja, escrita para formaciones reducidas, con tempos rápidos, intricadas melodías, armonías con cromatismos y disonancias, ritmos difíciles y largos solos improvisados. Destacaron el trompetista Dizzy Gillespie y el saxofonista Charlie Parker.

En los años sesenta, los músicos de *jazz* continuaron experimentando con la forma, la tonalidad y el ritmo, lo que dio origen a nuevos estilos de corte intelectual y abstracto, como el ***post-bop***, en el que sobresalieron el saxofonista John Coltrane, el trompetista Miles Davis y el pianista Bill Evans.

A partir de los años setenta surgió el ***jazz* fusión**, en el que se hizo explícita la influencia de estilos como el *rock*, el *funk*, la música electrónica, la música clásica y los ritmos latinos. Figuras como los pianistas Chick Corea y Jacques Loussier y el saxofonista Pedro Iturralde son grandes exponentes de este estilo.

Además de los instrumentos clásicos de las bandas de *jazz*, el *jazz* fusión da cabida a nuevos y variados instrumentos, desde la guitarra flamenca al sitar indio.

ACTIVIDADES

3 Escucha e identifica el estilo de los siguientes fragmentos. ¿Qué instrumentos reconoces?

- *When the saints go marching in*, L. Armstrong.
- *Oh, lady be good*, E. Fitzgerald.
- *American patrol*, G. Miller.
- *A night in Tunisia*, D. Gillespie.
- *Blue in green*, M. Davis.

4 Escucha ahora estos ejemplos de *jazz* fusión e indica con qué tipo de música se ha producido el mestizaje.

3 Inicios de la música popular moderna

Junto al *jazz*, en Norteamérica surgieron dos estilos que serían la base de la música popular urbana: el *country* y el *rhythm and blues*.

El *country*

Este estilo surgió en la **década de 1920**, al combinar la tradición musical inglesa, escocesa e irlandesa de los colonos con elementos del *blues* y el góspel. Sus baladas y melodías bailables tienen una forma y una armonía sencillas, y relatan la vida de los *cowboys*, con el acompañamiento de banyos, violines, guitarras, acordeones y armónicas. The Carter Family y Jimmie Rodgers fueron sus fundadores.

El *rhythm and blues*

El *rhythm and blues* (abreviado R&B) es el nombre genérico que se le dio a **finales de la década de 1940** a toda la música comercial interpretada por población afroamericana. Este estilo urbano de ritmos marcados, predecesor del *rock and roll*, era interpretado por un cantante que destacaba sobre un acompañamiento uniforme, generalmente de piano, guitarra eléctrica, bajo, batería, saxofón y coros. Louis Jordan y John Lee Hooker fueron sus principales precursores.

ACTIVIDADES

5 Identifica y compara el sonido del *country* con el del *rhythm and blues* en estas dos audiciones. ¿Qué sensaciones te produce cada una? ¿Qué estilo te gusta más?

- *Keep on the sunny side*, The Carter Family.
- *I'm in the mood*, J. L. Hooker.

SABER MÁS

En los últimos años, Internet se ha convertido en una de las mayores bibliotecas de partituras. Una de las más completas es **IMSLP Petrucci Music Library**.

Desde la tablatura de una pieza para guitarra a la partitura completa de una obra sinfónica, prácticamente toda la música está en la red. Muchas obras pueden descargarse gratuitamente, pero otras están sujetas a derechos de autor y, por lo tanto, deben ser compradas en tiendas virtuales.

4 Sistemas de escritura musical

Los hombres primitivos crearon música para acompañar sus ritos y celebraciones, pero solo podemos imaginar cómo sonaba, ya que se transmitía de manera oral y, con el tiempo, acabó perdiéndose. La **notación musical** fue un invento revolucionario que permitió registrar y conservar intactas las composiciones. En distintas partes del mundo se han creado diferentes sistemas de escritura.

La notación occidental

La notación occidental, cuyo origen se remonta al siglo XVI, cuando el pentagrama se impuso en Europa como pauta para escribir las notas, es el sistema de escritura musical más extendido. Se trata de un lenguaje casi universal con múltiples signos, de los cuales conoces la mayoría.

Nombre	Signo	Significado
octava alta o baja	8va / 8vb 	Las notas afectadas deben tocarse en una octava superior o inferior.
legato		Se indica con una ligadura de expresión. Las notas afectadas deben tocarse sin articular (no interrumpiendo el sonido entre ellas).
stacatto		La nota debe tocarse articulando (interrumpiendo el sonido).
glissando		El intervalo debe interpretarse deslizándose por las notas intermedias (tocándolas todas).
sforzando	*sfz*	La nota o acorde sobre el que se escribe debe interpretarse con un repentino acento.
trémolo		La nota debe repetirse las veces indicadas por el número de barras en el tiempo que dura su valor.
ligadura de fraseo		Se indica con una ligadura de expresión que abarca varias notas que deben interpretarse en una sola frase musical.
compás de espera	10 	El número de compases indicados deben ser de silencio.
repetición de compás	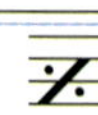	Debe repetirse el compás anterior.
dal segno al coda	***D. S. al Coda*** (*segno* = 𝄋; *coda* = 𝄌)	La pieza debe volver a tocarse desde el *segno* más cercano hasta el primer símbolo de coda, y continuarse desde el segundo símbolo de coda hasta el final.

El musicograma

En 1970, el pedagogo musical Jos Wuytack inventó los musicogramas, unos gráficos que ayudan a identificar visualmente los parámetros de la música en el transcurso de una audición, como vemos en la siguiente ilustración.

ACTIVIDADES

6 Distribuidos en parejas, consulta la tabla de los signos musicales y plantea a tu compañero preguntas como las siguientes.

- ¿Cómo es el signo del *stacatto*? ¿Cuál es su significado?
- ¿Qué signo se emplea para indicar que se tiene que repetir el compás anterior de una pieza?

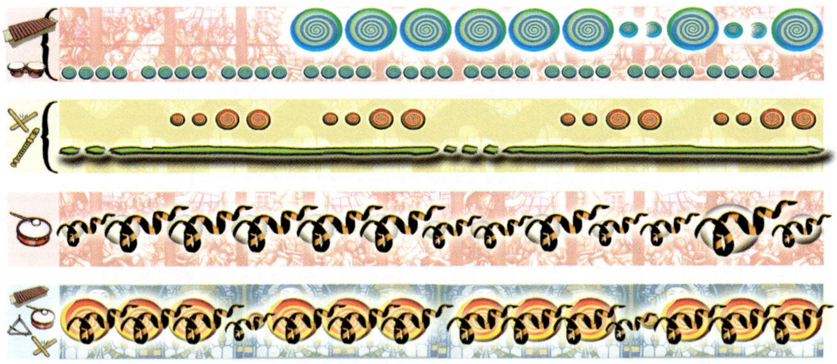

La notación alfabética

En la música popular moderna, surgida en el mundo anglosajón, es habitual que los intérpretes empleen un tipo de notación alfabética en el que las notas do a si se nombran con las letras C, D, E, F, G, A y B, respectivamente.

La tablatura

Por su parte, la tablatura, llamada comúnmente por su nombre en inglés ***tab***, tuvo su origen en el siglo XIV. Actualmente es muy utilizada por principiantes y aficionados a la guitarra y al bajo, pues refleja de forma sencilla la posición de los dedos en el instrumento (pero no el ritmo, por lo que el intérprete debe conocer la melodía para poder tocarla).

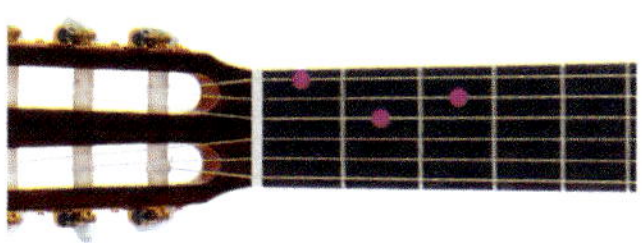

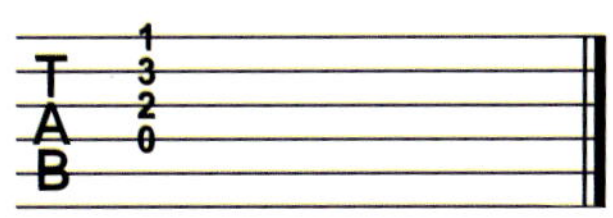

En ella, las líneas se corresponden con las cuerdas del instrumento, y los números especifican en qué traste debe pisarse la cuerda. El 0 indica que esta debe tocarse «al aire», es decir, sin pisar ningún traste.

En la tablatura de guitarra, las notas de la escala diatónica de do mayor se representan como se indica en el pentagrama de la derecha.

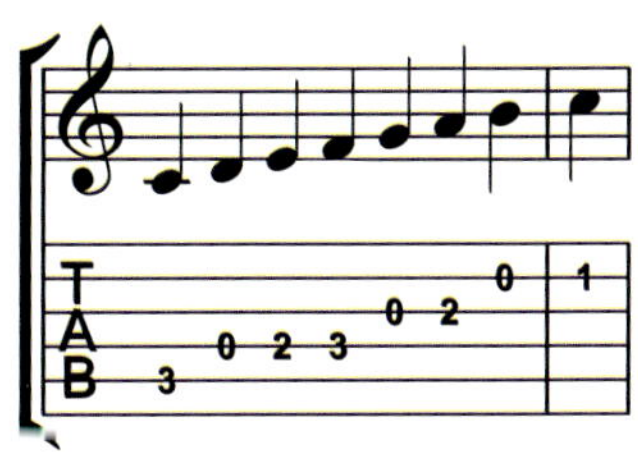

Las partituras de batería

En las partituras de batería, la altura de las notas indica el instrumento que las interpreta en cada caso. Ya que el músico toca los diversos instrumentos que conforman la batería de forma simultánea, en este tipo de partituras es frecuente que aparezcan varias notas superpuestas, lo que obliga a modificar la dirección de las plicas para asegurarse de que no se pisen.

1 bombo **2** caja
3 *tom* 1 **4** *tom* 2 **5** *tom* 3
6 *charles* o platillos con baqueta
7 *charles* con pedal

ACTIVIDADES

7 Transcribe en un pentagrama la siguiente tablatura. ¿Reconoces la melodía? A continuación, elabora un musicograma que represente el compás y la altura de las notas.

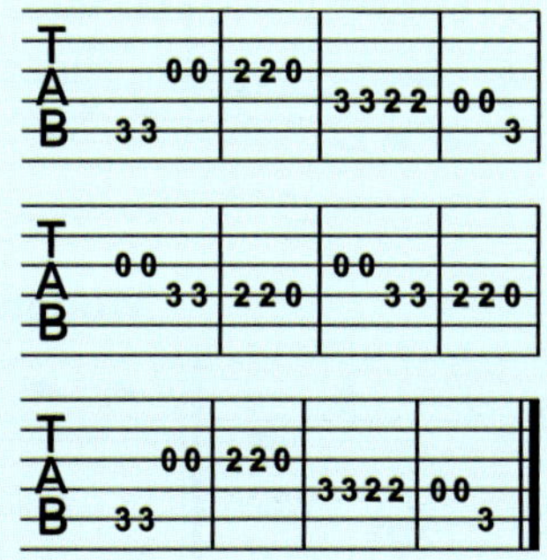

SABER MÁS

La **batería** es un conjunto de instrumentos de percusión formado por el bombo, que marca las partes fuertes del compás; la caja, que toca los pulsos débiles o hace adornos y redobles rápidos; el *charles*, que realiza la subdivisión del compás o patrones rítmicos de acompañamiento; los *toms* o tambores, que dan mayor riqueza tímbrica a los patrones rítmicos, y los platillos, que refuerzan la subdivisión del compás, interpretan algún patrón rítmico o apoyan los golpes del bombo y la caja.

REPERTORIO MUSICAL

Go down, Moses, **espiritual negro anónimo.**

Ostinatos estribillo:

Ostinatos estrofa:

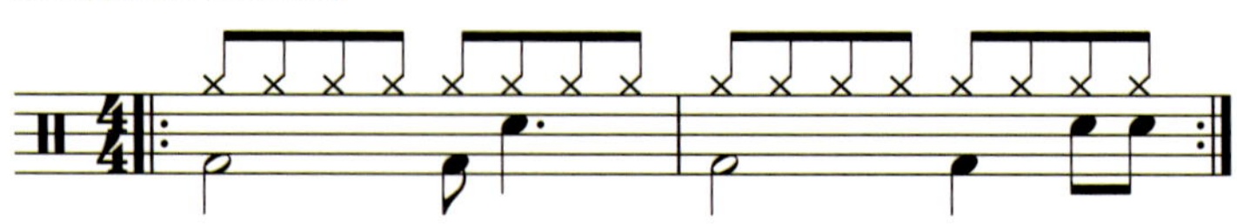

bombo = pie derecho sobre el suelo **caja** = nudillos de la mano derecha sobre la mesa ***tom*** = pito mano derecha

***Summertime* de *Porgy and Bess* de G. Gerswhin.**

ACTIVIDADES

8 Investiga cuál fue la primera grabación realizada por Thomas Alva Edison en un fonógrafo y escúchala.

9 Indica qué características tienen en común la notación y la fonografía, y qué las diferencia a la hora de registrar la música.

5 La captura del sonido

Hasta hace poco más de un siglo, la única forma que había de escuchar música era interpretarla uno mismo o acudir a algún evento musical para oírla en directo. Por ello, tras la aparición de los sistemas de notación, la **grabación y reproducción del sonido** fue el siguiente acontecimiento más importante en la historia de la música. Ambos inventos han sido el resultado del esfuerzo humano por hacer pervivir el sonido en el tiempo para compartirlo con los demás.

El primer aparato capaz de registrar y reproducir el sonido fue el **fonógrafo**, inventado en 1877 por Thomas Alva Edison. Las grabaciones eran muy breves, y su calidad, bastante pobre, pero supuso toda una revolución en la historia de la música. Su mecanismo era el siguiente:

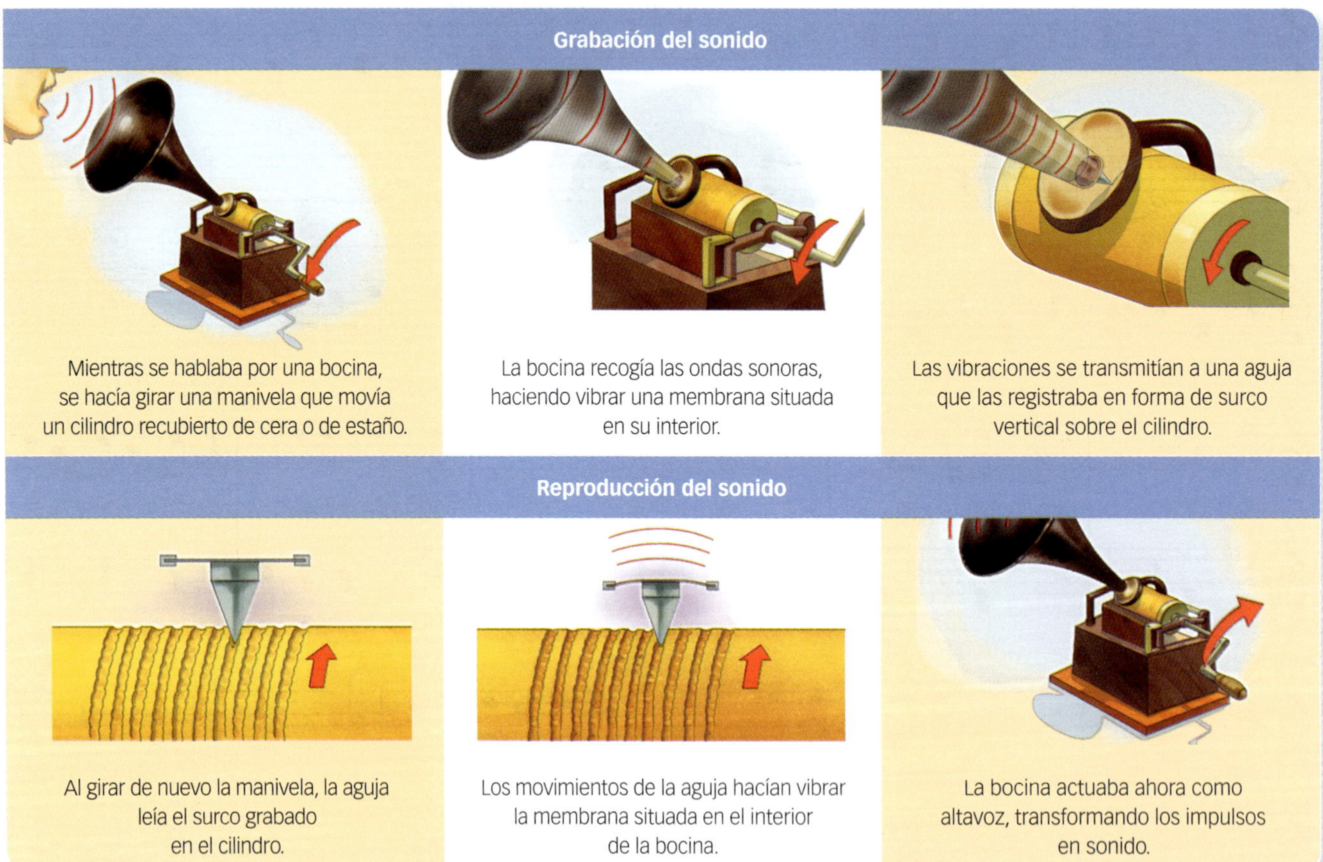

Mientras se hablaba por una bocina, se hacía girar una manivela que movía un cilindro recubierto de cera o de estaño.

La bocina recogía las ondas sonoras, haciendo vibrar una membrana situada en su interior.

Las vibraciones se transmitían a una aguja que las registraba en forma de surco vertical sobre el cilindro.

Al girar de nuevo la manivela, la aguja leía el surco grabado en el cilindro.

Los movimientos de la aguja hacían vibrar la membrana situada en el interior de la bocina.

La bocina actuaba ahora como altavoz, transformando los impulsos en sonido.

La grabación y reproducción analógica del sonido

Tras el fonógrafo surgieron nuevos sistemas analógicos. En todos ellos, las ondas sonoras se transforman en vibraciones análogas (semejantes) al sonido original, las cuales se registran físicamente en un soporte (como un disco o una cinta).

Así, en 1888, Emile Berliner patentó el **gramófono**, que reemplazó el cilindro de cera por un disco plano de pizarra, un soporte mucho más estable, que mejoraba la calidad sonora y ampliaba la duración de las grabaciones. En este caso, la aguja realizaba los surcos en espiral y por una sola cara. Además, a partir de un único molde se podían hacer varias copias, lo que supuso el inicio de la difusión musical y el nacimiento de las discográficas.

A principios del siglo XX se comenzó a aplicar la electricidad a este campo. Con ella surgieron tres elementos fundamentales:

- El **micrófono**, capaz de transformar las ondas sonoras en energía eléctrica.
- El **amplificador**, que incrementaba la potencia de la señal eléctrica.
- El **altavoz**, que transformaba la señal eléctrica amplificada en sonido.

El **tocadiscos** (1925) fue el resultado de la incorporación de la electricidad al gramófono. Con él, la pizarra fue sustituida por el vinilo, un tipo de plástico resistente en el que se podían hacer microsurcos, lo que permitía grabaciones de larga duración y mayor fidelidad. Al incorporar un motor eléctrico, el plato que hacía girar el disco tenía una velocidad constante, y la presencia de un amplificador y de altavoces permitió incluir controles de volumen. Al igual que el gramófono, este aparato no permitía manipular la grabación del sonido.

Hacia 1940 apareció el **magnetófono**, un nuevo sistema en el que las ondas sonoras captadas por el micrófono eran transformadas en campos magnéticos, que se registraban en cintas magnéticas por imantación, mediante un cabezal que contenía un electroimán. Este sistema permitía hacer grabaciones más largas y de mayor calidad. Además, las cintas, que se enrollaban sobre sí mismas, podían manipularse (por ejemplo, cortando un trozo y empalmando de nuevo la cinta, o grabando más sonido encima de esta), lo que dio paso a la edición del sonido.

En 1960 se crearon las cintas de casete, que contenían la cinta magnética en un estuche cerrado de plástico, frente a las antiguas cintas de bobina abierta. Las cintas de casete supusieron una auténtica revolución debido a su reducido tamaño y coste, y porque permitían hacer grabaciones caseras de forma sencilla. Y en 1979 salió al mercado el primer dispositivo portátil: el ***walkman***.

La grabación y reproducción digital del sonido

A finales del siglo XX fue posible traducir las vibraciones de las ondas sonoras en combinaciones del **código binario** (formado por ceros y unos) empleado en los sistemas informáticos. Para ello, un **conversor** transforma la señal analógica en digital durante la grabación y, nuevamente, de digital a analógica para su reproducción.

La función de un conversor es tomar muestras de la señal analógica, midiendo la frecuencia y amplitud de la onda sonora registrada durante la grabación. La calidad del audio resultante es mejor cuanto mayor es

El gramófono era un aparato caro, por lo que solo las clases adineradas tenían acceso a uno.

SABER MÁS

Los primeros sistemas eran **monofónicos**, es decir, en ellos el sonido se grababa en un único canal y se reproducía en un mismo altavoz. Con el tiempo llegó el sonido estereofónico, más conocido como **estéreo**, que se grababa en dos o más canales independientes y se reproducía en altavoces diferentes, imitando la sensación acústica de la audición por ambos oídos.

En la década de 1950 se creó el sistema **multipista**, en el que el sonido se podía registrar en pistas independientes que luego se mezclaban, lo que permitió grabar por primera vez a los intérpretes por separado.

En la actualidad se emplea el sonido envolvente o ***surround***, que se graba en múltiples canales y se reproduce mediante diversos altavoces colocados alrededor del oyente de forma estratégica.

Existen varios tipos de reproductores de MP3, pero actualmente los más utilizados son los basados en Flash, baratos, resistentes a los golpes y con una memoria de entre 184 MB y 64 GB.

la **frecuencia de muestreo** (es decir, el número de muestras por segundo que se toman de la onda sonora original).

Los sistemas digitales se difundieron rápidamente, pues el material y el proceso de fabricación eran más baratos, aumentaban considerablemente las posibilidades de edición y manipulación del sonido, la calidad de las grabaciones mejoraba y los soportes tenían mayor vida útil.

En la década de 1980 surgió el primer soporte digital: el **disco compacto** o CD. En él se almacena la información mediante un rayo láser que graba unos surcos microscópicos en forma de espiral sobre una de las caras planas que lo componen, los cuales se leen posteriormente mediante el mismo sistema óptico. Desde comienzos del siglo XXI, los reproductores de CD han sido reemplazados por **reproductores de disco duro**, que pueden leer diversos formatos de audio y que permiten comprar y compartir música en la red.

ACTIVIDADES

10 Escucha *Rapsody in blue* interpretada por el propio G. Gershwin al piano y grabada en 1924, y compárala con la grabación digital realizada en 2012 con O. Weiss. ¿Qué diferencias aprecias en la calidad de la grabación?

11 Elabora un listado de grabadores y reproductores analógicos, y otra de reproductores y grabadores digitales. Después, explica las diferencias entre ellos.

6 Formatos de audio

Gracias a la captura digital del sonido, hoy en día podemos almacenar miles de canciones en un espacio muy reducido, y las podemos traspasar fácilmente a todo tipo de soportes. Además, la era digital ha abierto un mundo de posibilidades en la grabación y edición del sonido.

En un sistema informático, los sonidos se almacenan como archivos digitales con una gran variedad de formatos, que se identifican según la extensión que lleven (.wav, .aiff, .mp3, etc.). El tamaño de cada archivo, medido en *bits*, depende de la duración del sonido y de la calidad de muestreo (es decir, a mayor número de muestras por segundo tomadas del sonido analógico, mayor calidad de sonido).

Los archivos digitales de audio pueden contener los datos **sin comprimir**. Tal es el caso del formato WAV, que suele contener la música en alta calidad y que habitualmente se emplea en la grabación de un CD de audio original.

Otra opción es comprimir la información para que los archivos ocupen menos espacio de almacenamiento. En este caso se distinguen dos tipos de **formatos comprimidos** de audio:

- Formatos comprimidos **sin pérdida** de información, que mantienen la calidad sonora original, pero reducen a la mitad el tamaño del archivo, como el AIFF (del sistema operativo de Apple) o el FLAC (de código libre, es decir, que no está sujeto a las restricciones de patentes de un determinado sistema operativo).
- Formatos comprimidos **con pérdida**, en los que la reducción del tamaño del archivo supone una pérdida de información más o menos perceptible según el caso. Algunos de ellos son:

- **MP3**: es el más popular y permite comprimir un fichero hasta diez veces su tamaño original.
- **WMA**: es propio del sistema operativo Windows.
- **AAC**: es el empleado por el sistema operativo Apple en los reproductores iPods y en su programa iTunes.
- **OGG**: es similar al MP3 pero de *software* libre, es decir, que puede ser empleado en todos los sistemas operativos de forma indistinta.
- **Real Audio**: es usado principalmente para el *streaming*. Solo puede escucharse en línea y no puede copiarse ni compartirse.

El sistema MIDI

El sistema MIDI (acrónimo de Musical Instrument Digital Interface) no es un formato en sí mismo, sino un **protocolo de comunicación estándar** entre diferentes dispositivos musicales electrónicos y con el ordenador. Su aparición en 1983 supuso un gran cambio, pues hasta entonces cada fabricante tenía su propio protocolo, lo que complicaba mucho la comunicación entre dispositivos de distintas marcas.

Los archivos MIDI no contienen los sonidos propiamente dichos, sino toda la información sobre sus características (como la altura, la duración, la intensidad y el timbre) codificada en lenguaje MIDI, que el dispositivo de salida (normalmente, la tarjeta de sonido del ordenador) puede leer e interpretar.

Los instrumentos conectados habitualmente a un ordenador mediante el sistema MIDI son el *sampler*, la caja de ritmos y el secuenciador.

ACTIVIDADES

12 Si tuvieses que crear tu propia lista de reproducción, ¿qué canciones elegirías? Elabora un listado con tus diez temas preferidos y compáralo con los del resto de tus compañeros.

13 ¿Qué portal utilizas para escuchar música en Internet? ¿Qué razones te han llevado a elegirlo frente a otros?

SABER HACER

5 Convierte un audio a diferentes formatos y pruébalo en distintos dispositivos.

- Investiga qué formatos de sonido puede reproducir tu dispositivo móvil.
- Descarga en un ordenador dos o tres archivos de sonido y determina su formato. En la búsqueda puedes utilizar el término clave «banco de sonido».
- Los conversores de audio, además de transformar el tipo de archivo, a veces permiten también seleccionar un fragmento o extraer el sonido de un vídeo. Algunos reproductores y grabadores ofrecen igualmente la posibilidad de convertir los audios a otro formato. Además, los programas de edición de audio, como Audacity, también permiten guardar un archivo en diversos formatos. Descarga alguno de estos programas e investiga sus posibilidades.
- Une los dos o tres archivos de sonido que has descargado o extrae el sonido de algún vídeo de YouTube y prueba a guardarlo en los diferentes formatos disponibles. Compara el resultado obtenido según el peso y la calidad de sonido de cada uno.
- Aunque la mayoría de los reproductores digitales reproducen casi todos los formatos de audio, alguna vez plantean problemas. Investiga qué es un códec y qué relación tiene con ello.

REPERTORIO MUSICAL

Un estándar de *jazz*

Un estándar es un tema musical que ha adquirido cierta notoriedad y que sobrevive al paso del tiempo, pues se incluye con frecuencia en el repertorio de los músicos de *jazz*, quienes realizan su propia versión de él.

Hay estándares compuestos por músicos de *jazz*, pero muchos otros pertenecen al repertorio popular o tienen su origen en el teatro, los musicales de Broadway o la gran pantalla. *The Real Book* es una recopilación de estándares hecha por estudiantes del Berklee College of Music, fundamental en la transmisión de este estilo.

Dream a little dream of me, de F. Andre y W. Schwandt

Dream a little dream of me es un famoso estándar de *jazz* compuesto en 1931 por Fabian Andre y Wilbur Schwandt sobre una letra concebida por Gus Kahn. Se han grabado más de 60 versiones de esta pieza, entre las que destacan las de la actriz y cantante Doris Day, el compositor Henry Mancini, la cantante Dinah Shore y los intérpretes Louis Armstrong y Ella Fitzgerald. The Mamas and the Papas grabaron en 1968 otra célebre versión que llegó a vender un millón de copias.

Los intérpretes

Louis Armstrong (1900-1971) fue un trompetista, cantante y compositor nacido en el barrio de Storyville. «Satchmo», como era apodado, elevó su instrumento a la categoría de rey del *jazz* y tocó en todos los estilos y situaciones relacionados con el nacimiento de esta música y su posterior esplendor.

Sus improvisaciones a la trompeta siguen estando tan vigentes como el primer día. Pero también fue conocido por improvisar con su voz de una forma extraordinariamente peculiar y expresiva. Su influencia es inabarcable y puede afirmarse que fue uno de los músicos más completos que ha dejado la historia del *jazz*. A sus innumerables cualidades musicales se añadía una personalidad carismática, muy cercana al público, lo que lo convirtió en un personaje muy querido.

Por su parte, **Ella Fitzgerald** (1918-1996), conocida como «la primera dama de la canción», fue una de las cantantes estadounidenses más admiradas e influyentes en la historia del *jazz*. Además de tener una musicalidad extraordinaria y una increíble voz con una amplísima tesitura, utilizaba algunas técnicas vocales en las que era una auténtica virtuosa. Una de ellas consistía en imitar el sonido de distintos instrumentos mediante la entonación de sílabas improvisadas (*scat singing*). De este modo, durante los compases de improvisación, la cantante podía participar junto al resto de instrumentistas, demostrando también su capacidad creativa. A lo largo de su vida, Fitzgerald cantó en escenarios de todo el mundo, ganó trece Premios Grammy y vendió más de 40 millones de álbumes.

Realiza una audición activa de *Dream a little dream of me.*

- **Escucha la canción y completa en tu cuaderno una ficha como esta.**

– Tipo de compás.	– Estructura de la pieza.
– Tempo de la música.	– Número de compases de cada sección.
– Tipos de voces.	– Sección que se repite.

- **Contesta.**

a) ¿Cuál es el instrumento solista en la introducción? ¿Qué técnica usa la voz en dicha sección?

b) ¿Quién interpreta la melodía en los compases 1 a 16? ¿Qué instrumento toca las respuestas?

c) ¿Quién interpreta la melodía la primera vez que suenan los compases 17 a 24? ¿Qué instrumento toca las respuestas?

d) ¿Y en los compases 25 a 32? ¿Quién interpreta las respuestas?

e) ¿Qué diferencias encuentras entre la primera vez que se interpretan los compases 17 a 32 y la segunda? ¿En cuál de las dos veces crees que improvisan más los intérpretes?

f) Uno de los detalles que hace grande a este estándar es su letra. De su letrista se ha dicho: «Siempre tenía en cuenta que muchos hombres y mujeres no sabían cómo decir "te amo" y a veces pasaban años sin saber su verdadero significado». Traduce la letra con la ayuda de un diccionario y coméntala con tus compañeros.

- **Interpreta esta versión simplificada de la melodía.**

- **Escucha ahora estas otras versiones del mismo estándar y contesta.**

a) ¿Qué diferencias aprecias entre las diferentes versiones?

b) ¿Cuál te gusta más? ¿Por qué?

c) ¿Cuál crees que es más antigua? ¿Por qué lo sabes?

Elaboración de un blog de música

Entre los múltiples espacios en línea para expresar y compartir experiencias, gustos y opiniones (como periódicos y revistas digitales, foros, chats, comunidades virtuales, redes sociales especializadas…), los blogs han proliferado notablemente en los últimos años.

Blog es una abreviatura de **weblog** (*web* quiere decir «red», y *log*, «diario» en inglés), que se traduce al español como **bitácora**, en referencia a los antiguos cuadernos de bitácora en los que los marinos anotaban el estado del tiempo y otros datos de importancia para la navegación. Es una página web concebida como un diario personal, que se actualiza periódicamente con textos sobre los temas más variados, fotografías, vídeos, enlaces a otras páginas, etcétera.

Aunque hay blogs creados por profesionales, la mayoría son páginas personales donde su autor cuenta lo que le va pasando, comenta noticias de actualidad o expresa su opinión sobre temas que considera interesantes. En los blogs profesionales o corporativos, la gestión suele correr a cargo de un equipo en el que distintas personas se ocupan de diferentes funciones (diseño, inserción de entradas, búsqueda de imágenes, etcétera).

Todos los blogs contienen **entradas** organizadas por fecha de publicación; **comentarios** a cada entrada realizados por los visitantes del blog, lo que permite generar debates en torno a un tema; **enlaces** a otros blogs o a páginas web relacionados con los temas tratados, y **elementos multimedia**, como archivos de sonido, fotografías o vídeos.

Existen numerosos espacios web gratuitos en español (como Blogger, Blogspot, Blogalia, WordPress o Tumblr) que ofrecen a los usuarios una dirección web y las herramientas necesarias para poder crear y administrar un blog sin necesidad de tener conocimientos técnicos.

Elabora con tus compañeros un blog de música. Para ello, sigue estos pasos.

1 Para empezar.

- Elegid el tema o los temas musicales de los que vaya a tratar vuestro blog. Por ejemplo, información y crítica sobre conciertos y eventos musicales de *jazz* en vuestra localidad, reseñas sobre las principales figuras de este estilo musical, etcétera.
- Decidid el nombre del blog. Tiene que ser significativo en relación con el contenido elegido.
- Seleccionad el diseño y la estructura del blog. Para ello, debéis definir qué secciones contendrá, si incitará o no a la participación de los visitantes, de qué elementos gráficos constará, la frecuencia con la que crearéis las entradas, quién se encargará de cada tarea, etcétera.
- Redactad los primeros artículos. El primero deberá presentar al equipo y explicar los contenidos, objetivos y estructura del blog, así como las secciones que están abiertas a la participación. Los siguientes se centrarán en las noticias o comentarios sobre el tema elegido.
- No olvidéis ilustrar vuestras ideas con elementos gráficos y audiovisuales. Así, por ejemplo, si estáis comentando el último disco o concierto de Esperanza Spalding, podéis añadir una fotografía de ella, uno de sus videoclips o la portada del disco.
- Seleccionad el material y apuntad su referencia para pasos posteriores.

2 Elaborad vuestro blog.

Una vez elegido el formato y repartidos los roles, es el momento de crear el blog siguiendo estos pasos.

Cread una nueva cuenta en alguna de las páginas web mencionadas en la introducción del proyecto. En Blogger (**www.blogger.com**) se hace de la siguiente manera:

- Primero, cumplimentad el formulario requerido.

- Haced clic en **Nuevo blog** y rellenad los campos **Título** y **Dirección** (esta llevará el nombre que le hayáis asignado, seguido de blogspot.com), eligiendo la **Plantilla** que más os guste y se ajuste a las necesidades del contenido de vuestro blog.

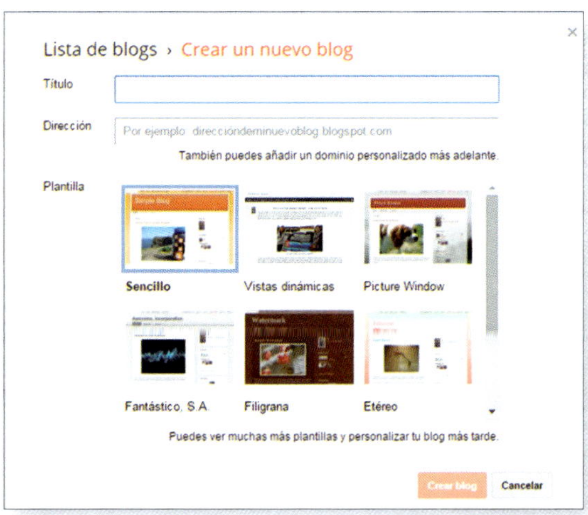

- Tras hacer clic en la pestaña **Entradas**, situada en el menú de la izquierda, escribid el título de esta y, a continuación, con la opción **Redactar** activada, completad el texto en la ventana correspondiente. Después, pulsad en el botón **Publicar**, situado en la parte derecha del menú superior, para que la nueva entrada esté disponible en la red.

- Podéis añadir enlaces, imágenes o vídeos mediante los botones que se encuentran en el menú superior.

- Tened en cuenta que para obtener las direcciones de los vídeos de YouTube, hay que hacer clic en el enlace **Compartir**, situado debajo del vídeo seleccionado.

- Una vez publicada la entrada, cualquier persona podrá acceder y hacer un comentario sobre ella.

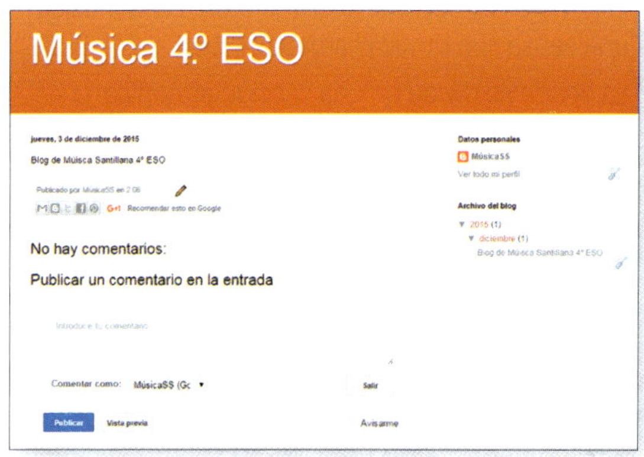

- En el menú de la izquierda encontraréis todas las opciones necesarias para gestionar el blog. Investigad sus funciones. Entre ellas, la pestaña **Comentarios** permite a los moderadores aceptar o rechazar los comentarios introducidos por los visitantes. Por otro lado, la pestaña **Estadísticas** proporciona datos útiles sobre el número de visitas a cada entrada del blog.
- No olvidéis comunicar la existencia del blog y su dirección mediante el envío de un correo electrónico o publicitándolo en el centro escolar.
- Pedid a todos los que entren en el blog que dejen sus comentarios para dinamizar su contenido.
- Para que el blog no pierda su interés y atractivo originario, los usuarios deben encontrar en él ideas y sugerencias nuevas con la máxima frecuencia posible. Esto los animará a acceder a él con asiduidad y lo mantendrá vivo. Por ello, la actualización es una parte clave de su éxito. Dividid esta tarea entre todos, de manera que mantengáis actualizado el blog al menos tres veces por semana.

¡Realiza las actividades en tu cuaderno!

14 Contesta.

a) ¿De qué dos culturas proviene el *jazz*?

b) ¿Cuáles son los estilos musicales que dieron lugar al *jazz*? Descríbelos brevemente.

c) ¿Cuál fue la cuna del *jazz*? ¿Qué características reunía esa ciudad para el mestizaje?

d) ¿Qué significa la palabra *blues*? ¿Qué características musicales del *blues* refleja el significado de este término?

e) ¿Qué son las notas de *blues*?

15 Define los siguientes términos y explica su relación con el *jazz*: *worksong, marching band*, Storyville.

16 Corrige en tu cuaderno las siguientes afirmaciones sobre las características más destacadas del *jazz*.

a) Se basa en la interpretación fidedigna de una partitura.

b) El músico sigue el esquema armónico de un tema musical popular llamado eslogan.

c) El ritmo es sincopado, lo que le otorga a la música una sensación rítmica llamada *be-bop*.

d) La banda se divide en una sección armónica (trompetas, trombones, saxofones y clarinetes) y otra coral (piano, tuba, contrabajo, batería y guitarra).

17 Ordena los siguientes estilos de *jazz* del más antiguo al más actual y describe sus principales características.

be-bop *jazz* fusión *ragtime* *dixieland*
swing *big bands* *post-bop* góspel *blues*

18 Copia y completa en tu cuaderno la siguiente tabla.

Músico	Profesión	Estilo
John Coltrane	saxofonista	*post-bop*
Louis Armstrong		
Pedro Iturralde		
Scott Joplin		
Bessie Smith		
Bill Evans		
Count Basie		
Glenn Miller		
Duke Ellington		
Billie Holiday		
Chick Corea		
Dizzy Gillespie		
Ella Fitzgerald		
Charlie Parker		
Benny Goodman		
Miles Davis		

19 Define estos estilos musicales utilizando las palabras indicadas en cada caso.

- ***Country***: góspel, baladas y melodías bailables, folclore escocés, inglés e irlandés, forma y armonía, década de 1920, *blues*, *cowboys*, The Carter Family y Jimmie Rodgers.
- ***Rhythm and blues***: población afroamericana, *rock and roll*, década de 1940, ritmos marcados, R&B, acompañamiento uniforme, música comercial, cantante, Louis Jordan y John Lee Hoocker.

20 Copia y completa en tu cuaderno un esquema como el siguiente sobre los distintos sistemas de notación musical.

Notación musical

Permite ___ y ___ intactas las composiciones. Existen ___ distintos de escritura musical.

- La **notación** ___, surgida en el siglo ___, cuando el ___ se impuso en Europa.
- La **notación alfabética**, surgida en el mundo ___, nombra las notas do a si como ___.
- La **tablatura**, surgida en el siglo ___, es muy utilizada por aficionados a la ___.
- El **musicograma**, inventado por ___, representa gráficamente los ___ de la música.

21 Relaciona en tu cuaderno cada símbolo con su término y defínelo con tus propias palabras.

repetición de compás

trémolo

dal segno al coda

compases de espera

glissando

octava alta

stacatto

ligadura de fraseo

legato

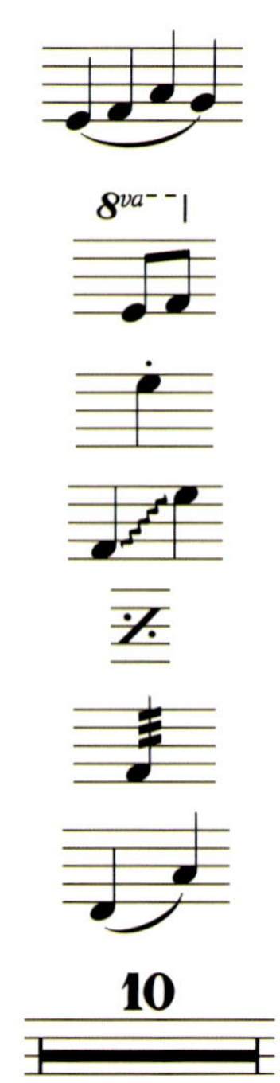

22 Crea un musicograma para representar la siguiente partitura. Ten en cuenta todos los parámetros del sonido: altura, duración, intensidad y timbre.

23 Escribe en tu cuaderno una partitura para batería que luego puedas interpretar.

24 Completa este texto en tu cuaderno.

- A partir de la invención del ____ surgieron nuevos aparatos, como el gramófono, el ____, el magnetófono, etc. Todos ellos son sistemas ____ de captura del sonido, porque transforman las ____ en vibraciones ____ al sonido original.
- A ____ del siglo xx se comenzó a aplicar la ____ a este campo. Con ella surgieron tres elementos fundamentales: el ____, el ____ y el ____.
- A finales del siglo ____ surgió el sistema de grabación y reproducción ____. En este, la señal ____ captada por un micrófono es traducida a un archivo ____ por medio de un ____.

25 Escribe en tu cuaderno cada reproductor del sonido junto a su soporte y fecha de invención.

magnetófono	reproductor de disco duro	1979
tocadiscos	reproductor de CD	1925
disco compacto	cinta magnética	década 1980
walkman	cinta de casete	1877
MP3	cilindro de cera	siglo xxi
fonógrafo	disco de vinilo	1888
gramófono	disco de pizarra	hacia 1940

26 Describe con tus propias palabras los diferentes pasos del proceso de grabación y reproducción del sonido en un fonógrafo.

27 Explica la diferencia entre el sistema de grabación y reproducción del sonido monofónico, el estéreo, el multipista y el envolvente o *surround*. ¿Cuál permite registrar el sonido en pistas independientes y grabar a los intérpretes por separado?

28 Copia y completa en tu cuaderno una tabla como la siguiente.

Formatos de audio	
	Comprimidos
WAV	sin pérdida: AIFF, FLAC.

29 ¿Qué es el sistema MIDI? ¿Cuándo se inventó? ¿Qué contienen los archivos MIDI?

ACTIVIDADES TIC

30 Descubre la figura de Esperanza Spalding, con cuya foto abríamos esta unidad, y completa en tu cuaderno una tabla como la siguiente.

Esperanza Spalding	
fecha y lugar de nacimiento	
formación musical	
discografía	
Premios Grammy obtenidos	

31 La Colección FB es una de las más completas sobre los inicios de la discografía. Todas las piezas son históricas y sorprende la gran cantidad de objetos con los que cuenta. Compruébalo visitando la web del museo.

32 *When the saints go marching in* es uno de los estándares de *jazz* más populares. Investiga su origen y escucha y comenta tres versiones del mismo.

33 El fonoautógrafo, inventado por Édouard-Léon Scott de Martinville en 1857, fue el primer artefacto capaz de captar el sonido y de registrarlo mediante surcos en un cristal ahumado. Busca alguna imagen suya. ¿Se conserva algún registro sonoro grabado en él?

34 Busca en Internet qué es una *jukebox*, cuáles fueron sus inicios y cómo funcionan este tipo de reproductores. ¿Existe algún equivalente de este aparato en la actualidad?

When you're smiling de M. Fisher, J. Goodwin y L. Shay.

LECTURA

Usos del fonógrafo según Edison

Hace una decena de años, enumeré entre las aplicaciones del fonógrafo: la escritura de la correspondencia y de toda suerte de dictados, sin necesidad de un estenógrafo; los libros fonográficos, que hablarían a los ciegos, sin exigir ningún esfuerzo por su parte; la enseñanza del lenguaje; la reproducción de la música; el documento familiar, que conservaría recuerdos, reminiscencias, etc., de los miembros de la familia, así como las últimas palabras de los agonizantes; las cajas de música y los juguetes; los relojes automáticos, que anunciarían en lenguaje articulado la hora de regresar al hogar, la de las comidas, etc.; la conservación de las explicaciones dadas por el profesor, a las que el alumno puede, así, referirse en cualquier momento; el deletreo y todo tipo de lecciones orales inscritas en el fonógrafo con vistas a ayudar a la memoria; la combinación del fonógrafo y del teléfono, orientada a sustituir las comunicaciones verbales y efímeras por inscripciones permanentes y auténticas.

Cada una de estas aplicaciones del fonógrafo perfeccionado está en la actualidad presta para su puesta en práctica. Puedo añadir que, gracias a la facilidad con que registra el aparato y reproduce todo tipo de música, los aires silbados y los relatos, puede utilizarse para proporcionar distracciones a los inválidos, en las reuniones de sociedad, en los banquetes, etc. Fragmentos orquestales e incluso óperas enteras pueden almacenarse en el cilindro: la voz de la Patti cantando en Inglaterra puede escucharse de este lado del Atlántico y conservarse para las futuras generaciones.

THOMAS ALVA EDISON, 1890.

ACTIVIDADES

35 Busca en un diccionario y explica con tus propias palabras el significado de los siguientes términos: estenógrafo, fonográfico, reminiscencia, agonizante, lenguaje articulado, efímero y presto.

36 ¿Qué quiere decir Edison cuando afirma que el fonógrafo sustituirá «las comunicaciones verbales y efímeras por inscripciones permanentes y auténticas»?

37 El fonógrafo fue vendido al principio como una máquina de dictado para oficinas. ¿Hasta qué punto parece importante para Edison su aplicación en la grabación y difusión de la música?

38 Investiga quién fue «la Patti» (Adelina Patti) y redacta una pequeña reseña sobre ella.

39 Busca información en Internet y completa la siguiente tabla.

Thomas Alva Edison	
fechas de nacimiento y defunción	
lugar de nacimiento	
principales inventos por los que fue conocido	
otros inventos suyos	

El científico y empresario Thomas Alva Edison, uno de los inventores más prolíficos de la historia, retratado frente a un fonógrafo.

2 La música popular urbana

SABER

- La evolución de la música popular urbana hasta nuestros días.
- Clasificación de los intervalos.
- Tipos de acordes.
- El cifrado americano.
- La industria musical.
- La producción, distribución y promoción de un disco.
- Los *home studio*.

SABER HACER

- Repertorio vocal e instrumental.
- Creación de acompañamientos y de una letra para una melodía.
- Composición de una melodía a partir de una secuencia de acordes.
- Elaboración de un *remix*.
- Audición activa de *School day*, interpretada por Chuck Berry.
- Creación de un acompañamiento con una caja de ritmos.

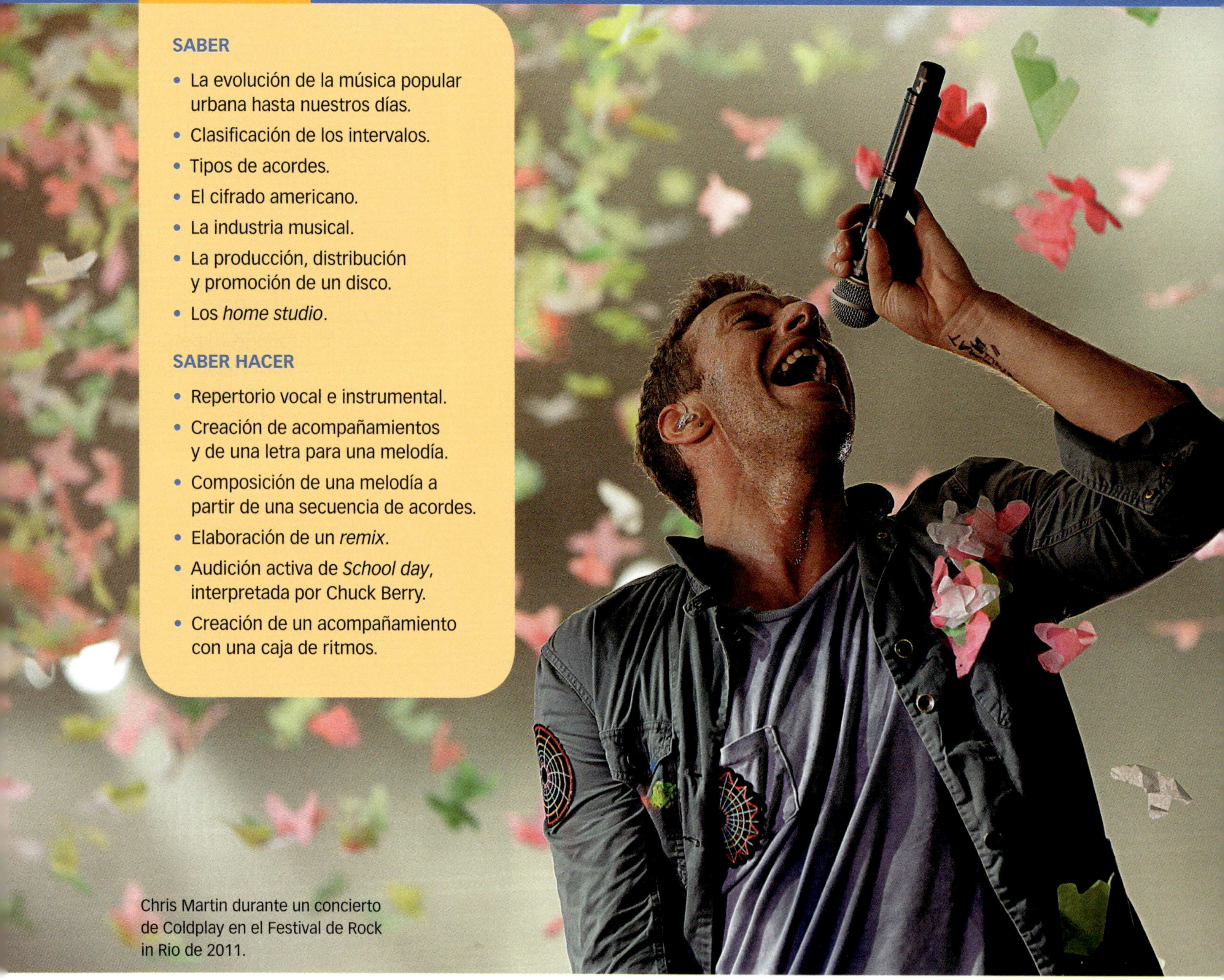

Chris Martin durante un concierto de Coldplay en el Festival de Rock in Rio de 2011.

Probablemente, más del 90 % de la música que escuchas a diario sea música popular urbana. Su presencia es tan constante en nuestra vida que a veces pareciera la única opción existente. Además, surgen nuevos intérpretes, bandas y estilos a un ritmo tal que es difícil estar al día. Pero ¿cuántas de estas novedades contienen una propuesta musical interesante, que no repita fórmulas ya manidas? Descubre más acerca de este tipo de música y aprende a ser un oyente informado, con opinión fundamentada sobre ella.

? NOS HACEMOS PREGUNTAS

- ¿Cuándo surgió la música popular urbana?
- ¿Cuál es tu grupo de música favorito? ¿A qué estilo pertenece? ¿Sabes con qué compañía discográfica publica sus discos?
- ¿Has asistido alguna vez a un concierto? ¿Qué profesionales intervienen en él?
- ¿Qué profesionales participan en la grabación y producción de un disco?

1 El estallido de la música popular urbana

El surgimiento de la música popular urbana estuvo directamente relacionado con una importante transformación social que se dio, tras la Segunda Guerra Mundial (1939-1945), primero en Estados Unidos y un poco más tarde en Europa: la aparición de una nueva **juventud urbana e industrial** que, frente a la sociedad rural, agrícola y anclada en los valores tradicionales, se rebelaba con descaro contra los convencionalismos, trabajaba y dedicaba gran parte de su tiempo de ocio a divertirse y bailar.

Así nació un nuevo tipo de música que, enraizada en el *country* y el *rhythm and blues*, se desarrolló principalmente en los **núcleos urbanos**. Los nuevos **sistemas de grabación y reproducción del sonido**, la **radio** y, más tarde, la **televisión** agilizaron su difusión. Los avances en la electrónica se aplicaron a la creación de **nuevos instrumentos** (como la guitarra eléctrica, el teclado electrónico o el bajo) y a la **amplificación del sonido**, incrementando las posibilidades de interpretación de la música en directo y en grandes espacios abiertos.

El aumento de la capacidad adquisitiva de los jóvenes hizo que en las ciudades se crearan **locales de ocio**, donde se interpretaba y bailaba música en vivo, y que las **casas discográficas** se fijaran en el mercado potencial que suponían los jóvenes. Estas comenzaron a **promocionar** sus discos y a mediatizar fuertemente los gustos musicales. La radio creó las **radiofórmulas**, y la televisión, los programas y canales temáticos donde los protagonistas eran los **videoclips** y las actuaciones musicales. En ellos se difundían semanalmente las **listas de éxitos**.

Los inicios del *rock and roll*

En la **década de 1940**, algunos músicos afroamericanos de *rhythm and blues* como Little Richard y Chuck Berry, empezaron a dar a sus canciones un ritmo más bailable y enérgico. Sin embargo, este primer *rock and roll* fue un fenómeno apenas difundido hasta que, a principios de los años cincuenta, algunas emisoras de radio comenzaron a dirigirse a una audiencia multirracial y a incluir este nuevo estilo en su programación, atrayendo con ello la atención del gran público.

A **mediados de la década de 1950**, el *rock and roll* pasó a ser un verdadero fenómeno cultural tras ser adoptado por algunos artistas blancos de música *country*, como Bill Halley, Johnny Cash y Elvis Presley, su primera estrella de ámbito internacional.

Características musicales

Desde sus inicios, el *rock and roll* se caracterizó por su tempo animado y sus melodías pegadizas y ritmos muy marcados y sincopados, que incitaban al baile. Otras características musicales más concretas que lo hacen reconocible son:

- El compás cuaternario, con los pulsos pares acentuados, marcados por una batería y con golpes en las cuerdas del contrabajo (que, con el tiempo, terminó siendo sustituido por el bajo).

SABER MÁS

La película musical ***Grease***, que se ambienta en un instituto de los EE. UU. en la década de 1950, cuenta el romance entre el *greaser* Danny y la inocente Sandy. Los *greasers* eran jóvenes de clase trabajadora que se juntaban en pandillas, adoptaban una actitud rebelde y provocadora, tenían su propio código de vestimenta, eran aficionados a las motos, las carreras de coches y la música *rock*, y llevaban el pelo muy engominado (*grease* significa «gomina» en inglés, de ahí el apodo con el que eran conocidos).

ACTIVIDADES

1 Escucha estos ejemplos del primer *rock and roll* y describe sus características musicales. ¿Puedes apreciar las influencias del *rhythm and blues* en algunos de ellos? ¿Y del *country*?

- *Tutti frutti*, L. Richard.
- *Maybellene*, C. Berry.
- *Crazy, man, crazy*, B. Haley.
- *Folsom prison blues*, J. Cash.

Elvis Presley reunía una voz excepcional, a la vez poderosa y dulce, con la imagen de chico rebelde y descarado que buscaba el público joven. Su tupé, sus trajes de cuero y sus movimientos de cadera causaban auténtica sensación y le valieron el apodo de «Rey del Rock».

- Las melodías, que siguen una estructura de estrofa-estribillo y a menudo se basan en las escalas del *blues*.
- Las letras, que hablan de amor, diversión y, en general, resaltan la importancia de la libertad y defienden una actitud provocadora ante la vida.
- Una voz rasgada que a menudo estira las palabras y usa diferentes inflexiones, adoptando un carácter desenfadado y rebelde.
- Un acompañamiento melódico a cargo de dos guitarras eléctricas: una melódica que interpreta los ***riffs*** (breves secuencias melódicas que se repiten) y otra que marca la base rítmica junto al bajo o el piano (instrumento este último que con el tiempo tendió a desaparecer).
- El sonido distorsionado de los instrumentos electrónicos y la voz fuerte, amplificada con micrófonos.
- El empleo de recursos de edición de audio, como el eco o la reverberación.

La llegada del *rock and roll* coincidió con la aparición del disco de vinilo de tamaño grande, llamado **elepé** (o LP, del inglés *Long Play*), que tenía una capacidad de unos 25 minutos de grabación en cada cara, lo que permitió incluir canciones más largas, con mayor desarrollo temático.

Además, el nacimiento de **sellos independientes**, que permitieron a muchos jóvenes músicos grabar sus ***singles*** (discos de corta duración con una canción en cada cara), hizo que, de ser un estilo marginal, el *rock and roll* se escuchara a finales de la década de 1950 en todas partes. Los cantantes terminaron convirtiéndose en ídolos que marcaban tendencias, lo que dio lugar al fenómeno **fan**, y que la industria se preocupara de cada detalle: desde la vestimenta de los músicos hasta el diseño de la cubierta de los discos.

Desde los inicios del *rock and roll* fue también habitual realizar nuevas versiones de canciones preexistentes (como ocurría con los estándares de *jazz*), algo que se conoce como ***covers***.

SABER HACER

1 Escucha *Love me tender*, interpretada por E. Presley, mientras sigues la partitura. Después, interprétala y contesta.

Aunque el *rock and roll* se caracteriza por tener un tempo animado, también son habituales en este estilo las baladas. *Love me tender* es una de las más célebres de Elvis.

- ¿Cuál es la estructura de la canción? ¿De cuántos compases consta cada parte?
- ¿Qué instrumentos distingues? ¿Cuál interpreta la melodía? ¿Y el acompañamiento?
- ¿Qué alteraciones tiene la partitura? ¿En qué nota termina? ¿En qué tonalidad está?
- Escribe una letra para la canción, tratando de que las sílabas tónicas coincidan con los tiempos fuertes.

2 La consolidación del *rock* y el surgimiento de otros estilos

La década de 1960

En los años sesenta el *rock and roll* comenzó a diversificarse en multitud de variantes. Además de pasar a llamarse simplemente *rock*, se convirtió en un estilo cada vez más libre que fue abandonando su carácter sincopado y perdiendo su cualidad de servir para acompañar el baile en pareja. Además, las canciones empezaron a abordar nuevos temas.

A principios de la década se hicieron populares grupos femeninos como The Ronettes, de melodías románticas y sonido denso. También surgió el ***rock* surfero** de la mano del quinteto The Beach Boys, con armonías vocales y canciones alegres.

Desde Inglaterra llegó el ***beat***, una variante del *rock* con estribillos pegadizos y melodías sencillas interpretadas por una o varias voces. The Beatles fue el cuarteto más emblemático, con sus melodías vocales, sus coros y originales propuestas musicales. Del *beat* surgió la música **pop** (abreviatura del inglés «*popular music*»), que triunfó gracias a su estilo ligero, un ritmo, una armonía y una estructura sencillas y letras sentimentales o sobre la vida cotidiana.

Por su parte, el quinteto británico The Rolling Stones revitalizó el *rock* de carácter más rebelde, recuperando el sonido del *blues* y apostando por una actitud provocadora, la voz desgarrada de Mick Jagger, un ritmo muy marcado y un sonido distorsionado basado en *riffs* de guitarras y batería.

The Rolling Stones en 1964 con (de izquierda a derecha) Bill Wyman, Mick Jagger, Brian Jones, Charlie Watts y Keith Richards. El quinteto británico tuvo una gran influencia en músicos coetáneos y posteriores.

SABER HACER

2 Acompaña *It won't be long* de The Beatles con el siguiente ritmo de base *beat*.

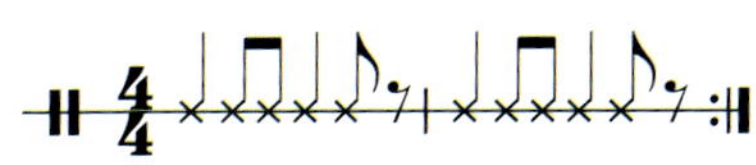

3 Escucha *I can't get no satisfaction* de The Rolling Stones, presta atención al *riff* inicial y transcríbelo ayudándote de algún instrumento melódico. Primero identifica el ritmo, y después, la altura de las notas, teniendo en cuenta que la pieza está en sol mayor y que la primera nota es un mi.

Con la llegada del movimiento *hippie*, surgieron corrientes como el **folk *rock***, representado por cantautores como Joan Baez y Bob Dylan, que reivindicaban las raíces tradicionales de este tipo de música y apostaban por una formación sencilla de guitarra acústica, voz y, ocasionalmente, armónica y una actitud crítica con la era de consumo; y el ***rock* psicodélico**, que empleaba efectos de grabación y se inspiraba en fuentes no occidentales, como la música india, de la mano de The Doors y Jimmy Hendrix, quien destacó por sus virtuosos solos de guitarra.

La evolución del *rock* originó una corriente de tendencias extremas con voces como rugidos, como en el ***hard rock***, que consolidarían la banda británica Led Zeppelin, la cual alargó los mástiles de las guitarras para añadir notas más graves y sofisticó los punteos. De forma paralela, en Inglaterra apareció el ***mod***, con un tono muy crítico con la sociedad, una música que se apoyaba en los instrumentos, y melodías interpretadas por una voz áspera y, a veces, nasal, como en el caso de The Who.

ACTIVIDADES

2 Identifica el estilo de cada una de estas canciones y describe sus principales rasgos musicales.

- *Rock and roll*, L. Zeppelin.
- *My generation*, The Who.
- *Blowin' in the wind*, B. Dylan.
- *Purple haze*, J. Hendrix.

ACTIVIDADES

3 Identifica el estilo de cada una de estas canciones. ¿Con cuál de ellos te identificas más?

- *Run to the hills*, Iron Maiden.
- *Sex machine*, J. Brown.
- *Every breath you take*, The Police.
- *Another brick in the wall*, Pink Floyd.
- *Should I stay or should I go*, The Clash.

Respecto a la música afroamericana, durante la década de 1960 nacieron varios estilos influenciados por el *rhythm and blues*: el ***soul***, con instrumentación de *jazz* y voces desgarradas, como las de Ray Charles y Aretha Franklin, y el ***funk***, caracterizado por un ritmo bailable, dinámico y sincopado, marcado en la primera parte del compás con golpes en las cuerdas del bajo, y acompañado de enérgicos *riffs* de guitarra, cuyo principal exponente fue James Brown.

La década de 1970

En estos años surgieron importantes novedades:

- El ***reggae***, un estilo derivado del ***ska*** jamaicano (nacido en los años cincuenta), era una música de tempo lento, en la que la batería y el bajo marcaban los pulsos a contratiempo. La banda Bob Marley & The Wailers fue su principal representante internacional.
- El **punk** unió la actitud antisistema con una música caracterizada por la potencia sonora, tempos rápidos y estructuras sencillas interpretadas por agrupaciones básicas de guitarra, batería y bajo. Las bandas más importantes fueron The Clash y Ramones.
- El ***heavy metal*** surgió como heredero del primer *hard rock*. Gracias a los avances tecnológicos, sus conciertos se convirtieron en espectáculos de gran potencia sonora a base de efectos saturados en las guitarras y las voces y a los trepidantes solos instrumentales. Iron Maiden y AC/DC fueron dos de las bandas más famosas.
- El ***glam rock*** daba mucha importancia a la estética descarada y travestida, con canciones pegadizas y actuaciones muy teatrales, como las de David Bowie y Lou Reed. Su evolución derivó en el ***new wave***, de sonidos limpios y dinámicos, y una cuidada instrumentación apoyada en sintetizadores, como la de The Police.
- La **música disco** triunfó con temas muy bailables y pegadizos. Los Bee Gees encontraron la fórmula perfecta: voz en falsete (producida por una colocación de las cuerdas vocales que genera sonidos más agudos) y fuerza en la armonía y la melodía. Boney M, con sus sonidos sensuales y sus ritmos pegadizos, fue otro de sus principales representantes.
- El ***rock* progresivo** y el ***rock* sinfónico** y sus figuras más célebres, como Pink Floyd, Supertramp y Queen, intentaron dar mayor entidad conceptual al *rock*, aproximándolo al *jazz* y a la música clásica. Para ello, introdujeron orquestas sinfónicas en sus conciertos, temas mucho más largos y elaboradas instrumentaciones.

SABER HACER

4 Interpreta *Three little birds* de B. Marley y crea un acompañamiento de *reggae* para la melodía.

3 De la década de 1980 a la actualidad

En el ámbito del **pop**, los álbumes de Michael Jackson y Madonna fueron los de mayores superventas de las décadas de 1980 y 1990: el primero, con sus ritmos bailables, su voz exótica y dulce y unas melodías muy reconocibles, con las que se ganó el sobrenombre de «Rey del Pop», y Madonna apostando por su imagen, estribillos fáciles y ritmos marcados.

En esta misma línea, conocida como ***mainstream*** por gustar por igual a todo tipo de público, aparecieron figuras que llenaban estadios, como Bruce Springsteen con su *rock* genuino, U2 y su pop guitarrero, o el más bailable Prince. En la actualidad, son numerosos los músicos que se engloban en esta categoría, como Beyoncé, Justin Bieber, Rihanna, Shakira…

El movimiento cultural de crítica social *hip hop* surgió en los años ochenta en el barrio afroamericano del Bronx de Nueva York y utilizó los *graffiti* como pintura, el *breakdance* como baile y el **rap** (abreviatura de *Rhythm and Poetry*) como música. Sus bandas están formadas por un *deejay* (DJ), que selecciona las bases rítmicas, y un cantante o maestro de ceremonias (MC), que interpreta con voz hablada las rimas. Jay-Z y Eminem son los raperos que más discos venden.

Además, algunos músicos decidieron independizarse de las grandes discográficas, que imponían su forma de concebir la música, e indagar en nuevos estilos, lo que dio lugar al ***rock* alternativo**, un término amplio que engloba varias corrientes: desde las más agresivas, como el ***hardcore***, a las más moderadas, como el ***grunge***, a medio camino entre el *rock* y el pop, del que Nirvana fue su principal exponente; o la música ***indie***, unida al pop y al folk. Algunas bandas célebres de *rock* alternativo son Coldplay, Radiohead, Blur, Oasis y Pearl Jam.

Los primeros sintetizadores se usaron en experimentos de música culta, pero posteriormente su empleo se extendió a todos los estilos de música popular, especialmente a la **música electrónica**. Entre sus peculiaridades están usar las máquinas para generar y manipular el sonido, y utilizar el ritmo y las texturas para vertebrar los temas. Los DJ son las figuras más representativas de este tipo de música.

SABER MÁS

Con la democracia, llegaron a España influencias artísticas hasta entonces consideradas sospechosas. Esto propició movimientos culturales como la **movida madrileña**, gracias a la cual se abrieron salas que apostaban por la vanguardia musical, surgieron emisoras basadas en las radiofórmulas, discográficas independientes y numerosos grupos, como Alaska y los Pegamoides, Mecano, Danza invisible…

SABER HACER

5 Guns N' Roses es una banda de *hard rock* estadounidense. *Sweet child of mine*, uno de sus temas más conocidos, cuenta con uno de los *riff* de guitarra más célebres de todos los tiempos. Interprétalo con corcheas siguiendo la tablatura.

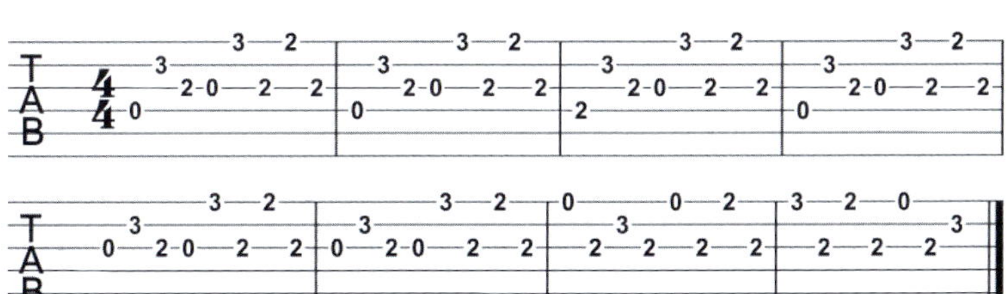

ACTIVIDADES

4 Busca ejemplos representativos de músicos de cada uno de los estilos mencionados de la década de 1980 hasta nuestros días y haz una tabla incluyendo al menos una canción significativa de cada.

ACTIVIDADES

5 Observa estos intervalos e interprétalos en un teclado. Después, contesta.

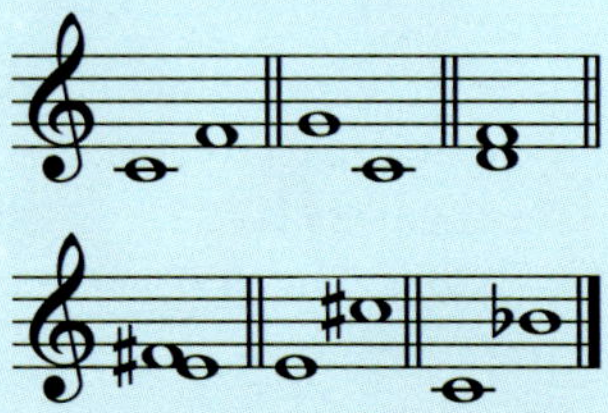

- ¿Cuáles son melódicos? ¿Cuáles son ascendentes?
- ¿Cuáles son, respectivamente, los acordes de sexta mayor, quinta justa, segunda mayor y séptima menor?
- ¿Cuáles te parecen disonantes?
- Transforma los intervalos mayores en aumentados, y los menores, en disminuidos.

6 Escribe la escala de do mayor y la escala de do menor, y analiza el tipo de intervalo que hay entre cada una de sus notas y la tónica. ¿Te has fijado en que los intervalos justos son los que comparten ambas escalas?

4 Clasificación de los intervalos

Un **intervalo** es la distancia que hay entre dos notas. Los intervalos se miden en **tonos** y **semitonos** y se clasifican atendiendo a varios criterios:

- **Ascendentes** o **descendentes**, según la dirección de las notas.
- De **segunda**, de **tercera**, de **cuarta**, etc., según el número de notas que los integran (incluidas la primera y la última). El intervalo de primera (de dos notas iguales) se denomina **unísono**.
- **Melódicos** (formados por notas producidas una detrás de la otra) o **armónicos** (integrados por notas tocadas simultáneamente).
- **Consonantes** (resultan agradables al oído) o **disonantes** (generan tensión). Hay que tener en cuenta que la percepción de la consonancia varía según las culturas y a lo largo de la historia de la música.
- **Mayores**, **menores** y **justos**, según la distancia que hay entre las notas que los integran, medida en tonos.

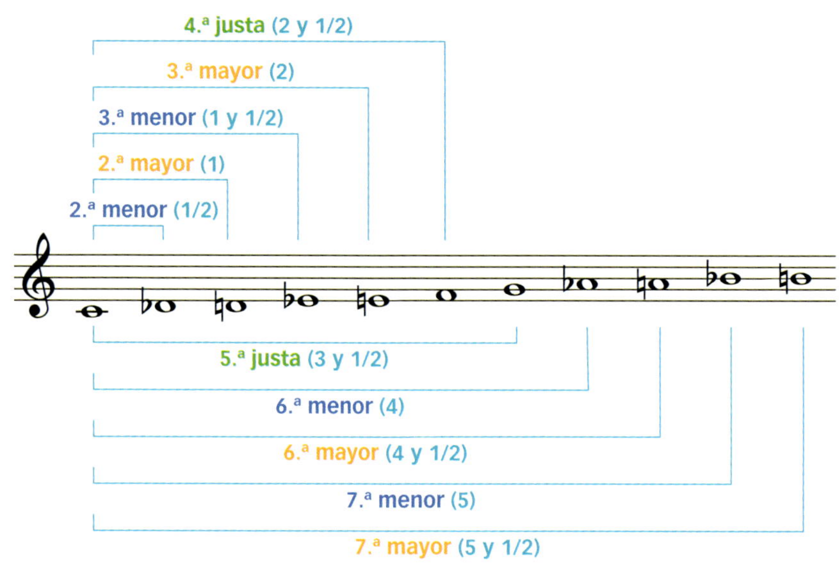

- **Aumentados**, que se crean a partir de la adición de un semitono a los intervalos justos y a los mayores, o **disminuidos**, que son el resultado de restar un semitono a los intervalos justos y a los menores.

5 Tipos de acordes

Un **acorde** es un conjunto de tres o más notas musicales que suenan de manera simultánea, creando una unidad armónica.

Los acordes más comunes son los de **tríada**, es decir, aquellos que están formados por tres notas separadas entre sí por intervalos de tercera, la primera de los cuales da nombre al acorde, como en este acorde de tríada de do mayor.

Según sean los intervalos de tercera que los conformen, los acordes de tríada se dividen a su vez en:

Acordes mayores	Acordes menores	Acordes aumentados	Acordes disminuidos
3.ª mayor + 3.ª menor	3.ª menor + 3.ª mayor	3.ª mayor + 3.ª mayor	3.ª menor + 3.ª menor

ACTIVIDADES

7 Construye los acordes de tríada de todas las notas de la escala de do mayor. Después, calcula los intervalos que los conforman y determina el tipo de acorde correspondiente.

8 Indica el nombre y el cifrado americano de los siguientes acordes.

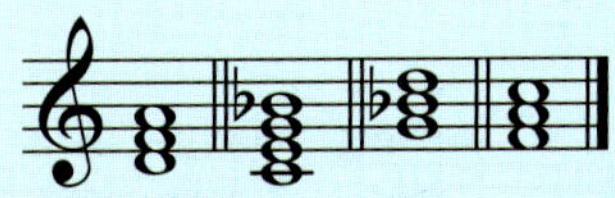

6 El cifrado americano

El cifrado americano es una manera de indicar los acordes (habitualmente para acompañar una melodía a la guitarra o al teclado) partiendo de la **notación alfabética**, en la que cada nota de la escala musical está representada por una letra (C, D, E, F, G, A, B).

Para indicar que se trata de un acorde menor se añade el signo «–» a la letra que da nombre al acorde, y las abreviaturas «dim.» para los acordes disminuidos y «aum.» para los aumentados. Si el acorde está alterado, se indica también la alteración. Por último, si hay notas adicionales, estas se especifican señalando el intervalo que separa la nota tónica del acorde de la nota adicional (el caso más habitual es el de los acordes con un intervalo de séptima adicional):

C	A–	Gdim	Daum	G7	B♭	F#–
do mayor	la menor	sol dismin.	re aument.	sol mayor con 7.ª	si bemol mayor	fa sostenido menor

SABER HACER

6 Crea una melodía a partir de estos acordes teniendo en cuenta las notas que los conforman: C, G, A, E–, F, C, F y G, e interprétalas.

Estos son los acordes más frecuentes en la guitarra:

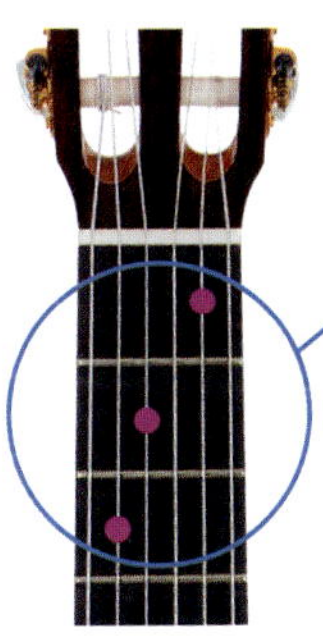

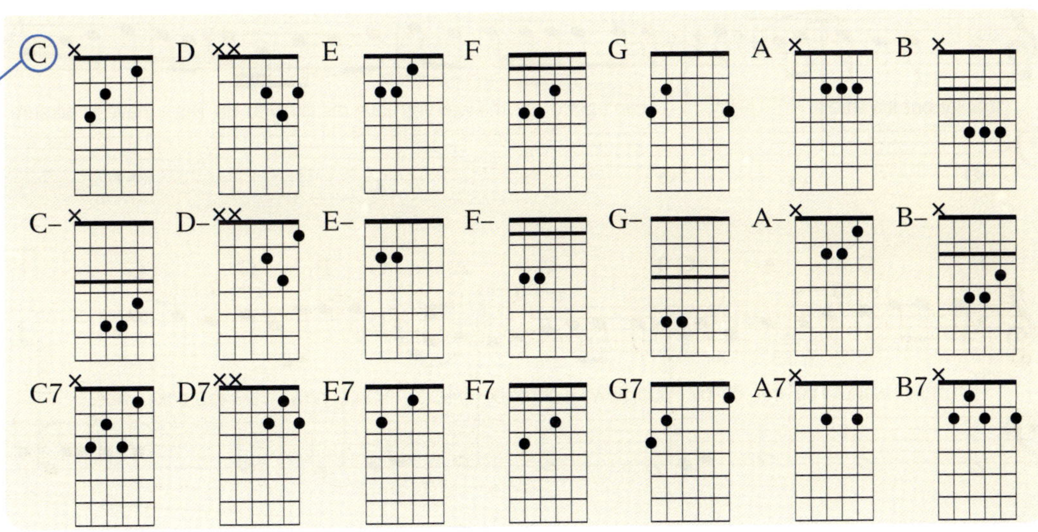

× La cuerda no debe tocarse con la mano derecha.

Cejilla: el dedo índice presionando todas las cuerdas.

REPERTORIO MUSICAL

CD ALUMNO

I want to break free de Queen.

***Billie Jean* de M. Jackson.**

Las *boybands* son un claro ejemplo de producto musical creado por la industria discográfica. Nacidas en la década de 1980, estas agrupaciones vocales integradas por chicos interpretan canciones románticas con cuidadas coreografías. Sus integrantes a menudo son seleccionados en *castings* por productores discográficos.

7 La industria musical

La grabación es solo una pequeña parte del negocio de la industria musical. Tras llegar a acuerdos comerciales con los artistas, las compañías discográficas llevan a cabo la producción, distribución y promoción de sus contenidos musicales. Pero mientras que hasta hace algunos años, los discos eran el vehículo principal por el que se hacía llegar la música al gran público, en la actualidad las ventas en formato digital han superado a las físicas a nivel mundial. Y es que pocas industrias han vivido una transformación tan rápida y profunda desde su surgimiento, a finales del siglo XIX, como la discográfica.

Origen y evolución de la industria discográfica

La industria de la música, tal y como la conocemos, surgió en 1888 con el desarrollo del **gramófono**, el primer sistema de grabación y reproducción del sonido que permitía la venta de contenido musical en un soporte físico: los discos planos. Como el proceso de fabricación de estos implicaba cuantiosos costes, las compañías discográficas controlaban la distribución comercial y fijaban un precio por unidad, sustentando su negocio a partir de las ganancias obtenidas.

Con el tiempo, las discográficas empezaron a «fabricar» sus propios artistas y éxitos. Así, a mediados del siglo XX se empezó a concebir la música como un **producto de consumo** dirigido a un mercado lo más amplio posible, por lo que las labores de **promoción** resultaban un elemento clave. Hasta el punto de que hoy en día la popularidad de un artista a menudo depende más de la capacidad de su compañía discográfica para promocionarlo que de sus propias habilidades musicales.

Esto ha hecho que las grandes discográficas, llamadas ***majors***, que disponen de numerosos recursos y medios, manejen elevados presupuestos, ofrezcan una marcada proyección internacional y participen en sectores relacionados con la cultura y el entretenimiento (como la televisión, la radio, la prensa, etc.), llegando a controlar el 80 % de la producción musical en todo el mundo. Su verdadero negocio es convertir a sus artistas en «marcas globales» y participar de los beneficios del *merchandising* que generan en torno a ellos.

El resto del mercado se lo reparten pequeños sellos denominados ***indies***, que prosperan gracias a pequeñas audiencias de gustos especializados, apostando por las nuevas tendencias y cubriendo los mercados locales, a los que las *majors* no suelen atender. Además, cada vez son más los artistas que deciden promocionarse por su cuenta, gracias a las recientes posibilidades de distribución de música por Internet.

La llegada de Internet

El mercado discográfico es un negocio en continuo movimiento, obligado a actualizarse constantemente y a permanecer atento a la evolución de los variables gustos de los consumidores. Además, depende de los medios técnicos que permiten la fabricación y distribución de sus contenidos, lo que lo expone directamente al desarrollo de los medios y soportes de reproducción (desde el gramófono a los ordenadores y

ACTIVIDADES

9 El mercado discográfico actual está dominado por tres grandes *majors*. Investiga cuáles son y completa una ficha sobre cada una de ellas con los siguientes datos.

- Breve historia desde su creación hasta la actualidad.
- Estilos musicales que recogen sus catálogos.
- Discos y grupos famosos que producen.
- Sellos que las integran.

teléfonos móviles), obligándolo a realizar grandes inversiones para estar siempre al día.

La aparición de Internet ha revolucionado aún más este negocio, al eliminar la necesidad de un soporte físico en formato disco. La llegada de la **banda ancha** a los hogares, así como de los formatos de audio comprimido, como el **MP3**, y de las **plataformas de intercambio de archivos P2P** (*peer to peer*, es decir, entre usuarios) han sido determinantes en la transformación de nuestros hábitos de consumo: hemos pasado de comprar CD a almacenar miles de horas de música en pequeños dispositivos portátiles. Ahora queremos acceder a los productos fácilmente y en cualquier momento; por eso, la industria de la música ha optado por universalizar sus redes de distribución y utilizar Internet para ofrecer sus productos.

En 1999, Shawn Fanning, un estudiante universitario de 19 años, desarrolló Napster, un programa para compartir música con algunos de sus compañeros de la universidad. A pesar de la posterior derrota legal, que provocó el cierre de Napster, este programa fue precursor de las redes P2P y revolucionó el mundo de la difusión musical, causando a la industria musical numerosos quebraderos de cabeza.

8 La producción, distribución y promoción de un disco

La creación y grabación de un disco es un proceso complejo en el que intervienen profesionales de diferentes ámbitos técnicos y artísticos, coordinados por un **productor musical**, quien, con el apoyo de una compañía discográfica, se encarga de planificar las diferentes etapas del proyecto, financiar la grabación, contactar con los artistas y gestionar la difusión y promoción del disco una vez terminado.

La producción

La producción de un disco consta de las siguientes fases:

- **Composición y selección de temas**: el **compositor** crea la música, ayudado en ocasiones por un **letrista**. En el *rock* y el pop, la composición es a menudo una labor colectiva de toda la banda, aunque también se interpretan versiones de temas preexistentes o canciones encargadas a otros compositores. Después, un **arreglista** prepara la instrumentación más adecuada al estilo que se quiere dar a la canción y para la agrupación que va a interpretarla.
- **Grabación**: los **intérpretes** ejecutan su repertorio en el estudio de grabación, donde trabaja un equipo de **técnicos de sonido** y asistentes bajo la dirección del **ingeniero de sonido**. Desde el punto de vista histórico, los procesos de grabación han variado enormemente: en los primeros tiempos, los músicos hacían diversas tomas en directo y después se elegía la más satisfactoria; desde la década de 1960, se registra cada instrumento en una pista distinta para facilitar el posterior proceso de edición.
- **Edición y mezcla**: en esta fase se corrigen los posibles errores producidos durante la grabación. Para que el resultado sea equilibrado, se ajustan primero los distintos parámetros de cada pista por separado: el volumen, la ecualización (para igualar las sonoridades de los distintos instrumentos), el panorámico (determinando qué se va a oír por el canal derecho y qué por el izquierdo), y después se agregan efectos sonoros como el *fade in*, el *fade out*, la reverberación o el eco. Finalmente, se mezclan todas las voces e instrumentos en un único producto final.

Cada estudio de grabación tiene su propio sonido, resultado de las condiciones acústicas, el espacio disponible, la tecnología empleada y los profesionales que en él trabajan.

ACTIVIDADES

10 Entra en la página web de algún estudio de grabación y haz una breve ficha sobre sus servicios, instalaciones, trabajos y profesionales.

11 Investiga qué tipo de contenidos difunde tu artista favorito a través de las redes sociales.

12 Busca información acerca de las plataformas de micromecenazgo de proyectos musicales y escribe sobre alguna de ellas, teniendo en cuenta sus ventajas e inconvenientes.

- **Masterización**: es la última fase del proceso. Permite eliminar ruidos, agregar efectos, resolver deficiencias en la ecualización de las grabaciones, reparar grabaciones antiguas o de mala calidad, obtener un sonido uniforme en un disco formado por grabaciones realizadas en diferentes estudios, y optimizar la calidad del sonido para todos los soportes y canales de difusión.

Un código de tres letras identifica en cada disco vendido el formato, analógico (**A**) o digital (**D**), en el que se ha realizado cada una de las fases de producción. Así, AAD significa que la grabación y la mezcla han sido analógicos, y la masterización, digital.

El diseño de un estudio de grabación

Un estudio de grabación es un espacio diseñado para realizar todo tipo de grabaciones de sonido, desde una banda sonora, pasando por un concierto de música clásica, hasta el último éxito de una cantante de moda. Requiere de:

- **Condiciones acústicas especiales**: debe estar adecuadamente insonorizado, sin ventanas ni salidas a la calle, para garantizar la calidad de la grabación y la ausencia de ruidos indeseados.
- Al menos dos **salas independientes**: la de grabación, donde los intérpretes ejecutan la música, y la de control, en la que se registra y manipula el sonido.
- **Material técnico**: formado por micrófonos, cableado, monitores de referencia, mesa de mezclas, grabadora multipista y equipo MIDI, al que se conectan los instrumentos virtuales, el sintetizador, el *sampler* (para grabar muestras de sonidos), la caja de ritmos (para programar secuencias rítmicas) y el secuenciador (como Adobe Audition o Avid Pro Tools, programas que permiten registrar, editar y mezclar las diferentes pistas, importar archivos de vídeo o audio para modificar su sonido, y reproducir y guardar el producto resultante en distintos formatos).

La distribución y la promoción

Una vez terminado un disco, se **diseña** su serigrafía, cubierta e interiores, se manda a la **fábrica** para hacer las copias necesarias y se ofrece a sus potenciales compradores. Las empresas **distribuidoras** guardan las copias de los discos en sus almacenes y gestionan su comercialización en las tiendas, tanto en los establecimientos tradicionales como en los portales virtuales, como i-Tunes, en los que el usuario paga por la descarga de un álbum completo o por canciones individuales.

Un elemento clave es la promoción a través de la **difusión en los medios de comunicación**, en la que las grandes compañías desempeñan un importante papel, pues tienen acuerdos con las principales cadenas de radio y televisión, así como con las productoras de cine, para que estas incluyan sus productos musicales entre sus contenidos.

Internet ha abierto nuevos canales de difusión: los internautas se registran en las redes sociales para seguir a sus músicos favoritos, les comunican sus opiniones y peticiones, y comparten sus listas de reproducción con otros usuarios. La industria discográfica, consciente del enorme poder de estos medios, centra en ellos sus actuales campañas de ***marketing***. Así, artistas como Lady Gaga o Justin Bieber acumulan millones de seguidores en Twitter y Facebook, y usan YouTube o Vevo para el lanzamiento de sus canciones.

Cantante en un estudio de grabación.

9 Los *home studio*

Hasta la década de 1950, los estudios de grabación eran centros tecnológicos al alcance de muy pocos. Hoy en día, la tecnología digital ha reducido gran parte de las necesidades económicas y de espacio que requiere un estudio, y casi cualquier aficionado puede disponer de su propio ***home studio*** (o estudio de grabación casero).

Además de una buena tarjeta de sonido, micrófonos y altavoces de calidad, un dispositivo fundamental en cualquier estudio de grabación casero es un programa **editor de audio**, una simplificación de los secuenciadores profesionales, que no permite la edición multipista, pero sí grabar, editar, mezclar, reproducir y guardar contenidos musicales en diferentes formatos. Los sonidos se pueden captar mediante micrófonos conectados al ordenador o con instrumentos electrónicos. También se pueden importar desde discos compactos o archivos digitales, como es el caso de las muestras de sonidos pregrabadas, llamadas ***samples***, consistentes en secuencias rítmicas, melódicas o armónicas listas para ser usadas en cualquier grabación. Entre los editores de audio más empleados en los *home studio*, están Wave Lab, Sound Forge y Audacity.

ACTIVIDADES

13 El uso del programa informático Auto-Tune está tan extendido en la industria musical como el del Photoshop en el diseño gráfico. Investiga en qué consiste esta herramienta de edición de sonido y busca ejemplos de su utilización en grupos de música actual. ¿Qué críticas ha recibido el uso de este programa?

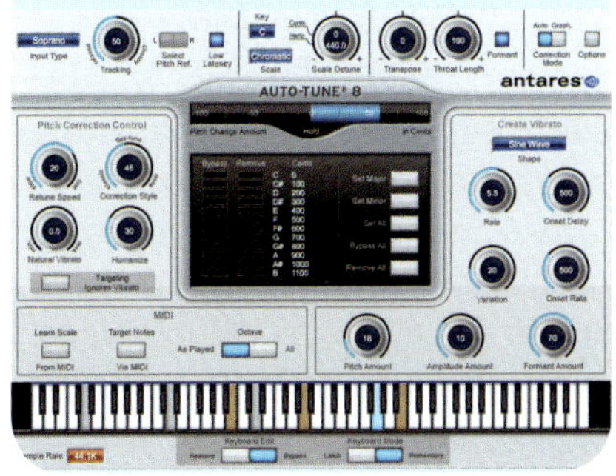

SABER HACER

7 Crea un *remix* de tu canción favorita con un editor de audio como Audacity. Esta técnica consiste en modificar piezas de música electrónica o componer temas bailables a partir de canciones de moda.

- Elige una canción que te guste e impórtala al ordenador.
- Recopila otros sonidos, ritmos o fragmentos musicales para combinarlos o yuxtaponerlos con la canción.
- Utiliza recursos como agregar o quitar instrumentos, añadir una base rítmica, repetir pequeños fragmentos, etcétera.
- Experimenta con efectos de sonido.
- Graba el resultado en un archivo digital de audio y muestra tu creación al resto de los compañeros.

REPERTORIO MUSICAL

El *rock and roll* y Chuck Berry

El *rock and roll* tuvo sus orígenes en el *rhythm and blues* (nacido de la combinación de elementos del góspel, del *blues* y del *jazz*) y en la música *country* (proveniente del mestizaje de la música tradicional inglesa, escocesa e irlandesa con el góspel y el *blues*), y fue apareciendo progresivamente durante la primera mitad del siglo XX. Su origen no se puede asociar a una persona ni a una canción concretas; sin embargo, casi todos los musicólogos coinciden en señalar a Chuck Berry como uno de sus principales precursores.

Chuck Berry (1926) es un compositor, intérprete y guitarrista estadounidense de origen afroamericano nacido en St. Louis, en el estado de Missouri. Músico autodidacta, aprendió a tocar la guitarra en la calle y, antes de dedicarse enteramente a la música, trabajó como conserje, estilista, fotógrafo y carpintero. A mediados de la década de 1950, su pasión por la música creció y, aprovechando una estancia en Chicago, decidió seguir los consejos de su colega el guitarrista, compositor y cantante de *blues* Muddy Waters y presentar algunas grabaciones para Chess Records, compañía con la que grabó su primer disco.

En julio de 1955 lanzó el sencillo *Maybellene*, donde una melodía *country* sonaba sobre una base rítmica de *rhythm and blues*, con el que vendió más de un millón de copias. Desde entonces, su carrera ha sido imparable y es considerado una de las figuras más influyentes del *rock and roll*. Creador de memorables estribillos, fundador de estilos y corrientes, y hombre-espectáculo, Berry reúne todas las características necesarias de un músico genial. Es el primer artista negro de la lista «The inmortals» (Los inmortales) de la revista *Rolling Stone*, y muchos afirman que hubiese ensombrecido la fama de Elvis Presley de haber tenido la tez blanca. El propio John Lennon dijo de él: «Si quisieran darle un nuevo nombre al *rock and roll*, podrían llamarlo Chuck Berry».

School day

También conocida como *Ring! Ring! Goes the bell*, esta canción fue grabada en enero de 1957 en los Universal Recording Studios de Chicago y, en marzo de ese mismo año, por Chess Records, cosechando un gran éxito inmediato.

Su letra describe una jornada escolar en un instituto norteamericano de la década de 1950. Este tema, del que han creado *covers* artistas y grupos de la talla de Elvis Presley, The Beach Boys, Led Zeppelin o AC/DC, posee una fuerza y una expresividad musical ejemplares. Tal es así que carece del recurso del estribillo, usado normalmente para mantener la atención del oyente. Los primeros compases, interpretados por la guitarra, recuerdan el sonido de un despertador y dan paso a la descripción de un día cualquiera en la vida de un estudiante de instituto. La canción habla sobre la fuerza y el poder liberador que supuso para la adolescencia la irrupción del *rock and roll* en sus vidas.

Realiza una audición activa de *School day.*

- **Escucha la versión de Chuck Berry y completa en tu cuaderno una ficha como esta.**

– Tipo de compás.
– Tempo de la música.
– Intensidad de la música.
– Instrumentos que intervienen.
– Instrumentos solistas.
– Instrumento que responde a la voz.
– Estructura.
– Número de solos.
– Número de estribillos.

- **Sigue la letra de la canción y busca su traducción al castellano. Después, contesta.**

Up in the morning and out to school,
The teacher is teaching the golden rule.
American history and practical math,
You're studying them hard and hoping to pass.
Working your fingers right down to the bone,
And the guy behind you won't leave you alone.

Ring! Ring! Goes the bell,
The cook in the lunchroom's ready to sell.
You're lucky if you can find a seat.
You're fortunate if you have time to eat.
Back in the classroom, open your books.
Gee but the teacher don't know how mean
she looks.
Soon as three o'clock rolls around,
You finally lay your burden down.
Close up your books, get out of your seat,
Down the halls and into the street,
Up to the corner and 'round the bend,
Right to the juke joint you go in.

Drop the coin right into the slot,
You've gotta hear something that's really hot.
With the one you love, you're making romance.
All day long you've been wanting to dance.
Feeling the music from head to toe,
Round and round and round we go.

Hail! Hail! Rock and roll
Deliver me from the days of old.
Long live rock and roll.
The beat of the drums,
loud and bold.
Rock! Rock! Rock and roll.
The feeling is there,
body and soul.

a) ¿Qué es la regla de oro (*golden rule*)? ¿En qué asignatura se estudia?
b) ¿Qué es el *juke joint*? ¿Crees que guarda alguna relación con las *jukebox*?
c) ¿Qué estrofa se repite? ¿A qué piensas que es debido?

- **Practica el ritmo que toca la batería durante toda la canción e interprétalo sobre la música con las percusiones indicadas. Recuerda la escritura de partituras para batería que has aprendido en la unidad anterior.**

bombo = marca el ritmo con el pie derecho
caja = golpea la mesa con un bolígrafo en la mano derecha
charles = golpea la mesa con la palma de la mano izquierda

- **Busca las siguientes versiones de *School day* y describe los elementos musicales que las diferencian de la canción original de Chuck Berry y en qué difieren entre sí.**

a) AC/DC.
b) The Beach Boys.
c) Led Zeppelin.

Creación de un acompañamiento para *We will rock you* con una caja de ritmos

Las cajas de ritmos son instrumentos electrófonos que se utilizan para componer, programar y reproducir ritmos. Las primeras cajas de ritmos surgieron en la década de 1970 y fueron introducidas por grupos de pop y *rock* con el fin de apoyar, y en algunos casos sustituir, a los instrumentos convencionales. Las cajas de ritmos reproducen el sonido de toda clase de instrumentos de percusión. Su funcionamiento es parecido al de un secuenciador: el compositor crea un breve patrón rítmico (*pattern*), que se repite cíclicamente a lo largo de la canción (*loop*); o bien una secuencia rítmica compleja, basada en la combinación de diversos patrones.

Hoy en día existen multitud de programas informáticos que actúan como cajas de ritmos virtuales, como es el caso de **Hydrogen**, una aplicación que puedes descargar gratuitamente en el ordenador.

Crea una base rítmica para *We will rock you* de la banda británica Queen.

1 Busca en Internet un vídeo o audio de la canción. Identifica el ritmo cuaternario de la misma y sigue su estructura con ayuda del siguiente esquema.

introducción	estrofa	estribillo	estrofa	estribillo	estrofa	estribillo	estribillo	coda
4 compases	4 compases	4 compases	4 compases	4 compases	4 compases	4 compases	4 compases	9 compases

2 Instala el programa Hydrogen y familiarízate con sus funciones.

En la parte superior encontrarás los siguientes controles:

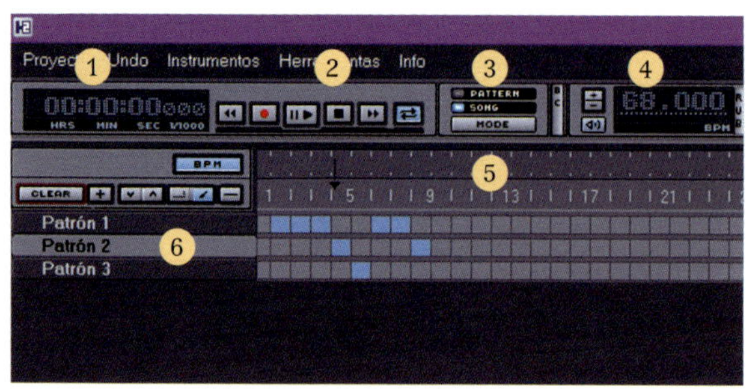

(1) Visualizador del tiempo de reproducción.

(2) Botones de control de reproducción.

(3) Selector del modo de reproducción: un solo patrón rítmico (**PATTERN**) o una secuencia rítmica completa (**SONG**).

(4) Control del tempo en **BPM** (*beats* o pulsos por minuto).

(5) Representación de la secuencia rítmica creada en una línea de tiempo.

(6) Patrones rítmicos que componen una secuencia y orden en el que suenan (recuadros marcados en azul bajo la línea de tiempo).

Pulsa **Proyecto** y **Abrir demo**, y selecciona cualquiera de las muestras que contiene el programa para ver la función de cada elemento.

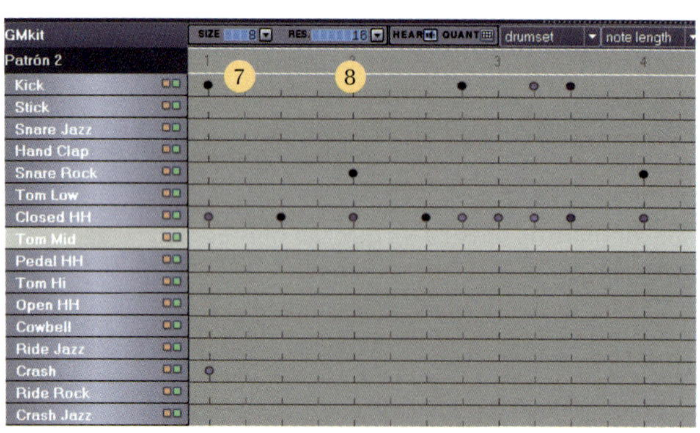

En la parte inferior de la pantalla, se puede crear un ritmo o modificar uno ya existente. Para editar un patrón, pulsa sobre su título **(6)** y aparecerá en el panel de edición. Fíjate en las siguientes funciones de este:

(7) Selector de número de pulsos del patrón (**SIZE**): Hydrogen utiliza como unidad de medida la corchea, por lo que para definir un compás de cuatro por cuatro hay que escribir 8 (las corcheas que caben en un compás de este tipo); para que tenga dos compases, pulsar 16, etcétera.

(8) Selector de subdivisión del compás (**RES.**): sirve para definir la figura más pequeña que va a aparecer en el patrón. El 4 representa la negra, el 8 la corchea, el 16 la semicorchea, etcétera.

Para escuchar cómo suena un único patrón, recuerda pulsar la opción **PATTERN** en el selector de modo de reproducción **(3)**.

3 Crea tu primer patrón rítmico.

Selecciona **Proyecto** y **Nuevo**. Sitúate sobre la línea del primer patrón en la parte superior de la pantalla **(6)** y define las siguientes características:

- Tempo *andante*: 76 BPM.
- Extensión de un compás: Size = 8.
- Subdivisión en semicorcheas: Res. = 16.
- Introduce el siguiente ritmo alternando al menos el timbre de dos instrumentos diferentes. Recuerda que el 2.º y 4.º tiempo están acentuados.

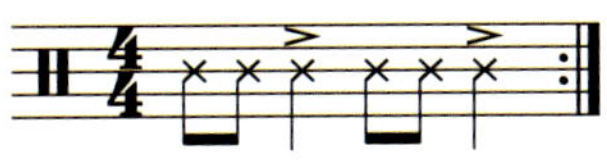

- Escucha el resultado y corrige, si es necesario, la intensidad y la altura del sonido. Usa para ello el menú desplegable que aparece en la parte interior izquierda una vez seleccionado algún instrumento.

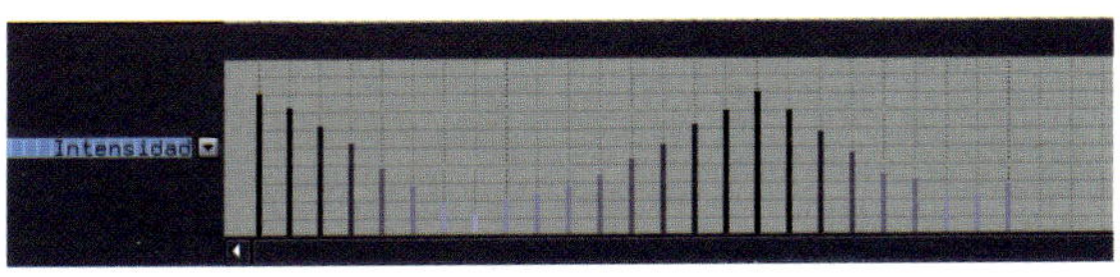

4 Crea un nuevo patrón para acompañar el estribillo de *We will rock you*.

- Selecciona un segundo patrón en la parte superior izquierda de la pantalla **(6)** y crea un nuevo ritmo para él.
- Dale la misma extensión que al ritmo anterior (un compás de cuatro tiempos).
- Usa distintas figuras, pero procura seguir acentuando los pulsos 2.º y 4.º de cada compás.

5 Combina ambos patrones para formar una secuencia rítmica.

Una vez creados los dos patrones, define cómo quieres que suenen a lo largo de la canción. Para ello, en la parte superior de la pantalla indica el orden en que deseas combinarlos. Los recuadros marcados en azul indican los patrones rítmicos que sonarán.

Recuerda pulsar la opción **SONG** en el selector de modo **(3)** para escuchar el resultado.

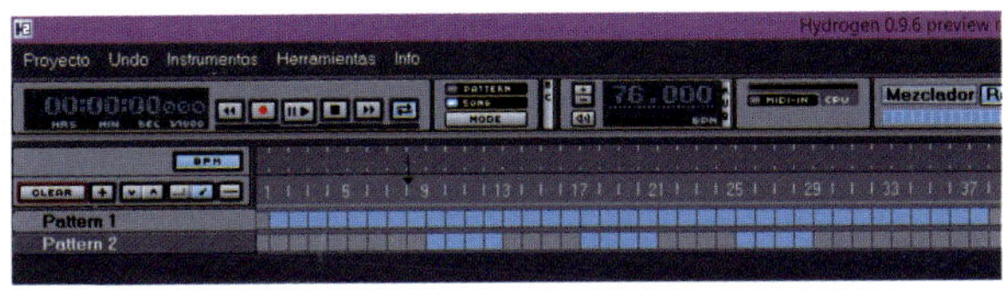

En este ejemplo, el primer patrón suena a lo largo de toda la canción (37 compases sin contar la introducción), y el segundo, solo mientras se canta el estribillo.

6 Guarda tu proyecto.

Pulsa **Proyecto** y **Guardar como**, escribe el nombre de tu base rítmica (respetando la extensión «h2song»), selecciona la carpeta en la que la quieres guardar y haz clic en **Aceptar**.

7 Crea un archivo de audio con tu secuencia.

Una vez finalizado tu trabajo, pulsa **Proyecto**, **Exportar canción** y **WAV in CD quality**. Podrás reproducir este archivo en tu ordenador sin necesidad de abrir el programa e, incluso, grabarlo en un CD.

8 Interpreta *We will rock you* sobre tu base rítmica.

We will rock you **de B. May**

ACTIVIDADES FINALES

¡Realiza las actividades en tu cuaderno!

14 Indica el factor determinante en el surgimiento de la música popular urbana y al menos otros tres que impulsaron su desarrollo.

15 Corrige las siguientes afirmaciones sobre el estallido de la música popular urbana.

a) El aumento de la capacidad adquisitiva de los jóvenes hizo que en los espacios rurales se crearan radiofórmulas, donde se interpretaba música en vivo y se podía bailar.

b) Los locales de ocio se fijaron en el mercado potencial que los nuevos jóvenes representaban y comenzaron a hacer labores de promoción de sus *covers*, por lo que los gustos musicales empezaron a estar fuertemente mediatizados.

c) La radio creó lo videoclips, y la televisión, los programas y canales temáticos donde los protagonistas eran los *riffs* y las actuaciones musicales.

d) La electrónica se aplicó a la creación de nuevos instrumentos, como el banyo, la armónica o la batería.

e) El primer *rock and roll* fue un fenómeno principalmente blanco hasta que se empezó a difundir también entre la población afroamericana.

16 Completa en tu cuaderno el siguiente texto sobre las características del primer *rock and roll*.

- Tiene un compás ___ con los pulsos ___ acentuados.
- Las melodías siguen una estructura ___ y se basan en las escalas de ___.
- Sus letras hablan de ___.
- La voz es habitualmente ___ y usa distintos tipos de ___.
- Una guitarra ___ realiza el acompañamiento ___.
- La base rítmica es interpretada por ___, ___ o ___ y la batería.
- Los instrumentos son principalmente ___ y la voz está ___

17 Define los siguientes términos utilizando las palabras indicadas en cada caso.

- ***Riff***: breve, guitarra eléctrica, secuencia melódica, repetición.
- **Elepé**: *Long Play*, vinilo, cara, disco, desarrollo temático, 25 minutos.
- ***Single***: duración, disco, cara, canción, corta.
- ***Cover***: *rock*, *jazz*, canción, versión, estándar.
- ***Beat***: década de 1960, *rock*, estribillos, melodías, variante, sencillas, pegadizos, Inglaterra.
- **Pop**: *beat*, estilo, sencilla, década de 1960, estructura, ligero, letras, *popular music*, vida cotidiana, abreviatura, sentimentales.

18 Indica en qué década surgió cada estilo. Después, describe sus principales características y nombra un artista de cada uno.

1960

1970

1980-actualidad

punk	música disco
grunge	*funk*
hard rock	*rock* psicodélico
rock surfero	*rock* alternativo
beat	*mod*
reggae	*rock* progresivo
pop	*mainstream*
glam rock	*soul*
heavy metal	*indie*
folk *rock*	*hardcore*
rap	*new wave*

19 Copia y completa en tu cuaderno un esquema como el siguiente sobre los distintos tipos de intervalos.

Un **intervalo** es ___. Los intervalos se miden en ___ y ___, y se clasifican según…

- la dirección de sus notas en ___ o ___.
- ___ en intervalos de segunda, de tercera, etcétera.
- si sus notas suenan de forma simultánea o consecutiva en ___.
- la sensación que provocan al oído en ___.
- ___ en mayores, menores, justos, aumentados o disminuidos.

20 Clasifica estos intervalos siguiendo el ejemplo.

intervalo melódico, consonante, de quinta ascendente justa

intervalo ___

intervalo ___

21 Indica los tipos de intervalos de tercera que integran los siguientes acordes y clasifícalos según sean mayores, menores, aumentados o disminuidos.

22 Completa en tu cuaderno con las notas que faltan.

A7 E C– G

23 Completa en tu cuaderno el nombre de los siguientes acordes.

A G C B

24 Contesta.

a) ¿Cuál es el vehículo principal a través del cual un artista actual hace llegar su música al público?

b) ¿Cómo fueron los inicios de la industria discográfica?

c) ¿Cuándo surgió la música como producto de consumo?

d) ¿Cuál es la diferencia entre las discográficas *majors* y las *indies*?

e) ¿En qué ha afectado la llegada de Internet al mercado discrográfico?

f) ¿En qué consiste el trabajo de un productor musical?

g) ¿Qué profesionales intervienen en la grabación de un disco? Nómbralos y describe la función de cada uno.

h) ¿Qué quiere decir ADD, AAD y DDD en la carátula de un disco?

25 Ordena las siguientes fases de la producción, distribución y promoción de un disco y explica brevemente en qué consisten.

masterización promoción edición y mezcla
grabación distribución composición

26 Copia en tu cuaderno las afirmaciones verdaderas y corrige las falsas.

a) Un estudio de grabación es, hoy en día, un centro tecnológico al alcance de muy pocos.

b) Un elemento clave en la grabación de un disco es su difusión en los medios de comunicación.

c) La llegada de la banda ancha, los formatos de audio comprimido y las plataformas P2P han transformado nuestros hábitos de consumo.

d) Durante la edición y mezcla se resuelven deficiencias de ecualización de las grabaciones para optimizar la calidad del sonido.

27 Escribe cada término junto a su definición.

secuenciador	aparato para grabar muestras de sonido pregrabadas llamadas *samples*
editor de audio	programa que permite registrar, editar y mezclar diferentes pistas y almacenar el resultado en distintos formatos
sampler	programa para editar, mezclar, reproducir y almacenar música en distintos formatos, pero que no permite la edición multipista

ACTIVIDADES TIC

28 Un festival de música es un evento en el que se programan varios conciertos, generalmente del mismo estilo musical. Contesta.

a) ¿Qué festivales de música popular urbana se han llevado a cabo en tu comunidad este verano?

b) ¿Qué grupos han intervenido?

c) ¿Cuál era estilo musical predominante?

29 Investiga sobre los festivales de música que se produjeron en la isla de Wight en 1968 y en Woodstock en 1969 y contesta.

a) ¿Qué artistas participaron en uno y otro?

b) ¿Cuál sigue celebrándose?

c) ¿Cuál tuvo más repercusión?

30 Busca imágenes de la estética asociada al punk, al *reggae*, al *glam rock* y al *heavy metal*. ¿Crees que los distintos estilos musicales están vinculados a determinadas estética? Razónalo.

31 Busca en la página web de *El País* la noticia sobre el 50 aniversario de la canción *Yesterday* y contesta.

a) ¿Quién fue su compositor? ¿En qué estilo musical se inspiró?

b) ¿Qué instrumentos se usaron para su grabación?

c) ¿En qué álbum se publicó?

d) Cita algunas de las versiones más célebres que se han hecho de esta canción.

32 La movida madrileña fue un movimiento cultural producto de la oposición a los valores y costumbres de la sociedad española de principios de la década de 1980. Investiga y contesta.

a) ¿En qué ámbitos de la cultura destacó?

b) ¿Qué artistas sobresalieron en cada uno?

c) ¿Qué medios de comunicación la difundieron?

d) ¿Cuáles fueron las salas más emblemáticas?

REPERTORIO MUSICAL

CD ALUMNO

Hey, soul sister de Train.

Entre la calidez y la calidad en el escenario

[…] Un día antes de cada actuación llega al lugar del concierto un *tour manager* que se encargará de que la estructura del escenario esté montada correctamente y de elegir los camerinos para Serrat, Sabina, músicos y coros.

A las ocho de la mañana del día del concierto llegan dos autocares con literas. En un autobús viajan los de sonido, y en otro, los de luces. Abren los camiones y sacan los equipos de sonido y luces, que son descargados por la gente que se contrata en cada sitio para este menester. Suelen ser chavales que quieren sacarse unos euros para pasar el fin de semana, aunque hay empresas totalmente profesionalizadas que surten de gente especializada en carga y descarga. Una vez vacíos los camiones, esta gente termina su trabajo y no vuelve a currar hasta la noche, una vez terminado el *show* y recogido el equipo. Ellos serán los encargados de volver a subir todo a los camiones.

Lo primero que se monta es la estructura de luces y el puente de luces. Una vez subido el puente de luces, ya se puede empezar a montar el sonido. Tras ello, se empieza a llenar el escenario de tarimas, amplificadores, altavoces, micrófonos, cables, etcétera.

Una paradita para comer algo y continúa la durísima tarea hasta las siete de la tarde, que es la hora a la que más o menos llegamos nosotros [los músicos] para probar el sonido. Y hay que tener en cuenta que esta gente sigue trabajando durante la prueba, durante el *show*, y que después del mismo tienen que recogerlo todo otra vez. Así que terminan a las cuatro de la mañana.

Además, también viaja la gente de vídeo, que desempeña un papel primordial en toda esta locura que es organizar un concierto.

Unas cuatro horas antes de la llegada de la banda para la prueba de sonido llegan los técnicos «jefazos», los titulares, el técnico de sonido de fuera, el técnico de monitores, el técnico de luces y el técnico de vídeo.

Y cuando todo está en su sitio y toda la gente está haciendo bien su trabajo, llega un momento en que te sientes totalmente en casa. Te pones los cascos y empiezas a probar sonido tocando *Quién me ha robado el mes de abril* o *Mediterráneo*, y es un inmenso placer. Estás en tu casa, tocando esas hermosísimas canciones, y toda la banda funciona y todo funciona en esta gira.

Tras una hora de prueba de la banda, llegan los jefes. Primero llega Serrat que siempre pide probar *Y sin embargo*, y luego llega Joaquín, con el que solemos hacer *Llaves de paso*. Casi inmediatamente nos bajamos del escenario y entonces es cuando abren las puertas y entráis vosotros, que sois realmente los únicos indispensables en todo este negocio.

Así vivo, entre la calidez y la calidad.

Del blog personal de Pancho Varona, escrito durante la gira *Dos pájaros de un tiro*, 2007.

ACTIVIDADES

33 ¿Qué profesionales intervienen en el montaje de la infraestructura de un concierto? ¿Cuánto tiempo se invierte?

34 ¿A quién se refiere el autor cuando habla de «vosotros» al final del texto?

35 Explica las diferencias entre la preparación de un concierto de música clásica y la de uno de música popular. ¿Tienen la misma importancia los elementos técnicos en ambos tipos de concierto? ¿A qué crees que es debido?

36 Investiga quién es Pancho Varona y con qué músicos ha colaborado.

Pancho Varona.

3 La música en las producciones audiovisuales

SABER

- La música en el lenguaje audiovisual.
- Historia de la música en el cine.
- El videoclip. La música para videojuegos.
- Unidades melódicas y principios compositivos.
- La edición de vídeo.
- Profesiones musicales en la industria del cine.

SABER HACER

- Repertorio vocal e instrumental.
- Creación de una sección musical conclusiva y de un motivo.
- Creación de una presentación con un programa de edición de vídeo.
- Audición activa del tema principal de la BSO de *La Pantera Rosa* de Henry Mancini.
- Sonorización de una escena de una película muda.

Elijah Wood interpretando a Frodo en *El señor de los anillos: La comunidad del anillo* (2001).

Las producciones audiovisuales transmiten la información mediante la combinación de sonidos e imágenes. Difícilmente podríamos imaginarnos una película o un videojuego sin su componente musical, ya que este es un elemento indispensable en estas creaciones. Si nos detuviésemos a ver solo las imágenes de una película o usásemos un videojuego prescindiendo de su sonido, comprobaríamos que se nos escapan muchos contenidos y que, en ocasiones, ni siquiera entenderíamos lo que está ocurriendo en la pantalla.

? NOS HACEMOS PREGUNTAS

- ¿Qué es la banda sonora de una película? ¿Cómo se escribe su abreviatura?
- ¿Recuerdas la música de alguna película? ¿Cómo la describirías?
- ¿Te has fijado alguna vez en la música de tu videojuego preferido? ¿Qué funciones cumple?
- ¿Sueles ver los videoclips de tus artistas favoritos? ¿Qué características tienen?

1 La música en el lenguaje audiovisual

Las artes audiovisuales son todas aquellas que combinan imágenes y sonidos. El resultado visual de estas producciones está condicionado por elementos como la fotografía, la iluminación, los espacios en los que se graba, el vestuario y el maquillaje, los recursos especiales, el montaje, los textos sobreimpresos… Por su parte, el elemento sonoro es la suma de los diálogos, las voces en *off*, los sonidos de fondo, los efectos de sonido y la música. El resultado se llama **banda sonora original** (o en siglas: BSO).

En una producción audiovisual, ambos elementos (imágenes y sonidos) deben estar perfectamente integrados y en sintonía para transmitir adecuadamente el mensaje deseado. Por ejemplo, nunca será igual el sonido de fondo de un paseo por una playa solitaria que el de una carrera de coches, ni se parecerá la música que acompañe una animada conversación a la que ambiente la secuencia panorámica de un paisaje.

Dentro del componente sonoro, la **música** es una de las herramientas más sugestivas, ya que proporciona mucha información y condiciona la manera de interpretar lo que se ve. Con ella se puede contextualizar una época o un lugar concreto, establecer una continuidad entre escenas, identificar a un personaje determinado o crear atmósferas únicas en las que el espectador se sienta protagonista de la historia.

Las proyecciones que los hermanos Lumière hicieron el 28 de diciembre de 1895 en el Salon Indien de París se consideran el inicio oficial de la cinematografía y de las producciones audiovisuales.

Tipos de música y sus funciones

La música que se usa para reforzar las imágenes se denomina **música incidental**. Su presencia no forma parte de la trama, sino que la acompaña de fondo. Suele ser música original, compuesta expresamente para la ocasión, aunque a veces se emplean también préstamos musicales de piezas pertenecientes a todo tipo de estilos y épocas. En su creación es habitual el uso de ***leitmotivs*** (temas musicales recurrentes que describen a un personaje principal o una situación significativa).

En cambio, cuando en una producción audiovisual la música está presente en la acción reflejada en las imágenes y se puede identificar la fuente del sonido (por ejemplo, cuando un personaje coloca un disco en un tocadiscos) se dice que se trata de **música diegética**.

Además, la música puede cumplir funciones muy diversas:

- **Función estructural**: sirve para organizar la secuencia de imágenes. Esto sucede, por ejemplo, cuando hace de hilo conductor para enlazar o separar escenas.
- **Función narrativa**: ayuda a transmitir mejor el mensaje dando soporte a la acción, evocando una atmósfera o época determinada o ayudando a situarse en diferentes niveles de realidad.
- **Función expresiva**: permite al espectador empatizar sentimentalmente con lo que sucede en la pantalla, creando momentos de tensión o de distensión, representando cambios emocionales en los personajes o anticipando situaciones.
- **Función estética**: embellece o contribuye a dar expresividad a la imagen, con un objetivo puramente ornamental.

ACTIVIDADES

1. Busca en Internet el comienzo de *Misión imposible 2* (escena de la escalada) y analiza el peso del sonido y de las imágenes. Después, contesta.
   - ¿Qué funciones cumple la música en la secuencia?
   - Describe la música incidental, así como el resto de sonidos que conforman la banda sonora.
2. Busca en Internet la escena final de *The artist*, una película sobre el nacimiento del cine sonoro. ¿Qué tipo de música suena? ¿Qué sensaciones suscita en el espectador?

SABER MÁS

La llegada del cine sonoro consistió en añadir una **banda sonora** a la cinta de la película, colocada en paralelo a la banda que contenía la imagen. La primera película que incluyó este importante avance técnico fue *King Kong* (1933). Sin embargo, se suele hablar de banda sonora original para aludir tan solo a la música de una película. Esta se comercializa a menudo en formato disco, con una selección de las piezas musicales más representativas.

2 Historia de la música en el cine

Surgido a finales del siglo XIX, el cine se ha ganado por derecho propio un lugar destacado en el arte contemporáneo, lo que le ha valido el sobrenombre de «séptimo arte» (junto con la arquitectura, la escultura, la pintura, la música, la danza y la literatura).

El cine mudo y los inicios del cine sonoro

Las primeras películas eran **mudas** y se acompañaban de música en directo, interpretada por un pianista que improvisaba y versionaba grandes clásicos. El objetivo era enfatizar la expresividad de las imágenes y crear una atmósfera adecuada, además de minimizar el molesto ruido que producían los antiguos proyectores. Más tarde, en la década de 1920, las películas más importantes empezaron a estrenarse en grandes salas con el acompañamiento de toda una orquesta sinfónica.

Todo cambió en 1927 con el estreno de *El cantor de jazz* de Alan Crosland, la primera película de cine sonoro de la historia, que incorporaba música de fondo a algunas secuencias, diálogos sincronizados en medio de una mayoría de escenas mudas y varias escenas cantadas. La aceptación del público fue tan amplia que los grandes estudios pasaron a considerar la música como un elemento esencial del discurso cinematográfico.

La búsqueda de un lenguaje propio

Con la llegada del cine sonoro, los productores de Hollywood empezaron a encargar la composición de música original a grandes compositores, poniendo a su disposición todos los medios posibles: orquestas sinfónicas, orquestadores, arreglistas y estudios de grabación. De esta forma surgió la figura del **compositor especializado en música de cine**. Uno de los más destacados de esta primera oleada fue **Max Steiner**, autor de la música de *King Kong*, *Lo que el viento se llevó* y *Casablanca*, cuyas bandas sonoras se caracterizan por el empleo de elementos sinfónicos.

Tras la llegada de la televisión, el cine perdió parte de su público y los grandes estudios entraron en crisis. Las salas se abrieron entonces a producciones menos ambiciosas, dando paso al **cine de autor**, en el que el interés artístico primaba sobre el comercial. Así, el neorrealismo italiano pasó a narrar los problemas sociales de la Italia de la posguerra, el cine francés mantuvo su independencia artística, y el británico se posicionó entre las producciones europeas y las americanas.

Con el tiempo, volvieron los años dorados a **Hollywood**. Los compositores más destacados de esta época fueron **Alfred Newman**, que escribió la música de más de 200 películas; **Bernard Hermann**, con creaciones tan opuestas como *Ciudadano Kane* y *Psicosis*; **Alex North**, recordado por la banda sonora de *Un tranvía llamado deseo*, y el italiano **Nino Rota**, autor de la música de la saga de *El Padrino*.

Las décadas de 1960, 1970 y 1980

La **influencia de la música popular urbana** en la música cinematográfica de este período se hizo patente con la aparición de numerosas películas que incluían canciones de este estilo y casi ninguna composición a

ACTIVIDADES

3 Escucha el tema principal de la BSO *Lo que el viento se llevó* de M. Steiner. ¿Qué tipo de agrupación lo interpreta? ¿Puedes identificar el *leitmotiv*?

medida en un sentido estricto. Las décadas de 1960 y 1970 se caracterizaron también por la experimentación sonora, usando frecuentemente sintetizadores e instrumentos electrónicos; la incorporación del *jazz* sinfónico (que ya apuntaba en la década anterior), y la presencia de un tema central recurrente (que a menudo se convertía en un éxito comercial).

En este período destacaron el británico **John Barry**, autor de la música de hasta diez películas de la serie *James Bond*, y los italianos **Henry Mancini**, compositor de la música de *La Pantera Rosa* y *Desayuno con diamantes*, y **Ennio Morricone**, autor de la música de *La misión* o *Cinema Paradiso*.

Desde 1980, la recuperada industria americana recurrió a la espectacularidad para que el público regresara en masa a las salas. Como consecuencia, volvió el concepto de banda sonora de sonido sinfónico. En este sentido, *La guerra de las galaxias*, de **John Williams**, fue un punto de referencia. Este autor colaboró en otras célebres cintas como *E.T.*, *Superman*, *Indiana Jones* y *Harry Potter*. También despuntó **Jerry Gold smith** con títulos como *El planeta de los simios* y *Alien*.

SABER HACER

1 Interpreta el tema principal de *La guerra de las galaxias* de J. Williams.

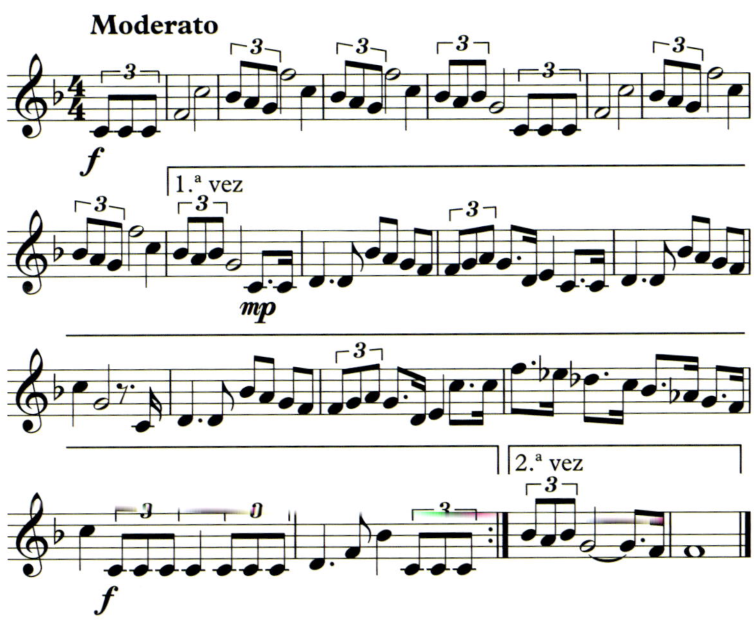

Panorama actual

Hoy en día, **Howard Shore** es uno de los compositores más influyentes de la última generación, creador de las bandas sonoras de *El silencio de los corderos* y de la trilogía de *El señor de los anillos*. También destacan **Thomas Newman**, con *American beauty*; **Hans Zimmer**, con *Piratas del Caribe* y *El rey león*, y **Michael Nyman**, compositor de *El piano*, que emplea a menudo el *new age*, el *jazz* y la música pop, y combina las grabaciones orquestales con el uso de sintetizadores.

Además, artistas y bandas de música popular urbana internacionalmente conocidos, como Madonna, Annie Lennox, Céline Dion o Eminem, han compuesto o interpretado canciones para diferentes películas.

ACTIVIDADES

4 Escucha el comienzo de *Have you ever really loved a woman*. Después, investiga y contesta.

- ¿Qué artista la compuso? ¿Para qué película?
- ¿Qué conocido guitarrista flamenco participó en la grabación del tema?

ACTIVIDADES

5 Escucha el inicio de *La mecánica del trasplante*, compuesta por A. Iglesias para *Todo sobre mi madre*. Después, contesta.

- ¿Qué tipo de agrupación interpreta esta música?
- ¿Cuántas frases musicales distingues?
- ¿Qué sección interpreta la primera y la tercera frase musical? ¿Qué instrumento solista toca la segunda?

La música en el cine español

Los músicos de la generación del 27 y del 51 también compusieron bandas sonoras. Entre los segundos destacaron **Luis de Pablo** y los prolíficos **Antón García Abril** y **Carmelo Bernaola**.

Desde finales del siglo XX hasta la actualidad, el cine español ha sido testigo de una oleada de grandes compositores, muchos de los cuales han alcanzado reconocimiento internacional, como **José Nieto** (*El bosque animado* y *Juana la loca*), **Javier Navarrete** (*El laberinto del fauno*), **Roque Baños** (la saga de *Torrente* y *Alatriste*) y **Alberto Iglesias**, que ha trabajado en películas de Almodóvar y de Ridley Scott, entre otros. También está el caso del director **Alejandro Amenábar**, que aprendió música de manera autodidacta y ha compuesto la banda sonora de la mayor parte de sus películas, como *Abre los ojos* y *Mar adentro*.

El cine musical

El cine musical ha sido desde sus inicios uno de los géneros más exitosos de la historia cinematográfica. En él, los diálogos se combinan con números cantados y bailados y con una cuidada puesta en escena. Su origen se encuentra ligado al del **teatro musical**, que nació casi al mismo tiempo y que cultivaron compositores como George Gershwin o Cole Porter, incorporando los sonidos del *blues* y del *jazz*. Desde la década de 1930, los productores cinematográficos de Hollywood integraron en las películas números musicales coreografiados, en los que destacaron figuras como Fred Astaire y Ginger Rogers (*Swing time*), Gene Kelly (*Cantando bajo la lluvia*) y Judy Garland (*El mago de Oz*).

El cine musical continuó proporcionando éxitos como *West Side Story*, *Sonrisas y lágrimas*, *Cabaret* o *Chicago*. Hoy en día, el género sigue tan vigente como el primer día, con títulos como *Billy Elliot* o *El rey león*.

SABER HACER

2 Interpreta *We're off to see the wizard* de *El mago de Oz* de H. Arlen.

- Graba en el móvil tu interpretación y unas imágenes para acompañarla. Exporta ambos archivos al ordenador y proyéctalos de forma combinada. Comenta cada creación con tus compañeros.

3 El videoclip

El videoclip es un género audiovisual en el que la música es el elemento principal y la imagen tiene una función complementaria. Se trata de un cortometraje sobre una canción realizado con **fines publicitarios**. Suelen ser producciones muy dinámicas y creativas.

El primer videoclip fue grabado en 1975 por el grupo británico Queen para su canción *Bohemian rhapsody*, y el de *Thriller*, de Michael Jackson, marcó en 1982 un punto de inflexión en este sector, ya que se rodó como si se tratase de una película.

En 1981 nació la MTV, la primera cadena especializada en emitir exclusivamente videoclips. Y desde la llegada de Internet, la distribución de estos vídeos se universalizó al ponerse a disposición de los internautas plataformas como YouTube o Vimeo. En la actualidad, cantantes como Lady Gaga o Rihanna acumulan en sus canales millones de visitas.

ACTIVIDADES

6 Busca el videoclip de *Bohemian rhapsody* de Queen y compáralo con uno de tu grupo favorito.

- ¿Qué elementos son comunes a ambos?
- ¿Qué aspectos han evolucionado más?

Queen.

4 Música para videojuegos

Los videojuegos son producciones audiovisuales multimedia que combinan gráficos animados, música y efectos sonoros, con textos, imágenes fijas y vídeos, y en las que el ritmo narrativo depende de la interactividad del usuario.

Los videojuegos se han valido de música desde que comenzaron a popularizarse a finales de la década de 1970. Al principio, dadas las limitaciones técnicas de las videoconsolas, esta era muy rudimentaria, pero desde que la empresa Nintendo lanzó en 1982 *Super Mario Bros*, el primer videojuego con una **banda sonora original**, la música para este medio pasó a convertirse en un nuevo género musical.

Hoy en día, la música desempeña un papel crucial en el desarrollo de cualquier videojuego, especialmente en los de rol, ya que estos están concebidos como películas. Además, en la última década ha surgido un nuevo tipo de juegos en los que la música es el elemento protagonista; es el caso de *Guitar Hero, Rock Band, Rock Revolution, Sing Star, Lips*, etcétera.

SABER HACER

3 Interpreta este fragmento de un conocido videojuego y compón un final conclusivo para él. ¿Reconoces a qué videojuego pertenece?

SABER MÁS

Japón ha sido el país pionero en el desarrollo de los videojuegos, y de allí proceden también la mayoría de los grandes compositores de este género. Algunos de los más conocidos son **Koji Kondo**, que alcanzó fama mundial gracias a la banda sonora de *Super Mario Bros*, y que también es el creador de la música de *The legend of Zelda;* **Nubuo Uematsu**, compositor de *Final fantasy*, y **Hiroki Kikuta**, creador de la banda sonora de *Secret of Mana*.

ACTIVIDADES

7 Escucha el tema principal de la BSO de *Piratas del Caribe* de H. Zimmer. ¿Qué elementos destacarías en esta melodía?

5 Unidades melódicas

La **melodía** es el elemento de la música que recordamos con mayor facilidad. Podemos definirla como una sucesión de sonidos con una altura y un ritmo determinados que expresan una idea musical completa. El oyente capta el sentido de dicha serie de sonidos, lo que le permite memorizarla y tararearla.

De la misma manera que se estudia la sintaxis de la lengua, el discurso melódico puede analizarse identificando cada una de sus partes constitutivas.

Por ejemplo, estas son las unidades melódicas que conforman el tema principal de la BSO de *Piratas del Caribe*.

- **Motivo**: es la idea generadora de una melodía. Consiste en un breve patrón rítmico-melódico que aparece reiteradamente a lo largo de la pieza y que actúa como elemento unificador. Un buen motivo debe ser fácilmente reconocible y versátil para poderlo modificar fácilmente a medida que avanza la música.

- **Frase**: es el resultado del desarrollo del motivo y constituye una idea melódica con sentido propio. Suele ocupar cuatro compases y puede ser suspensiva o conclusiva dependiendo de si tiene un final más o menos concluyente. Se puede dividir a su vez en **semifrases**, normalmente formadas por dos o más motivos.

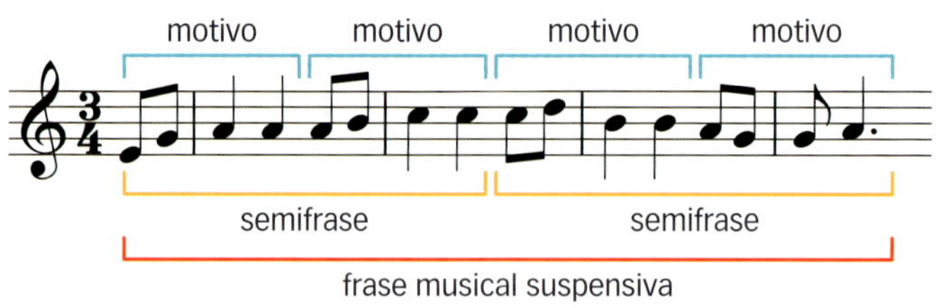

- **Período**: lo conforman dos o más frases. Según se combinen entre sí las frases que los integren, los periodos pueden ser de distintos tipos; por ejemplo: **paralelos**, si están formados por frases parecidas o idénticas, o **contrastantes** si sus frases son distintas.

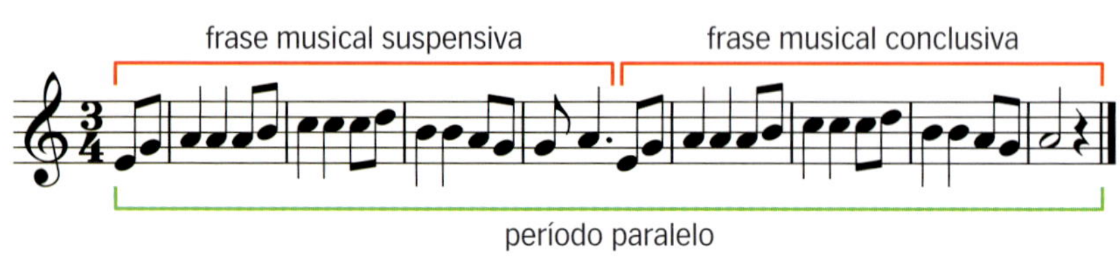

- **Sección**: está formada por varios períodos y es la unidad más completa de una melodía. Las más amplias constituyen temas musicales y se indican con letras (A, B, C, etc.), mientras que las secciones menores se denominan, según sea su función, **introducción**, **puente** y **coda**. En el ejemplo anterior, la repetición del período con ligeras variaciones constituye el **tema A** de la melodía de esta banda sonora.

SABER MÁS

En las bandas sonoras, el **tema principal** es la melodía que identifica musicalmente la película. Suele estar formada por motivos melódicos que caracterizan un personaje, un elemento o una situación fundamental de la trama. Dichos motivos se repiten a lo largo de toda la obra y se denominan ***leitmotiv*** o motivos conductores.

SABER HACER

4 Crea tu propio motivo.

- Inventa una secuencia rítmica con cuatro o cinco figuras y silencios.
- Sobre el ritmo anterior, crea una breve melodía e interprétala con un instrumento de láminas.

ACTIVIDADES

8 Vuelve a escuchar el tema principal de la BSO de *Piratas del Caribe* y completa en tu cuaderno un esquema como el siguiente. Ten en cuenta que en la coda se producen cambios de tempo.

intro	A				A				B			coda			
	período		período												
	frase	frase	frase	frase											
4	4	4							4	4	4	4			4

RECUERDA

La **introducción** es una sección menor que se encuentra al principio de una pieza musical o de una parte de esta y que suele adelantar su material melódico; el **puente** une dos temas diferentes para que la transición entre ellos sea más suave, y la **coda**, situada al final de una obra o parte de ella, concluye el discurso musical.

6 Principios compositivos

Los músicos recurren a los siguientes principios compositivos a la hora de obtener el equilibrio necesario entre variedad y unidad en sus composiciones:

- La **repetición** de motivos, frases, períodos o secciones musicales, que ayuda a conferir unidad a la pieza. Cuando se alteran determinados aspectos, pero la idea original sigue siendo claramente reconocible, hablamos de **variación**.
- El **desarrollo**, que se aplica a temas ya expuestos, de los que se retoma parte del material musical para transformarlo en algo diferente.
- El **contraste** entre varias ideas musicales, que dota a la obra de variedad y evita la monotonía. Además, la presentación de nuevos materiales melódicos mantiene también el interés del oyente.

SABER HACER

5 Escucha el tema principal de la BSO de *Memorias de África* de J. Barry e interprétalo sobre la música. Después, identifica en la partitura el uso de los principios compositivos estudiados.

La repetición y el contraste son principios utilizados también en las artes plásticas, como se puede apreciar en esta obra de Andy Warhol.

REPERTORIO MUSICAL

CD ALUMNO

Comptine d'un autre été de la BSO de *Amélie* de Y. Tiersen.

Concerning hobbits de la BSO de *El señor de los anillos* de H. Shore.

7 La edición de vídeo

Hasta hace pocos años, la creación audiovisual estaba reservada a los profesionales, ya que requería un estudio equipado con costosos y sofisticados equipos que únicamente los especialistas podían manejar. En la actualidad, la mayor parte de los teléfonos móviles y de las tabletas incorporan cámaras digitales de vídeo, y los ordenadores personales cuentan casi siempre con sencillas herramientas de edición de vídeo.

Formatos de vídeo

Existen múltiples formatos para almacenar contenido multimedia. En función de cuál sea el elegido, la calidad y el tamaño del vídeo variarán, por lo que es importante definir de antemano la finalidad del contenido audiovisual a la hora de optar por una manera u otra de guardarlo.

Normalmente, un vídeo editado, además de imágenes en movimiento y sonido, incluye otros contenidos, como el título y los créditos, un menú de selección de idioma y subtítulos, galerías de imágenes fijas, etc. Por esta razón, los formatos de vídeo son **formatos contenedores** que empaquetan todo el proyecto audiovisual y contienen los diferentes elementos que lo integran (como el propio vídeo, audio, texto e imágenes). Los formatos contenedores de vídeo más extendidos son:

- **AVI**: desarrollado por Microsoft, está diseñado para ejecutarse principalmente en los sistemas operativos Windows.
- **MOV** de QuickTime: creado por Apple, permite interactuar con películas en 3D y de realidad virtual.
- **MP4**: se utiliza para distribuir vídeos y audios que cumplan el estándar MPEG-4. Permite realizar *streaming*.
- **FLV**: creado por Adobe, ofrece una gran compresión, optimizando el *streaming*, pero es incompatible con muchos navegadores y reproductores.
- **MKV**: es uno de los más populares en la actualidad. Además es de código abierto, por lo que evoluciona a gran velocidad.
- **WebM**: es liderado por Google y constituye uno de los formatos multimedia con código abierto más prometedores.

Por otro lado, los archivos de vídeo en sí mismos, independientemente del formato contenedor en el que se integren, pueden estar sin comprimir (en lo que se conoce como formato RAW) o comprimidos (en formato como DivX, XviD, WMV, etc.). La compresión se lleva a cabo mediante **códecs de vídeo**, unos programas que codifican y descodifican los archivos de vídeo comprimidos. De la misma forma, se utilizan **códecs de audio** para comprimir los datos de audio en formatos como MP3, OGG o WMA.

De esta manera, un formato contenedor incluye códec de vídeo y audio y distintos extras como, por ejemplo, subtítulos.

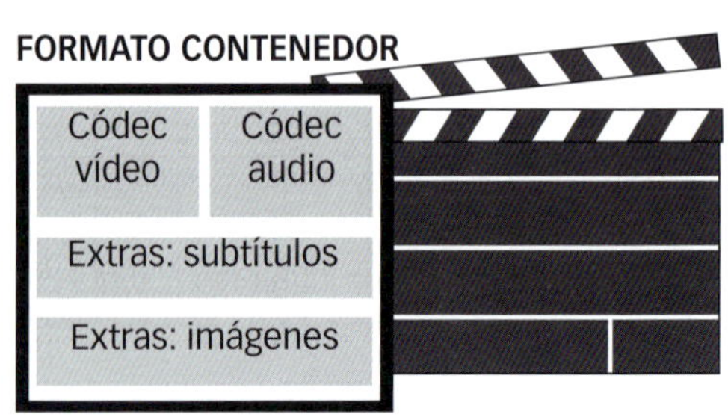

SABER MÁS

La difusión de **vídeos por Internet** es en la actualidad todo un fenómeno social. De hecho, se ha convertido en una nueva profesión para algunos, aunque la mayor parte de los usuarios lo hace por pura diversión. Además, numerosas aplicaciones de telefonía móvil permiten compartir archivos de vídeo prácticamente en tiempo real.

ACTIVIDADES

9. Investiga qué formatos de vídeo admiten las siguientes plataformas.
   - YouTube.
   - Facebook.
   - Vimeo.

Tareas de edición

La edición de vídeo tiene como objetivo dinamizar los contenidos grabados y crear ficheros más manejables. Requiere un programa de edición que permita manejar documentos audiovisuales con una calidad aceptable. En el mercado existen programas como Final Cut Studio, Avid Xpres o Adobe Premiere, pero, sin duda, los más difundidos son los más asequibles, como Windows Movie Maker (para Windows), Kino (para Linux) o iMovie (para Mac). Todos ellos permiten:

- Importar imágenes en distintos formatos y extraer vídeos de una videocámara, un teléfono móvil o una cámara web.
- Copiar, pegar, recortar y unir vídeos.
- Agregar transiciones y efectos entre las diferentes secuencias.
- Acompañar la imagen con música, sonidos o con una voz en *off*.
- Editar subtítulos, textos y gráficos.
- Aplicar filtros para retocar el color y la calidad de la imagen.

SABER HACER

6 Elabora una presentación de los carteles de tus películas favoritas con el programa de edición de vídeo Windows Movie Maker.

Antes de comenzar, prepara una carpeta en el **Escritorio** con el nombre del proyecto. Incluye al menos diez imágenes de los carteles y un archivo de audio con la música que sonará de fondo (preferiblemente en formato MP3). Tras descargar el programa en el ordenador, ábrelo y sigue estos pasos:

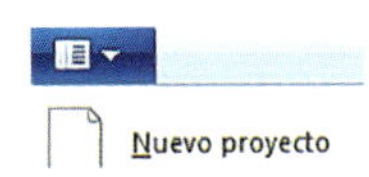

1. **Nuevo proyecto**: haz clic en la primera pestaña del menú superior y elige **Nuevo proyecto**.

2. **Importar imágenes**: en el menú superior, selecciona **Principal** y **Agregar vídeos y fotos**. Importa todas las imágenes que has preparado en la carpeta del **Escritorio**, y estas aparecerán alineadas en el espacio **Temas de AutoMovie**. Cada una constituye un clip de tu película. Puedes reordenarlas pulsando sobre ellas y arrastrándolas al lugar deseado, o eliminarlas con el botón derecho del ratón.
3. **Título y créditos**: encontrarás las opciones disponibles para incluirlos en la sección **Principal** del menú superior.
4. **Transiciones entre imágenes**: en el menú superior, selecciona la pestaña **Animaciones** para previsualizar los tipos de transición disponibles. Puedes elegir todos los clips y aplicar un mismo tipo de transición o añadir, uno por uno, la transición deseada para cada caso. Pulsa **Play** en la pantalla de previsualización que hay en el menú de la izquierda para ver los cambios.

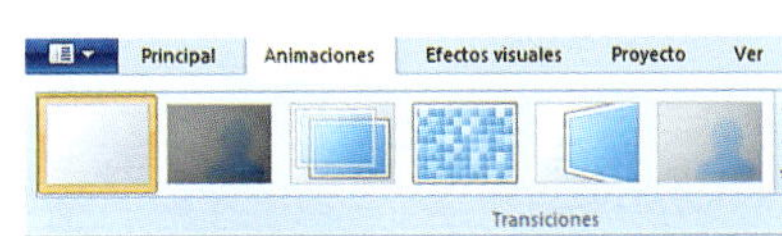

5. **Sonorización**: haz clic en **Principal** y **Agregar música** e importa el archivo de audio que has guardado anteriormente en la carpeta de tu proyecto.
6. **Mezcla**: para sincronizar música e imágenes dispones de varias opciones en el apartado **Herramientas de música** (que aparecerá en el menú superior una vez añadido el audio). Elige un tipo de fundido de entrada y de salida para evitar cortes bruscos de sonido. También puedes ajustar la duración de las imágenes en **Herramientas de vídeo**, indicando los segundos que quieres que dure cada una.

7. **Genera dos vídeos**: una vez finalizada la edición, haz clic en **Archivo** y **Guardar película** y pulsa la opción **Para equipo**. Repite el mismo proceso y vuelve a guardar la película, esta vez con configuración **Para correo electrónico**.
8. **Compara ambos archivos**: si sitúas el puntero del ratón sobre cada archivo, aparecerá un recuadro con sus propiedades. Fíjate en el formato contenedor con que se han guardado y compara el tamaño de ambos.

8 La creación de música para una película

Una de las parejas cinematográficas más productivas es la formada por el compositor John Williams y el director Steven Spielberg, que han colaborado juntos en *E.T.*, *Indiana Jones* y *La lista de Schindler*, entre otras. Su último trabajo en conjunto hasta la fecha ha sido *Lincoln*.

La música de una película, que debe ceñirse temporalmente al ritmo de cada escena, se puede crear en diferentes momentos. En ocasiones, el director envía el guion al compositor y este prepara bocetos de lo que será la banda sonora para ir concretando entre ambos su desarrollo. Otras veces, se compone durante el rodaje, y en el montaje se recortan o alargan segundos para ajustarla mejor a la imagen. Sin embargo, en la mayoría de los casos, el compositor realiza su trabajo con la película ya finalizada.

Profesiones relacionadas con la música

En una gran producción cinematográfica participan numerosos profesionales pertenecientes a los ámbitos más variados. Estos son los que están involucrados con el desarrollo de la parte musical:

- El **director** es el responsable del concepto artístico de la película y de él dependen tanto el equipo técnico como el artístico. Aunque normalmente no tiene conocimientos musicales, trabaja junto al compositor en la planificación de la banda sonora, que se cierra con la elaboración de un guion que describe cada secuencia y la duración exacta de los bloques musicales.
- El **productor** consigue la financiación, organiza y controla el desarrollo del proyecto y distribuye el producto.
- El **compositor** estudia a fondo la película con la ayuda del director y del guionista y después, comienza a describir todas las intervenciones musicales necesarias en cada escena. A menudo, debe realizar también una labor de investigación sobre la música de la época, de la cultura retratada, etcétera.
- El **orquestador** trabaja bajo la supervisión del compositor para que los temas musicales sean interpretados por una orquesta sinfónica, preparando la partitura de cada una de las voces.
- El **editor musical** es un asistente del compositor, y lo ayuda a elaborar el guion musical y supervisa la mezcla final.
- Los **intérpretes** ejecutan la banda sonora dirigidos por el propio compositor. Para facilitar la sincronización con la imagen, la grabación se suele realizar bajo una pantalla en la que se proyecta la película, o se utiliza una claqueta para marcar las intervenciones musicales de cada parte. En las películas musicales, el orden es el inverso: primero se graba la música y luego se rueda la escena con la música de fondo, de manera que la sincronía sea perfecta.
- Los **técnicos de sonido** se ocupan de registrar la música ejecutada por los intérpretes en el estudio de grabación.
- Los **montadores de sonido** son los encargados de mezclar la música, los efectos sonoros y los diálogos (en lo que se conoce como la sesión de *dubbing*), y de crear la mezcla definitiva de la banda sonora para combinarla con las imágenes en el montaje final de la película. Es en este momento cuando el compositor tiene que alargar o acortar compases para que la música se ajuste perfectamente a cada escena.

Técnico de sonido en un estudio de grabación.

- El **supervisor musical** es una figura que ha cobrado especial importancia en las últimas décadas y que se ocupa de seleccionar temas musicales preexistentes y de gestionar sus licencias para poder incluirlos en la banda sonora. Un buen supervisor musical debe aunar excelentes conocimientos musicales con buenas dotes para el negocio, pues de su selección musical depende también el éxito de la banda sonora de una película.

ACTIVIDADES

10 Busca en Internet un vídeo con los créditos finales de tu película favorita y contesta.

- ¿Qué profesionales relacionados con la música se nombran en los créditos? ¿En qué consiste su trabajo?
- ¿Hay alguna profesión de las anteriormente descritas que no figure en ellos?
- ¿Hay referencias a las grabaciones de temas preexistentes que se han empleado en la banda sonora de la película? ¿Qué tipo de información se incluye sobre estas?

SABER HACER

7 Interpreta *I'm a believer*, una canción de 1966 de The Monkees versionada por la banda de *punk* Smash Mouth para la BSO de *Shrek*.

SABER MÁS

La música, además de un producto artístico, es un producto de consumo estrechamente relacionado con la **industria del entretenimiento**. Así, en la historia del cine, numerosos músicos han dado el salto a la gran pantalla (desde Elvis Presley y Frank Sinatra hasta Madonna y Jennifer López), muchos grupos desconocidos o del pasado se han popularizado después de su intervención en algún filme, y es frecuente que las grandes productoras recurran a artistas conocidos para promocionar sus películas (como sucedió con la canción *My heart will go on*, interpretada por Céline Dion en *Titanic*).

REPERTORIO MUSICAL

Tema principal de la BSO de *La Pantera Rosa* de Henry Mancini

La primera vez que se escuchó esta melodía fue en 1963, en la banda sonora original de la película *La Pantera Rosa*, dirigida por Blake Edwards. Desde ese momento, se convirtió en un estándar de *jazz*, y Henry Mancini, su compositor, adquirió mucha popularidad.

El compositor

Henry Mancini nació en Cleveland (EE. UU.) en 1924. Pronto se inició en el estudio de la flauta y el piano, interesándose también por los arreglos musicales. Tras graduarse en la Juilliard School, una de las más prestigiosas universidades norteamericanas de música, comenzó a tocar como pianista en la orquesta de Glenn Miller. A partir de entonces, siguió estudiando música de manera privada.

Su carrera como compositor de bandas sonoras de películas comenzó en 1952, cuando los estudios de cine Universal Pictures lo contrataron en su departamento musical para escribir la música de sus películas de serie B (tal y como se denominan las películas realizadas con bajo presupuesto y actores poco reconocidos). Desde entonces, su popularidad fue en aumento, hasta que en la década de 1960 alcanzó la fama gracias a la música que compuso para las películas *La Pantera Rosa* y *Desayuno con diamantes* (ambas dirigidas por Blake Edwards), *Dos en la carretera* (de Stanley Donen) y *Hatari!* (del director Howard Hawks).

La película

La Pantera Rosa trata sobre un famoso ladrón de joyas, llamado El Fantasma, que intenta hacerse con la Pantera Rosa, una valiosa piedra preciosa en cuyo interior puede apreciarse la silueta de una pantera. Blake Edwards, su director, encargó al animador Friz Freleng (creador de personajes tan célebres como Bugs Bunny, Piolín, el gato Silvestre y Speedy Gonzales, entre otros) un dibujo animado para el título y los créditos iniciales y finales de la película. Solo le pidió tres cosas: que fuera un personaje gracioso, mudo y de color rosa.

Así es como surgió el personaje de ficción la Pantera Rosa. Tuvo tan buena acogida que pronto se convirtió en el protagonista de su propia serie de dibujos animados, siempre acompañada por la magistral música de Mancini.

Sobre esta audición

El tema principal de la película *La Pantera Rosa* es una melodía sugerente, brillante y fresca en la que su compositor refleja el dominio que tenía de la música jazzística.

Realiza una audición activa del tema principal de *La Pantera Rosa*.

- **Escucha la música con atención y contesta.**
  - a) ¿Habías oído esta pieza musical anteriormente? ¿Recuerdas en qué contexto?
  - b) ¿Cuál es el tempo? ¿Y el tipo de compás?

- **Identifica los temas y secciones de la pieza usando letras o los términos «introducción», «puente» y «coda». Después, completa en tu cuaderno una tabla como la siguiente.**

Tema	Intensidad	Duración en compases	Instrumentos que suenan
introducción	***p***		triángulo, bajo eléctrico y batería
tema A			saxofón, triángulo, bajo eléctrico y batería
tema B			trombones, trompetas, bajo eléctrico y batería
			flautas traveseras, violines, bajo eléctrico y batería
			saxofón, flauta travesera, bajo eléctrico, triángulo y batería
			violines, trombones, bajo eléctrico y batería
			saxofón, triángulo, bajo eléctrico y batería

- **Escucha de nuevo la música prestando atención al tema A, y señala dónde se han empleado los principios compositivos de repetición, variación y contraste.**

- **Observa la partitura del tema A y contesta. Después, interprétala.**

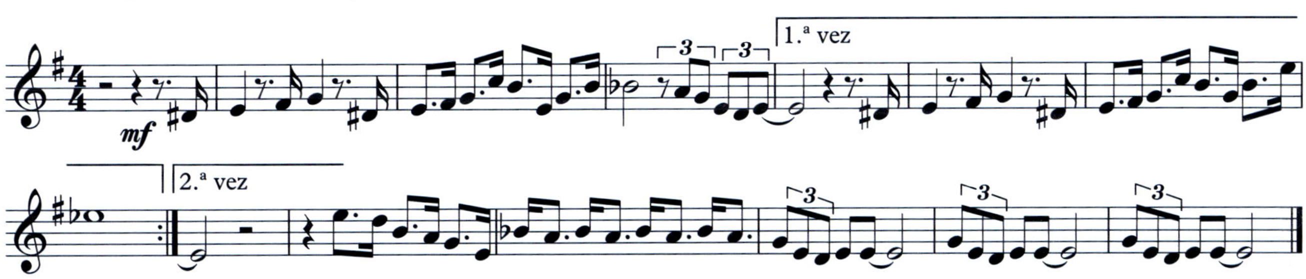

  - a) ¿En qué tonalidad está? ¿Qué alteraciones accidentales tiene?
  - b) ¿Qué grupo rítmico de valoración especial incluye? ¿Cuántos pulsos ocupa?
  - c) Identifica el motivo rítmico sobre el que está construido el tema.

- **Ensaya este patrón de batería tocando la voz del *charles* con los nudillos de la mano derecha sobre la mesa, la de la caja con la mano izquierda sobre el muslo izquierdo, y la del bombo con el pie derecho, sin levantar el talón del suelo.**

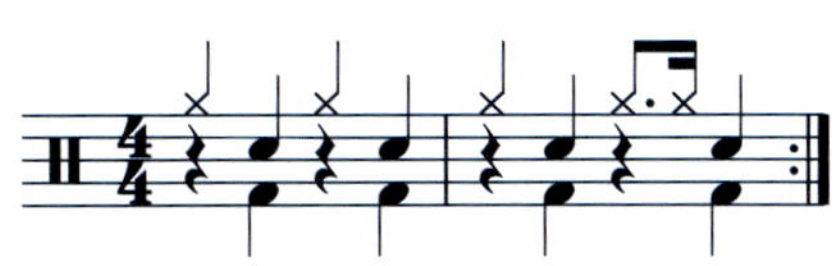

Recuerda cómo son las partituras de batería.

1 bombo 2 caja
3 *tom* 1 4 *tom* 2 5 *tom* 3
6 *charles* o platillos con baqueta
7 *charles* con pedal

- **En grupos de dos, interpretad la partitura de la melodía del tema A con el acompañamiento de percusión.**

Sonorización de una película muda: *Nosferatu* (1922)

Hasta 1927, las películas mudas se acompañaban con música en directo, mientras que los diálogos o sonidos más importantes quedaban recogidos en cuadros de texto conocidos como intertítulos.

Nosferatu fue rodada en 1922 por el director alemán Friedrich Wilhelm Murnau. Su argumento es la primera adaptación cinematográfica de *Drácula*, la famosa novela de vampiros de Bram Stoker, en la que Hutter, un joven agente inmobiliario, viaja a Transilvania para negociar la venta de una propiedad con el conde Orlok, que vive en un viejo castillo. Desde su llegada, el joven descubre el terror de los aldeanos hacia su cliente, y es que el conde parece un ser salido de la más terrible de las pesadillas.

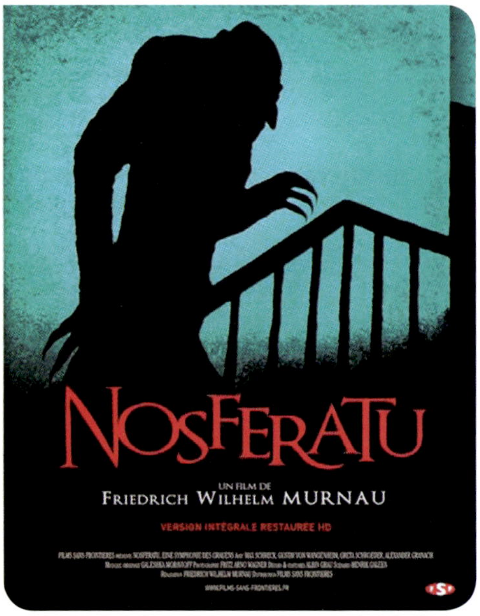

En grupos de cuatro, cread una banda sonora para una escena de *Nosferatu* siguiendo estos pasos.

1 Análisis de la historia y elaboración de un guion.

Visionad el fragmento propuesto y escribid un guion con la historia narrada, de forma que se ajuste perfectamente a las imágenes y a su duración. Redactad también el título y los créditos de vuestro vídeo.

2 Grabación.

Utilizad una cámara digital (puede ser la de un móvil) para filmar la secuencia. También podéis representar y grabar vuestra propia versión.

Importad la grabación a un ordenador y cread una carpeta para el proyecto.

3 Planificación de los efectos sonoros y de las intervenciones musicales.

Visionad el resultado y pensad en los sonidos y ruidos con los que queréis acompañar las imágenes. Con ellos podéis enfatizar un efecto determinado, como una puerta al abrirse, anticipar la aparición de un personaje con unos pasos que se acercan o situar al espectador en el lugar de los hechos.

Después, planificad las intervenciones musicales. Podéis recurrir a préstamos de piezas conocidas o componer una banda sonora original.

4 Elaboración del guion sonoro y recopilación del material necesario.

- Preparad un guion con todos los textos, voces en *off*, intervenciones musicales y efectos sonoros que aparecerán en cada escena. Deberá incluir los siguientes apartados:

Escena	Minutaje	Textos	Voces	Música	Efectos sonoros
títulos	00:00-00:05	*Nosferatu* Director: F. W. Murnau Adaptación: [vuestros nombres]	[No hay]	*Leitmotiv* de creación propia	[No hay]
escena 1	00:05-00:50 (00:00 a 00:45 del fragmento propuesto)	[No hay]	*Una terrorífica noche de diciembre…*	*Allegro* del *Concierto para violín* de Alban Berg, 00:00-00:45 con *fade out*	– Viento – Portón abriéndose – Pasos
…	…	…	…	…	…

- Incluid el título y los créditos finales, ya que podéis sonorizarlos también. Si habéis empleado obras preexistentes, no olvidéis indicar el fragmento utilizado.
- Grabad los efectos sonoros e importad los archivos a la carpeta que habéis asignado al proyecto en vuestro ordenador. Repetid el mismo proceso con la música seleccionada.

5 Edición final.

- Empleando algún programa de edición de vídeo, montad las imágenes, incorporando los textos, las voces en *off*, las intervenciones musicales, los efectos sonoros, los títulos y los créditos. Podéis utilizar herramientas como *fade in* y *fade out* para suavizar la incorporación de los efectos sonoros y de la música.
- Seleccionad el formato MP4 para guardar vuestra película en el ordenador.

6 Proyección.

- Mostrad vuestro trabajo al resto de compañeros.
- Subid el resultado a alguna página de vídeos como YouTube.

ACTIVIDADES FINALES

¡Realiza las actividades en tu cuaderno!

11 En tu cuaderno, escribe de un color los elementos de las producciones audiovisuales relacionados con la imagen, y de otro, los relacionados con el sonido.

iluminación	diálogos	música
fotografía	vestuario	voz en *off*
decorados	textos	montaje

12 Explica la diferencia entre música diegética y música incidental y pon al menos un ejemplo de cada una.

13 Describe la función o las funciones que cumple la música en cada una de las siguientes escenas audiovisuales, y si esta es diegética o incidental.

a) Suena una música renacentista mientras Felipe II camina por uno de los pasillos de su palacio seguido por su séquito. El monarca se detiene en una de las salas, en la que una pequeña orquesta está tocando.

b) Un hombre maduro se tumba en una hamaca, da un sorbo a un exótico zumo mientras observa la playa que se extiende ante sus ojos (comienza la música). Primer plano de los ojos del protagonista. La siguiente imagen, en blanco y negro, muestra al mismo personaje bastante más joven tumbado con una chica en la misma playa años atrás; la música continúa durante toda la escena.

c) Una chica está sentada en un banco de un parque frente a un estanque leyendo un libro. Hace un día radiante y los cisnes nadan tranquilamente. Sin embargo, la escena está acompañada por una música tensa y disonante.

14 Ordena cronológicamente los siguientes acontecimientos relacionados con la historia de la música en el cine.

a) Surge la figura del compositor especializado en música de cine.

b) En paralelo a la banda de la imagen, se incluye la banda sonora.

c) El cine mudo se acompaña de música en directo, ejecutada por un pianista.

d) Se estrena *El cantor de jazz*, la primera película de cine sonoro de la historia.

e) Las películas empiezan a acompañarse de toda una orquesta sinfónica.

15 Escribe cada época junto a sus características.

años 40 y 50	Se recurre a la espectacularidad y vuelve el concepto de banda sonora sinfónica.
años 60 y 70	Se experimenta con el sonido, se incorpora el *jazz* sinfónico y se emplea un tema central recurrente.
años 80	Surge el cine de autor, en el que el interés artístico prima sobre el comercial.

16 Copia y completa en tu cuaderno la siguiente tabla.

Película	Compositor
King Kong	
	Bernard Hermann
El Padrino	
James Bond	
	Henry Mancini
	John Williams
El rey león	
El piano	
	José Nieto
Torrente	

17 Contesta.

a) ¿Qué es el cine musical?

b) ¿Cuál fue su origen?

c) Cita tres títulos de películas de este género.

d) ¿Qué es un videoclip?

e) ¿Cuál fue el primer videoclip de la historia?

f) ¿Qué es la MTV?

g) ¿Qué papel cumple la música en los videojuegos?

18 Copia y completa en tu cuaderno un esquema como el siguiente.

Unidades melódicas

______

Es la idea generadora de la ______.

Consiste en ______.

Debe ser ______.

Es ______. Se puede dividir en ______. Puede ser ______ o ______ según su final sea más o menos concluyente.

______

Está formado por dos o más frases. Puede ser ______, si está formado por frases similares, o ______, si sus frases son distintas.

Sección

Está formada por ______. Es la unidad más completa de una ______. Puede ser una ______ amplia, que constituye un ______ y que se indica con ______, o una sección menor como la ______, el ______ o la ______.

19 Copia en tu cuaderno esta partitura del inicio de una conocida BSO y señala los motivos, semifrases y frases musicales. Después, contesta.

a) ¿De cuántos compases consta cada frase?

b) La pieza está en la menor. ¿Cómo es la primera frase? ¿Y la segunda?

c) ¿Qué alteraciones hay en la partitura? ¿Son accidentales o pertenecen a la armadura?

d) ¿Sabrías decir a la banda sonora de qué película pertenece?

20 Identifica el término intruso de cada serie y explica por qué lo es.

a) Introducción, motivo, puente, coda.

b) Frase, período, repetición, sección.

c) Repetición, tema musical, contraste, desarrollo.

d) AVI, WMV, FLV, MP4.

21 Escribe la función de cada uno de estos términos.

repetición	coda	desarrollo
puente	contraste	introducción

22 Define los siguientes términos utilizando las palabras indicadas en cada caso.

- **Formatos contenedores**: texto, imágenes, audiovisual, empaquetar, audio, archivo, vídeo, proyecto, elementos, integrar.
- **Códec**: programa, codificar, archivo, vídeo, comprimidos, audio, RAW, descodificar, DivX, MP3.

23 Escribe en tu cuaderno cada profesional junto a la labor que realiza.

orquestador	crea la mezcla definitiva de la banda sonora
intérpretes	consigue la financiación y organiza y controla el desarrollo de los proyectos
supervisor musical	asiste al compositor
compositor	selecciona temas preexistentes y gestiona las licencias
productor	graba la música ejecutada por los intérpretes
montador de sonido	adapta los temas musicales para que sean interpretados por una orquesta sinfónica
director	compone la BSO
editor musical	planifica musicalmente la película y elabora el guion musical junto al compositor
técnico de sonido	interpretan la música

ACTIVIDADES TIC

24 Los Premios Goya son los galardones que otorga cada año la Academia de las Artes y las Ciencias Cinematográficas de España a los mejores profesionales de una serie de especialidades relacionadas con el cine. Investiga y escribe en tu cuaderno quién ha ganado más veces el premio a la Mejor Banda Sonora.

25 Haz una lista de las bandas sonoras de tus películas preferidas y averigua los nombres de sus compositores. ¿Han ganado algún premio Óscar o Goya?

26 Busca en Internet y visiona el documental *Descubriendo a John Williams*. Después, contesta.

a) ¿Quiénes participan en él? ¿A qué se dedican?

b) ¿Qué se comenta sobre los *leitmotivs* de las bandas sonoras de John Williams?

c) ¿Cuántas BSO de este compositor se nombran en el documental?

d) ¿Qué sucedió en la última escena de la película *E.T.*? ¿Quién dirigió esta película? ¿En cuántas películas ha trabajado junto a J. Williams?

e) ¿Qué tipo de sonido recupera este compositor?

f) ¿Cuántos Premios Óscar ha ganado?

g) ¿Qué otros compositores de cine se mencionan?

27 Localiza la noticia «Sinfonías en el videojuego» en la página web de *El País*, y contesta.

a) ¿Qué música ha sido premiada? ¿De qué videojuego? ¿Quién es su compositor?

b) ¿Qué orquesta la grabó? ¿Cuánto tiempo duró la grabación?

c) Comenta en clase la siguiente afirmación: «Antes eran los autores del videojuego quienes programaban la música para cada situación. Ahora es la inteligencia artificial de la máquina la que escoge el módulo más ajustado en función de cómo el jugador hace evolucionar el juego».

Willkommen de la BSO de *Cabaret* de J. Kander.

Entrevista a Ennio Morricone

¿Qué se debe saber de una película para poder componer una banda sonora?

No hay una práctica consolidada sobre el tema. ¡Puede que ni la haya en absoluto! Se puede, si se conoce al director, partir de su narración: sabiendo cómo el director la va a rodar y lo que le explica al compositor. Después, se puede partir del resumen, de la sinopsis, del llamado «tratamiento»: a menudo, se trata de una treintena de páginas. Bien podría bastar para hacerse una idea de la película. Luego está el guion. Si no, está la película acabada; se ve la película. Luego, la deliberación con el director. Esta puede tener lugar incluso antes. Quiero decir, justamente al principio, cuando el director cuenta su película. En consecuencia, ¿cuál es el mejor método? Cualquier práctica es buena con tal de que compositor y director se conozcan, con tal de que uno tenga confianza en el otro. [...]

¿Hay bandas sonoras que pueden salvar una película mediocre?

No creo, no. Una música mediocre puede ir muy bien con una película bellísima. Pero una música bellísima no ayuda a una película mediocre.

¿Cuál es la diferencia entre la llamada música «seria» y una composición para una película?

Dado que la música cinematográfica puede también ser música seria, es errónea la denominación de «música seria». A lo que usted llama «música seria» yo lo llamo «música absoluta». ¿Y qué quiere decir «música absoluta»? Quiere decir que no está condicionada por nada y que nace solo de la voluntad del compositor para expresarse; frente a la música cinematográfica, que es una música aplicada, que nace de la exigencia de otra obra, más importante que la música. Así, la música en un filme complementa a la obra cinematográfica.

¿Por qué, a veces, componer bandas sonoras no se considera un arte?

¡Cierto, lo dice muy bien! En parte tienen razón, porque una expresión artística, para ser arte, debe ser absoluta. Si, por el contrario, está al servicio de otra forma artística, no es una expresión que nazca espontánea de la invención y de la necesidad de escribir del compositor. Pero, pero... Yo he escrito un pequeño ensayo a propósito, donde demuestro que, también en el pasado, en los siglos anteriores, Bach y otros escribieron música aplicada.

¿Como, por ejemplo, Lully, que compuso música para los *ballets* del Rey Sol?

Sí, también. Bach escribía una cantata a la semana para la misa. La *Tafelmusik*, de Telemann, era para la mesa puesta. ¿No era música «al servicio de»?, ¿música «para la ocasión»? [...] Los musicólogos se han equivocado. La música para cine es música aplicada, pero toda la música o casi toda lo es. No los cuartetos de Beethoven, por ejemplo: no es una música que esté condicionada por una aplicación. ¡Pero cuántas otras! *Música para los fuegos artificiales* de Händel, obviamente, como el mismo nombre dice, ha nacido para unos fuegos artificiales. Ha sido compuesta para estar al servicio de otra cosa. [...].

Fragmento de la entrevista realizada por Franco Soda para la revista *Scherzo* n.º 216, febrero de 2007.

ACTIVIDADES

28 ¿Qué es la música aplicada? ¿A qué se refiere Ennio Morricone cuando afirma que casi toda la música es aplicada?

29 ¿Qué es la música «absoluta» a la que se refiere el compositor?

30 Investiga sobre Morricone y redacta un resumen de su biografía y de las bandas sonoras que ha compuesto.

31 Haz un listado de las cualidades que debe tener un compositor de música para cine, según lo que has estudiado en esta unidad.

Fotograma de la película *Cinema Paradiso*, con BSO de E. Morricone.

4 Música y artes escénicas

SABER

- La ópera, la opereta y la zarzuela.
- El musical y el teatro de variedades.
- El *ballet* clásico y la danza contemporánea.
- El circo y la *performance*.
- Estructuras, géneros y formas musicales.
- El espectáculo musical: espacios y profesionales de la música.

SABER HACER

- Repertorio vocal e instrumental.
- Transcripción de una melodía.
- Creación de una *performance*.
- Composición de estructuras musicales a partir de temas dados.
- Escenificación de un texto dramático.
- Audición activa de *Danza rusa* del *ballet Petrushka* de Igor Stravinsky.
- Representación de una escena del musical *Grease*.

Representación de *El pájaro de fuego* de Igor Stravinsky por The English National Ballet (2012).

¿Has asistido alguna vez a una representación de una obra de teatro, una ópera, un musical o un *ballet*? Si es así, habrás notado que este tipo de espectáculos son el resultado del trabajo conjunto de muchos profesionales, cuyo objetivo es hacer que el espectador viva como en su propia piel lo que sucede en escena, se emocione y disfrute de la función. Y es que cada actuación es única: el resultado de la interacción entre artistas y espectadores es un momento irrepetible.

? NOS HACEMOS PREGUNTAS

- ¿Cuáles son las artes escénicas? ¿Por qué se denominan así?
- ¿Qué profesionales están involucrados en el montaje de un espectáculo?
- ¿Qué funciones tiene la música en estas representaciones?
- ¿En qué tipo de espacios se llevan a cabo las funciones de las artes escénicas?

1 Las artes escénicas

Desde la Antigüedad clásica, el teatro, la música y la danza han ido de la mano y se han combinado de diferentes maneras, dando lugar a diversos tipos de artes escénicas. En todos ellos, los intérpretes representan en directo una obra para un público con una planificada puesta en escena.

La ópera

Esta forma musical consiste en una obra teatral en la que los intérpretes escenifican una historia cantando, acompañados por una orquesta situada en un foso, y, en ocasiones, por un cuerpo de baile que interpreta números de danza. Se representa en grandes teatros, adecuados para una puesta en escena de semejante complejidad. Todas las óperas se basan en un texto, llamado **libreto**, que se estructura en diferentes actos. En la mayoría de los casos, el compositor utiliza un libreto preexistente, pero a veces compositor y libretista conciben su obra en conjunto.

En la ópera se combinan números exclusivamente instrumentales con partes vocales con acompañamiento orquestal:

- **Obertura**: introducción instrumental que presenta los principales temas musicales de la ópera.
- **Interludio**: breve sección orquestal que permite realizar los cambios de escena con el telón bajado.
- **Recitativo**: parte semicantada con un austero acompañamiento orquestal que hace avanzar la narración.
- **Aria**: número con una melodía elaborada y virtuosística, concebido para el lucimiento de uno o dos solistas vocales.
- **Coro**: parte en la que intervienen de manera coordinada todos o la mayoría de los cantantes.

El nacimiento de la ópera se sitúa a **comienzos del siglo XVII** en la ciudad italiana de Florencia, donde un grupo de poetas, intelectuales y compositores, conocido como Camerata Fiorentina, impulsó la recuperación de la tragedia clásica, que era una síntesis teatral de poesía, música y danza. La primera obra maestra de esta nueva forma musical fue *Orfeo*, de Claudio Monteverdi, estrenada en 1607.

En el **Barroco** se empezó a diferenciar entre **ópera seria**, generalmente con libreto en italiano, basada en temas mitológicos o heroicos y estructurada en tres actos, y **ópera bufa**, de carácter cómico, escrita en el idioma de cada país y sobre temas cotidianos y populares o de crítica social hacia las clases más acomodadas. Durante el **Clasicismo**, los temas se hicieron más próximos al público, el carácter de la música se adaptó al desarrollo dramático y a los personajes, el coro adquirió mayor relevancia, y la orquesta creció y ganó protagonismo.

En el **Romanticismo** y con los **nacionalismos**, la ópera se convirtió en el espectáculo preferido de la burguesía y cada país desarrolló su propio estilo, aunque Italia, Francia y Alemania fueron los principales focos creativos. Con la llegada de las vanguardias musicales y del *jazz*, ya entrado el **siglo XX**, se incorporaron nuevos estilos y técnicas de composición, y la puesta en escena cobró mayor importancia.

SABER MÁS

Montserrat Caballé en *La valquiria* de R. Wagner.

El compositor alemán Richard Wagner concebía la ópera como una «**obra de arte total**» que aunaba poesía, música y danza con las artes plásticas (arquitectura, escultura y pintura). Posteriormente, el término también ha sido empleado para referirse a cualquier otra manifestación artística en la que se combinan elementos de diferentes artes.

ACTIVIDADES

1 Identifica el tipo de número operístico al que pertenecen estos fragmentos.

- *Dieu puissant* de *Alceste*, C. W. Gluck.
- *Sitizzoso mio, Sitizzoso* de *La serva padrona*, G. B. Pergolesi.
- *Langsam, Wozzeck, langsam!* de *Wozzeck*, A. Berg.
- *Preludio* de *El oro del Rin* del ciclo *El anillo del nibelungo*, R. Wagner.

ACTIVIDADES

2 Escucha estos fragmentos e identifica cuál pertenece a una zarzuela y cuál a una opereta. Justifica tu respuesta de acuerdo con las características propias de ambas formas musicales.

La opereta

La opereta es una forma musical con un marcado carácter cómico y una trama disparatada, que incluye números instrumentales y cantados, diálogos y coreografías de bailes de la época. Su origen se remonta a los escenarios parisinos de finales del siglo XVIII, cuando se quiso acercar la música operística al pueblo mediante el empleo de un tono satírico y frívolo, armonías y texturas más sencillas, y elementos melódicos y rítmicos de carácter popular. Se denominó «opereta» para diferenciarla de la ópera. Paulatinamente, se fue extendiendo por Europa, asumiendo influencias de cada país, hasta que alcanzó su máxima popularidad en la segunda mitad del siglo XIX.

La zarzuela

En nuestro país, durante el Romanticismo se popularizó la zarzuela, una forma musical propiamente española que, como la ópera, combina teatro, música y danza. También se basa en un texto, llamado libreto, que se estructura en actos, y cuenta con números cantados (**coplas** o **romanzas** para los solistas y **coros**) y solos instrumentales (un **preludio** al inicio e **intermedios**), pero en lugar de recitativos tiene **partes declamadas** o dialogadas. Además, emplea abundantes elementos castizos y una música ligera con melodías y ritmos propios del folclore español (jotas, seguidillas, zorcicos, etcétera).

El origen de la zarzuela se remonta al siglo XVII, aunque fue en el siglo XIX, en el marco de los nacionalismos musicales, en el que los compositores reivindicaban la lengua y tradiciones musicales de su país, cuando alcanzó su verdadero auge. Entonces se empezó a distinguir entre **zarzuela grande**, en tres actos, sobre temas históricos españoles, con gran presencia de coros y predominio del canto sobre las partes habladas, y **género chico**, en un solo acto, con pocos personajes y más parte de texto hablado que cantado. La popularidad de la zarzuela fue incrementándose hasta que, en el primer cuarto del siglo XX, se convirtió en el espectáculo musical más popular en España.

SABER HACER

1 Interpreta este fragmento del *Dúo de Felipe y Mari Pepa* de la zarzuela *La revoltosa* de R. Chapí.

El musical

El teatro musical, llamado simplemente musical, es quizá la forma escénica más popular de la actualidad. Se caracteriza por combinar diálogos y números cantados y bailados con impresionantes puestas en escena; utilizar los estilos de música popular propios de cada momento; representarse en el idioma del público (traduciéndose si es preciso), y ser interpretado por actores con una amplia formación artística, capaces de recitar, cantar y bailar. No tiene una estructura estandarizada, pero lo habitual es que sea en dos actos, el primero más largo que el segundo.

El musical surgió en la cultura anglosajona a partir de formas escénicas europeas decimonónicas, como la opereta. Al principio consistía en una sucesión de diferentes escenas dialogadas intercaladas con canciones de gusto popular, pero a principios del siglo XX empezó a incorporar un hilo argumental y elementos musicales del *blues* y del *jazz*.

El teatro musical fue adquiriendo mayor complejidad en su planteamiento y escenificación e incorporó ritmos de otras músicas populares urbanas, como el *rock*, el *folk* o el pop, transformándose en un espejo de los cambios sociales. Ya en el último cuarto del siglo XX salió del ámbito anglosajón, consolidándose definitivamente como una forma escénica internacional.

SABER MÁS

Broadway, en Nueva York, y **West End**, en Londres, se han convertido en los principales enclaves del teatro musical.

SABER HACER

2 Escucha el estribillo de *Mamma mía!* de ABBA que inspiró el musical del mismo nombre.

- Ayudándote de un instrumento melódico, transcribe el fragmento teniendo en cuenta su rítmica, que la tonalidad es sol mayor y que la melodía empieza en la y concluye en sol. Incluye el tempo y las dinámicas del fragmento e interprétalo para verificar si es correcto.

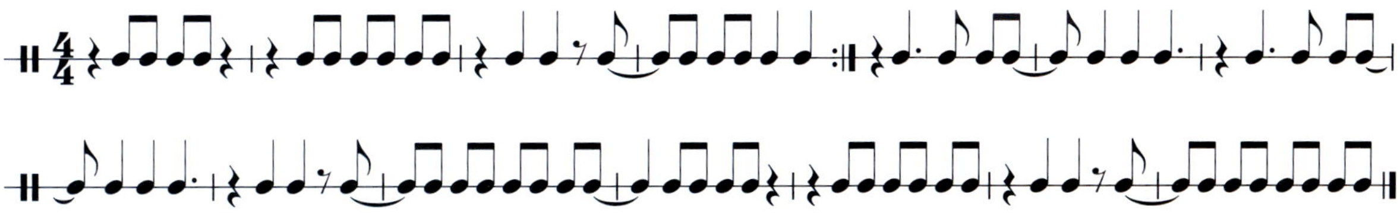

- Busca en Internet una escena de *Mamma mía!* e identifica las características del musical.

El teatro de variedades y otras formas similares

Desde el siglo XVIII empezaron a florecer en EE. UU. y en Europa numerosos espectáculos de carácter animado destinados al entretenimiento de un público variado, en los que tenían cabida la música, el baile, la magia, los payasos, los números acrobáticos, humorísticos y picantes, etc. Según el tono y el estilo, adoptaban un nombre u otro, como **teatro de variedades**, **revista teatral**, **vodevil**, ***music hall***, **cabaré**, **café cantante**... Todos ellos presentaban una sucesión de diferentes escenas, en las que una estrella principal o un presentador constituían el hilo conductor. Se interpretaban en cafés y pequeñas salas o teatros, pero su auge durante el siglo XIX provocó la aparición de salas dedicadas exclusivamente a estos espectáculos, como Le Chat Noir, el Moulin Rouge y el Folies Bergère en París.

ACTIVIDADES

3 Escucha *Ta-ra-ra boom-de-ay!* de K. Criswell. ¿Qué carácter tiene esta canción de *music hall*? ¿Qué estructura tiene? ¿Qué recurso compositivo se ha usado en la segunda parte?

El *ballet* clásico y la danza contemporánea

El baile es una forma de expresión artística que hace uso de los movimientos corporales, casi siempre acompañados de música. Sus orígenes se remontan a la prehistoria, y fue cobrando mayor importancia hasta que, en la antigua Grecia, pasó a estar representado por Terpsícore, una de las siete musas, las divinidades inspiradoras del arte.

Los orígenes del ***ballet* clásico**, concebido como un espectáculo que combina un argumento dramático con música, danza y escenografía, se remontan al *Ballet comique de la reine*, que se representó en el contexto de las fiestas de la corte renacentista de Catalina de Medici. Este constituyó el germen del *ballet* de corte barroco, protagonizado por los propios cortesanos, quienes, vestidos con trajes lujosos y máscaras, interpretaban un argumento dentro de una elaborada escenografía. Este tipo de *ballet* alcanzó su máximo esplendor bajo el reinado de Luis XIV, el «Rey Sol», durante el cual los bailarines se profesionalizaron, se creó la primera escuela de danza y proliferaron los coreógrafos y tratados sobre la materia.

Durante el Clasicismo, Jean-Georges Noverre sentó las bases del *ballet* clásico, y en el Romanticismo, la técnica de esta forma musical alcanzó su máximo esplendor basándose en historias sobre príncipes, ninfas, magia y amores no correspondidos.

En el siglo XX, los grandes cambios sociales afectaron también a este arte: en oposición a la rigidez del *ballet* clásico, surgió la **danza contemporánea**.

Ballet clásico	Danza contemporánea
Priman la belleza y la perfección técnica.	Se busca la expresión de ideas y emociones.
Se usan pasos y movimientos predefinidos.	Los pasos y los movimientos son libres y naturales.
La música está compuesta al servicio de la danza.	Además de música compuesta al servicio de la danza, se usa música preexistente.
El vestuario es ligero (con tutú blanco y zapatillas de punta endurecida) y adaptado al tema de la obra.	El vestuario y la puesta en escena son modernos e incluso se baila descalzo.

ACTIVIDADES

4 Busca en Internet una representación de *La danza del hada del azúcar* (*Sugar plum fairy dance*) de *El cascanueces* de P. I. Chaikovsky y contesta.

- ¿En qué compás está?
- ¿Qué características del *ballet* clásico se ven reflejadas en esta escena?
- ¿Hay algún cambio de tempo? ¿Cómo lo expresa la bailarina?
- ¿Crees que esta refleja también las frases y el carácter de la música?

5 Busca una representación de *Diversion of angels* de N. D. Joio coreografiada por M. Graham y compárala con la anterior.

El circo

El circo es un espectáculo en el cual se suceden diversos números en los que siempre están presentes el humor y la música, para ambientar y entretener, y donde se exhibe la habilidad y la fuerza humana mediante demostraciones acrobáticas, de contorsión, equilibrismo, escapismo, magia, malabarismo, funambulismo, trapecistas, ventrílocuos, tragafuegos, etcétera.

Su origen es antiguo, ya que el ser humano siempre ha sentido la necesidad de mostrar sus capacidades extraordinarias, adquiridas por nacimiento o mediante esfuerzo y disciplina. Las primeras referencias a las habilidades circenses se remontan a 3.000 años atrás, en el marco de las antiguas civilizaciones del lejano Oriente y de Oriente Próximo (China, Mongolia, India, Grecia y Egipto). En ellas, este tipo de actividades formaba parte del entrenamiento militar y estaba vinculado a rituales religiosos y prácticas lúdicas y festivas. Tras un período de decadencia, reaparecieron gradualmente durante la Edad Media y se afianzaron en el Renacimiento, con las tropas itinerantes de saltimbanquis.

El primer circo moderno fue fundado en 1768 por Philip Astley en Londres. Generalmente, es un espectáculo itinerante, aunque también existen compañías con una ubicación estable. Se representa en el interior de una carpa con una o varias pistas circulares y asientos alrededor para el público. También hay artes circenses representadas por artistas ambulantes en las calles.

SABER MÁS

En las últimas décadas, ha surgido un nuevo tipo de **circo contemporáneo** en el que se mezclan elementos del circo tradicional, basados en el virtuosismo y la técnica, con la danza, el teatro, la música en directo y el uso de la más moderna tecnología. Es el caso de la compañía canadiense Cirque du Soleil.

La *performance*

El término *performance* deriva de la expresión inglesa *performance art*, que significa «arte en vivo». Alude a una acción escénica llevada a cabo en un espacio público, como la calle, con el propósito de provocar y asombrar a los espectadores. Las *performances* suelen ser improvisadas, involucran a menudo al público y dan cabida a artes como la música y la danza.

La *performance* surgió a principios de 1960 de la mano de artistas vanguardistas, en el marco del arte conceptual, un movimiento que da más importancia a la construcción de conceptos en torno al objeto artístico que al objeto en sí mismo. Es un tipo de acción vinculada a los ***happening*** y a los ***flashmob***.

SABER HACER

3 En grupos de tres, cread una *performance*.

- Pensad en algún tema de relevancia social (como el estrés de la vida en las ciudades, la incomunicación, etcétera).
- Ensayad vuestra creación y representadla ante el resto de los compañeros o, si os atrevéis, hacedla en un espacio público ante desprevenidos espectadores, grabad la actuación y proyectadla después en el aula.

ACTIVIDADES

6 Escucha dos de las melodías más populares de todos los tiempos en los espectáculos circenses. ¿Con qué tipo de números las asocias?

7 Busca un vídeo de un *happening* y de un *flashmob*, y explica la diferencia entre estos términos y una *performance*.

Muchacha en la ventana de S. Dalí.

A diferencia de las artes plásticas, que se desenvuelven en el espacio y se basan en una estructura visualmente perceptible, la música se desarrolla en el tiempo, pero no por ello deja de tener una estructura reconocible.

2 Clasificación de las formas musicales

Una forma musical es un tipo de composición con unas determinadas características, que se puede clasificar atendiendo a su estructura y al género musical al que pertenece.

Estructuras musicales

Los compositores utilizan siempre algún tipo de estructura como base sobre la que organizar los elementos de su pieza musical. Esta puede ser:

- **Libre**, cuando la obra no está sujeta a ninguna estructura concreta (como los preludios, las fantasías o las piezas de *jazz*).
- **Compleja**, si consta de varios movimientos o partes contrastantes (como una sinfonía o una ópera).
- **Simple**, cuando está formada por un único movimiento.

Tipos de estructuras simples		Esquema
primaria o estrófica	Un único tema (A) se repite varias veces. Es muy frecuente en los romances tradicionales, en los que la misma música se emplea para distintas estrofas.	A A A
binaria	Formada por dos temas diferentes (A y B) que se repiten de forma consecutiva o alterna, como en las canciones con estrofas y estribillo.	A B A B A A B B
ternaria	Compuesta por tres temas, de los cuales los dos primeros (A y B) son contrastantes, mientras que el tercero puede ser la repetición del primero (A) o un tema completamente nuevo (C).	A B A A B C
rondó	Un tema principal (A) aparece de forma recurrente, intercalado con otros (B, C, D…).	A B A C A
tema con variaciones	Un tema (A) se repite con diversas modificaciones en la melodía, el ritmo, la velocidad, la intensidad, el carácter, la tonalidad, la textura, el timbre, etc. (A_1, A_2, A_3…).	A A_1 A_2 A_3

SABER HACER

4 A partir de los siguientes temas, compón una estructura musical binaria, otra ternaria, un rondó y un tema con variaciones.

- Interpreta tus creaciones ante un compañero para que reconozca su estructura.

ACTIVIDADES

8 Indica con letras la estructura formal de los siguientes fragmentos y el número de compases que integran cada parte.

Géneros musicales

El concepto de género musical es muy amplio, ya que abarca distintos criterios de clasificación de las formas musicales, los cuales no son excluyentes entre sí. He aquí una clasificación de los principales:

Según la instrumentación	Según la función	Según el destinatario	Según la intención
vocal Composiciones en las que interviene la voz, con o sin acompañamiento instrumental.	**sacro** Piezas de tema religioso, que se interpretan en los actos de culto (obras litúrgicas) o en cualquier otra ocasión.	**culto o clásico** Composiciones complejas, de autor conocido, aprendidas en el ámbito académico e interpretadas por músicos profesionales en espacios construidos especialmente para ello.	**puro** Piezas que no tienen ninguna referencia extramusical.
instrumental Piezas compuestas únicamente para instrumentos. En la música culta, este género engloba tanto la música de cámara como la sinfónica u orquestal.	**profano** Composiciones cuyo tema no es litúrgico.	**popular** Piezas más fáciles de memorizar, aprendidas en el seno de la comunidad o en ámbitos informales, que se interpretan en espacios no necesariamente concebidos para tal fin. Pueden pertenecer al ámbito tradicional o de la música popular urbana.	**aplicado** Composiciones que describen musicalmente algún elemento (como una tormenta o el canto de los pájaros); un personaje, emoción o situación (como un *leitmotiv*), o ponen música a un texto concreto (como un poema o una obra dramática).

Además, dentro de cada género hay diferentes **estilos musicales**. El concepto de estilo alude al conjunto de características que cumplen las obras de una misma tendencia musical. Por ejemplo, la música popular urbana abarca múltiples estilos, como el *rock and roll*, el *soul*, el *funk*, etcétera.

Las formas musicales

La forma musical abarca, por lo tanto, distintos aspectos, pero se caracteriza por ser un tipo de composición con una estructura concreta y con unas características musicales determinadas (un tempo, una textura, etc.) y por pertenecer a un tipo de género particular. Ejemplos de formas musicales son la **sinfonía**, el **concierto**, la **misa**, la **canción** o la **ópera**.

ACTIVIDADES

9 Clasifica las siguientes formas según el tipo de género al que pertenezcan (recuerda que pueden corresponder a varios al mismo tiempo): ópera, concierto, oratorio, zarzuela, minueto, rondó, musical, canción, motete, sevillanas.

10 Identifica el tipo de género musical al que pertenece cada uno de los siguientes fragmentos.

Representación de *Petrushka* en París en 1976.

El *ballet* es una forma musical.

REPERTORIO MUSICAL

El sueño imposible **de *El hombre de La Mancha* de M. Leigh.**

Escena 10 del acto II de *El lago de los cisnes* de P. I. Chaikovsky.

ACTIVIDADES

11 Entra en la página web de la Academia de las Artes Escénicas de España y contesta.

- ¿Cuáles son sus fines? ¿Qué actividades realiza?
- ¿Qué tipo de profesionales forman parte de ella?
- Elige uno de los más de 300 académicos que la integran e investiga sobre su vida y obra.

3 El montaje de un espectáculo musical

Todo espectáculo escénico es irrepetible: nunca hay dos totalmente idénticos, ni siquiera cuando son interpretados por la misma compañía. ¡Eso sin contar los múltiples montajes que pueden hacerse de una misma función! Esto se debe a que cada representación es el resultado del trabajo coordinado de diferentes profesionales pertenecientes a ámbitos muy diversos. Aunque la mayoría de ellos no son visibles para el público durante el desarrollo de los espectáculos, todos cumplen un papel indispensable en su correcta ejecución. Según sea su área de actuación, se agrupan en diferentes equipos de trabajo.

- **Equipo de producción**: suele estar integrado por un productor, un gestor cultural y un agente o distribuidor. Sus funciones principales son conseguir los recursos necesarios para llevar a cabo el montaje del espectáculo, gestionarlo y coordinarlo. El trabajo de producción es probablemente el más largo de todos los involucrados en la creación de una obra, pues comprende varias fases:
  - **Preproducción**: la primera tarea de un productor, una vez que tiene claro el espectáculo que va a producir y cómo hacerlo, consiste en encontrar la financiación, las personas adecuadas para trabajar en él y todo lo necesario para representarlo (el espacio escénico, la maquinaria, los decorados, el vestuario…).
  - **Producción**: es la puesta en escena del espectáculo en sí. Consiste en llevar a término el proyecto, mediante la coordinación de todos los equipos involucrados en él, y solucionar los problemas que puedan surgir sobre la marcha. Es una fase crucial, ya que una mala producción supone un malgasto importante tanto de tiempo como de dinero.
  - **Postproducción**: incluye la distribución y venta del espectáculo, la organización de posibles giras, el *merchandising*, etcétera.

ACTIVIDADES

12 Imagina que formas parte de un equipo de producción con otros cuatro compañeros y que tenéis que representar un musical en vuestro centro escolar. Planifica con ellos la fase de preproducción y contesta.

- ¿Qué necesitáis para llevar adelante el proyecto?
- ¿De qué recursos disponéis y cómo podéis conseguir aquellos que os faltan?
- ¿Qué personas de vuestra comunidad educativa pueden ayudaros a llevar a cabo el proyecto?

El director musical dirige a los cantantes y a la orquesta. Por eso se sitúa normalmente entre el foso y la escena.

- **Equipo creativo-artístico**: está liderado por el director artístico, que es el encargado de concebir el espectáculo junto con el productor, el director musical (responsable de dirigir el trabajo de los músicos) y el director de escena. Este último tiene que coordinar todo lo que sucede en cada momento en el escenario (decorados, vestuarios, efectos especiales, iluminación, movimiento de los actores…).

El equipo creativo lo integran coreógrafos, compositores, escenógrafos, diseñadores de vestuario, técnicos de luces y de sonido, mientras que el equipo artístico está formado por los intérpretes: actores, músicos, bailarines y todos aquellos que aparecen en escena.

- **Equipo técnico**: está compuesto por maquilladores, peluqueros, sastres, técnicos de luces, técnicos de sonido y demás profesionales responsables de materializar las propuestas de los creativos y los diseñadores. Además, incluye a los siguientes profesionales:
  - **Regidor**: es responsable de que todo esté a punto en cada escena, por lo que tiene que prever lo que va a suceder en cada momento.
  - **Maquinista o tramoyista**: se encarga de la construcción, reparación, montaje y desmontaje de las escenografías, así como de la manipulación de los elementos del decorado durante la representación.
  - **Utilero**: supervisa la construcción, mantenimiento, reparación y colocación de los enseres y objetos empleados en el escenario.
- **Equipo de sala**: es el encargado de recibir y orientar al público, así como de garantizar su bienestar. Incluye a taquilleros, acomodadores, porteros y personal de limpieza y seguridad, coordinados todos ellos por un jefe de sala.

SABER HACER

5 Lee este fragmento de la novela *Frankenstein o el moderno Prometeo*, escrita en 1818 por M. Shelley. La obra trata de cómo el doctor Victor Frankenstein consigue crear un hombre ante el que él mismo se siente atemorizado.

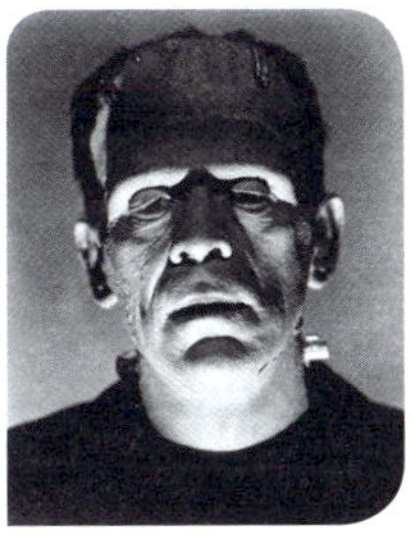

Me desperté sobresaltado y horrorizado: un sudor frío cubría mi frente, los dientes me castañeaban y tenía convulsiones en los brazos y las piernas, y entonces, a la pálida y amarillenta luz de la luna, que se abría paso entre los postigos de la ventana, descubrí al engendro… aquel monstruo miserable que yo había creado. Apartó las cortinas de mi cama y sus ojos… si es que pueden llamarse ojos, se clavaron en mí. […] Me refugié en un patio que pertenecía a la casa en la que vivía y allí me quedé durante el resto de la noche, paseando de un lado a otro, sumido en la más profunda inquietud, escuchando atentamente, captando y temiendo cada sonido como si fuera el anuncio de la llegada de aquel demoníaco cadáver al que yo desgraciadamente había dado vida.

Traducción de José C. Vales.

- Formad grupos de siete y distribuíos las siguientes funciones:
  - Actores: dramatizarán el texto propuesto.
  - Narrador: recitará el texto mientras los actores lo dramatizan.
  - Director artístico: definirá la escenografía de la puesta en escena.
  - Técnico de luces: dispondrá de un foco de luz (basta con una linterna y un tubo de cartón colocado encima), que puede situar justo debajo de la cara del actor o donde considere oportuno.
  - Director musical: acompañará la lectura con música y efectos sonoros.
  - Caracterizador: se encargará del maquillaje y el vestuario de los actores.
- Escenificad el texto, grabadlo y mostradlo a vuestros compañeros.

SABER MÁS

En un espectáculo es fundamental la participación de un buen **equipo técnico**. Las grandes salas cuentan con numerosos profesionales de este sector. Por ejemplo, el Centro Dramático Nacional tiene a más de 150 técnicos contratados, y en el Teatro Real, donde las producciones operísticas son de gran envergadura, el equipo técnico está formado por más de 200 personas.

SABER MÁS

En los **escenarios para espectáculos musicales**, es imprescindible obtener una excelente acústica. Ya en la Grecia clásica se creaban escenarios acústicamente idóneos para las representaciones dramáticas, en las que la música tenía un papel fundamental. Los romanos construyeron teatros como el de Mérida, cuya inclinación favorecía la acústica de la construcción. Durante la Edad Media, la actividad musical se daba principalmente en las iglesias, los castillos y las plazas públicas, pero a finales del Renacimiento volvieron a construirse espacios específicos. A partir del Barroco y del Clasicismo se crearon los grandes teatros y auditorios que conocemos hoy en día.

4 Los espacios para la música

Todo arte escénico precisa, como su propio nombre indica, de un espacio en el que llevarse a cabo, donde tanto la captación del sonido como la visión del público sean óptimas. De dicho escenario dependerán el tipo de puesta en escena y la experiencia final del público.

Mientras que la mayoría de las obras se representan en **espacios construidos específicamente** para ellas, como teatros, auditorios, circos o salas de concierto, otras tienen lugar en **espacios públicos**, como calles, plazas, parques o en **recintos habilitados** excepcionalmente para la ocasión (plazas de toros, estadios de fútbol, etcétera).

Estos son los principales espacios que albergan espectáculos musicales:

Espacios escénicos abiertos

Son más habituales en la música tradicional, que suele interpretarse en **calles**, **plazas** y **templetes de música**, y en la música popular urbana, para la que frecuentemente se montan grandes escenarios en **estadios de fútbol** y otros **espacios abiertos**. También existen en el ámbito de la música culta, para la que a menudo se habilitan **jardines** y **monumentos históricos**.

Espacios escénicos cerrados

Se emplean tanto en la música popular urbana (bares, *pubs*, salas de concierto…) como en la folclórica (asociaciones, centros culturales, etc.). La música culta suele contar con espacios cerrados específicamente construidos para ello. En concreto, destacan los siguientes:

Los **teatros a la italiana** son edificios concebidos principalmente para la representación de óperas y *ballets*. Están constituidos por varios pisos de asientos dispuestos en forma de herradura alrededor de un escenario, con un espacio detrás para los decorados y un foso delante para la orquesta.

Los **auditorios** grandes son salas con excelentes cualidades acústicas, pensadas para la interpretación de música sinfónica. Constan de una amplia zona de asientos alrededor de un escenario, donde se sitúa la orquesta, con un espacio detrás destinado al coro. Muchos auditorios también tienen una sala más pequeña para la música de cámara.

Los **salones** son salas en las que se celebran reuniones y conciertos. Hoy en día los hay de carácter privado o cultural, como lo ateneos, las academias, los liceos y los casinos. En ellos, la distribución del escenario y del público es más flexible.

Las **iglesias** y **ermitas** son espacios en los que se representan generalmente piezas de música culta de carácter sacro.

ACTIVIDADES

13 Averigua dónde están estos escenarios europeos y qué tipo de géneros musicales programan: Royal Albert Hall, Teatro Valle-Inclán, La Scala, Teatro Bolshoi, Casa da Música y Palau de la Música.

Partes de un teatro

En todos los teatros hay una serie de elementos siempre presentes:

- **Escenario**: espacio destinado a la representación de la obra, generalmente elevado respecto al patio de butacas para favorecer la visualización óptima del espectáculo por parte del público. Su zona más próxima a este se denomina **proscenio**.
- **Foso** (opcional): piso inferior al escenario, donde se aloja la orquesta.
- **Patio de butacas** o **platea**: zona de asientos frente el escenario.
- **Anfiteatro**: zona de asientos en forma de semicírculo, ubicada sobre el patio de butacas, en plantas superiores.
- **Palcos**: pequeños balcones independientes con asientos, situados encima del patio de butacas.
- **Paraíso** o **gallinero**: zona de asientos con menor visibilidad, ubicada en el último piso del teatro.
- **Bastidores**: marcos de madera, estores o cortinas a ambos lados del escenario, por donde entran y salen los actores.
- **Telón**: gran pieza de tela que oculta el escenario antes de la representación y entre los diferentes actos o escenas.
- **Bambalinas**: lienzos de tela en la parte superior del escenario, que tapan los focos y el resto de aparejos.
- **Decorados**: conjunto de muebles, enseres y estructuras que recrean un lugar o ambiente en el escenario.
- **Peine**: estructura metálica de donde se suspenden los diferentes elementos del decorado.
- **Tramoya**: conjunto de máquinas y útiles con los que se llevan a cabo los cambios de decorado y los efectos especiales durante la representación.
- **Camerinos**: habitaciones donde los actores se arreglan.

SABER MÁS

Ya el teatro griego contaba con abundantes elementos escénicos. Uno de ellos era el ***deus ex machina***, una especie de grúa que izaba a los personajes que representaban a los dioses en el cielo; de ahí su nombre.

ACTIVIDADES

14 Escribe en tu cuaderno el nombre de cada una de las partes numeradas en el dibujo y describe brevemente su función.

REPERTORIO MUSICAL

Los Ballets Rusos

Programa de mano de *Petrushka*, representada por los Ballets Rusos en el Teatro de la Ópera de París en 1920.

La compañía de baile de los Ballets Rusos fue creada en 1907 por el productor, empresario y agitador cultural Serguei Diaguilev a partir de una selección de los mejores bailarines del Ballet Imperial de San Petersburgo. Esta compañía marcó un hito en la vida cultural europea y fue responsable de la renovación del lenguaje visual del *ballet*.

El talento de Diaghilev consistió principalmente en reconocer la genialidad ajena y saber rodearse de ella. Así, contó con la ayuda de artistas visuales como Matisse, Picasso o Braque para el diseño de escenografías y vestuario, y de los mejores coreógrafos del momento, como Fokine, responsables de introducir pasos y movimientos, en muchos casos exóticos y provocadores, que buscaban expresar el carácter de la música desde la cabeza hasta los pies. Esto, unido a la apuesta por la renovación del lenguaje musical con compositores como Falla, Ravel, Debussy o Stravinsky, supuso una nueva etapa en el mundo de la danza y el *ballet*.

El compositor

Stravinsky retratado por Picasso en 1920.

Igor Stravinsky (1882-1971), considerado por muchos el músico más influyente del siglo XX, fue un compositor y director de orquesta ruso, nacionalizado francés y, posteriormente, estadounidense. Su estilo innovador, con ritmos abruptos, armonías politonales y una agresiva orquestación, hizo que recibiese duras críticas dentro y fuera de la esfera musical.

A pesar de que su larga y dilatada carrera le permitió transitar por numerosos estilos (primitivismo, dodecafonismo, nacionalismo, neoclasicismo, etc.), es conocido principalmente por los *ballets* de su primer período, que le dieron fama internacional: *El pájaro de fuego* (1910), *Petrushka* (1911) y *La consagración de la primavera* (1913), todos ellos compuestos para Diaguilev y escenificados por los Ballets Rusos. Estas obras, atrevidas y transgresoras, están concebidas para ser interpretadas por grandes orquestas, y muchos de los temas y motivos argumentales buscan inspiración en el folclore ruso.

La obra

Petrushka es un *ballet* en un acto y cuatro escenas, que se estrenó en París en 1911. La música fue concebida originalmente como una obra instrumental programática, pero Diaguilev le propuso a Stravinsky adaptarla para la escena. En su montaje, Diaguilev se rodeó una vez más del mejor equipo: Nijinsky y Karsavina como bailarines, Fokine en el diseño de la coreografía, Benois en el de vestuarios y decorados, y Pierre Monteux a cargo de la dirección orquestal. El argumento narra la historia de tres títeres que cobran vida: Petrushka, una especie de payaso o arlequín, el sultán y la bailarina, por cuyo amor compiten ambos.

La *Danza rusa*, inspirada en elementos melódicos del folclore popular ruso, representa el momento en el que los tres títeres cobran vida y comienzan a bailar.

La bailarina Tamara Karsavina en el estreno de *Petrushka*.

Realiza una audición activa de la *Danza rusa* de *Petrushka*.

- **Escucha la pieza y completa en tu cuaderno una ficha como esta.**

> – Tipo de compás.
> – Tempo inicial de la música.
> – Cambio de tempo.
> – Familias de instrumentos que intervienen.
> – Instrumentos solistas.
> – Carácter de la pieza.

- **Interpreta el tema A y, después, identifica cuándo suena.**

– Investiga el significado del tempo *Allegro giusto*. ¿Por qué crees que Stravinsky lo incluyó?

- **Toca el comienzo del tema B y del tema C y, después, identifica cuándo suena cada uno.**

Tema B (vientos)

Tema C (piano)

- **Por último, interpreta el tema D (violín y oboe).**

- **Vuelve a escuchar la pieza mientras sigues su desarrollo en este esquema.**

Tema A (vientos)	Tema B (vientos)	Tema A' (vientos)	Puente	Tema C (piano)	Tema D (violín y oboe)	Tema A' (xilófono)	Tema A' (clarinete y corno inglés)	Tema A (piano)	Tema A' (maderas y violines)	Coda
8 compases	28 compases	8 compases	14 compases	12 compases	12 compases	6 compases	7 compases	8 compases	8 compases	23 compases

- **Busca un vídeo de una representación de este *ballet* y contesta.**

  a) ¿Hay alguna relación entre las partes de la música y los movimientos de la danza? ¿Y entre estos últimos y la velocidad de la interpretación? ¿Se refleja la duración de las notas en el tipo de pasos de los bailarines?

  b) ¿Qué similitudes y diferencias encuentras entre este tipo de *ballet* y el *ballet* clásico? ¿Por qué en su época resultó transgresor?

- **Dividid la clase en dos grupos y cread una coreografía para la música con elementos de danza contemporánea. Recordad que podéis utilizar algún elemento, como pañuelos, cintas, paraguas..., para apoyar vuestra interpretación.**

Representación de una escena de un musical

El musical *Grease*, escrito por Jim Jacobs y Warren Casey, relata el romance entre dos jóvenes de un instituto estadounidense en la década de 1950, la época del estallido del *rock and roll*. Fue estrenado como obra de teatro en 1971, y pronto adaptada con gran éxito al formato de musical. En 1978, el director Randal Kleiser realizó la versión cinematográfica, con Olivia Newton-John y John Travolta como protagonistas.

En la escena de *Grease* que vais a interpretar, Sandy, una chica recatada recién llegada al instituto, cuenta a sus nuevas amigas el idílico encuentro que tuvo durante el verano con Danny, un joven dulce y romántico. De manera simultánea, Danny, que en su vida real es un chico rebelde y descarado, explica a sus compañeros la apasionada aventura que vivió con Sandy, sin saber que ambos coincidirán este año en el mismo centro escolar y volverán a verse. La canción contrasta en cada verso la visión tan diferente que ambos tienen de lo vivido.

Representa con tus compañeros la escena del musical de *Grease* correspondiente a la canción *Noches de amor*.

1 Dividíos en tres equipos de trabajo.

- **Equipo de producción.**

  Se encargará de conseguir todos los recursos necesarios para el espectáculo (escenario y medios técnicos, luces, equipo de sonido, etc.). También se responsabilizará de programar los ensayos y de organizar el estreno (publicidad, entradas y acomodación del público).

  Este equipo hará después las funciones del **equipo de sala**, vendiendo las entradas y acomodando al público en sus asientos.

- **Equipo creativo-artístico.**

  Será el más numeroso, pues se dividirá a su vez en varios grupos:

  - **Coreógrafos**: diseñarán la coreografía, guiándose por los vídeos que existen en Internet sobre esta escena concreta del musical.
  - **Diseñadores de escenario**: crearán el decorado y recopilarán los elementos de utilería que sean necesarios para la escena.
  - **Diseñadores de vestuario**: buscarán y confeccionarán el vestuario de los actores.
  - **Intérpretes**: los músicos tocarán la melodía y el acompañamiento de la canción, previamente ensayados, mientras que los actores se aprenderán la letra y la coreografía de la escena, para interpretar ambas de forma simultánea.

- **Equipo técnico.**

  Asumirá las siguientes funciones:

  - **Regiduría**: coordinará todas las entradas, salidas y movimientos en la escena.
  - **Sonido**: se encargará de la reproducción y amplificación del sonido, tanto durante los ensayos como el día del estreno.
  - **Luces**: se responsabilizará de la iluminación.
  - **Maquilladores y peluqueros**: caracterizarán a los personajes.

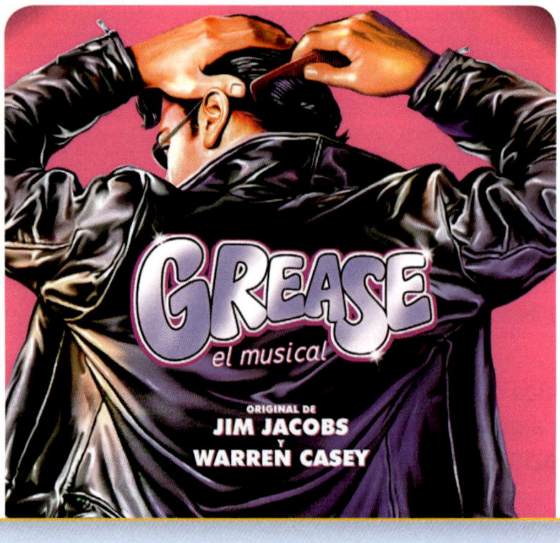

2 Representad y grabad el resultado.

- Ensayad la interpretación sobre la base musical propuesta.
- Grabad el resultado, visionadlo y haced una crítica constructiva sobre las diferentes representaciones.

Noches de amor **del musical** ***Grease*** **de J. Jacobs y W. Casey.**

ACTIVIDADES FINALES

¡Realiza las actividades en tu cuaderno!

15 **Escribe en tu cuaderno cada período histórico junto a la evolución que experimentó la ópera en él.**

Barroco	La ópera se convierte en el espectáculo favorito de la burguesía y cada país desarrolla su propio estilo.
Clasicismo	Los temas se hacen más próximos al público, la música se adapta al desarrollo dramático, el coro adquiere mayor relevancia y la orquesta crece.
Romanticismo	Se incorporan nuevos estilos y técnicas de composición y la puesta en escena cobra mayor importancia.
Siglo XX	Se empieza a diferenciar entre ópera seria y ópera bufa.

16 **Copia y completa la siguiente tabla con los elementos o características correspondientes.**

género chico	carácter cómico	obertura
copla o romanza	tono satírico y frívolo	aria
elementos castizos	armonías sencillas	libreto
recitativo	bailes de moda	preludio

Ópera	Zarzuela	Opereta

17 **Corrige en tu cuaderno las siguientes afirmaciones sobre el teatro musical.**

a) Es la forma escénica menos popular de la actualidad.

b) Se caracteriza por combinar diálogos y números instrumentales y bailados con impresionantes puestas en escena.

c) Utiliza los estilos de música tradicional propios de cada lugar y se representa siempre en italiano.

d) Surgió en la cultura francófona a partir de géneros escénicos norteamericanos decimonónicos.

e) Es interpretado por bailarines capaces de cantar.

18 **Completa en tu cuaderno el siguiente texto.**

Desde el siglo ______ empezaron a florecer, tanto en ______ como en Europa, una serie de espectáculos de carácter ______ en los que tenían cabida la música, el ______, la ______, los ______, los números ______, etc. Según el tono y el ______, adoptaban diferentes nombres, tales como teatro de ______, revista teatral, ______, ______, ______, ______, etc. Se interpretaban en cafés y pequeñas ______ o ______. En el siglo ______, su auge fue tal que surgieron ______ dedicadas exclusivamente a estos espectáculos, como el ______, ______ o el ______ en París.

19 **Explica con tus propias palabras las diferencias entre el *ballet* clásico y la danza contemporánea.**

20 **Contesta.**

a) ¿Qué es el circo?

b) ¿Cuál es la función de la música en él?

c) ¿Con qué se vinculaban las actividades circenses en las antiguas civilizaciones?

d) ¿Qué ocurrió con este espectáculo durante la Edad Media y el Renacimiento?

e) ¿Quién fundó el primer circo moderno? ¿Qué características tiene?

21 **Identifica el término intruso de cada serie. Después, explica de qué trata cada una y cuál es su relación con cada término.**

a) Romanza, recitativo, obertura, aria.

b) Terpsícore, Philip Astley, Luis XIV, *Ballet comique de la reine*, Jean-Georges Noverre, Catalina de Medici.

c) Cabaré, vodevil, *performance*, revista teatral, *music hall*.

d) Funambulismo, contorsionismo, *happening*, malabarismo, magia.

e) *Performance art*, improvisación, espacio público, *happening*, escapismo, *flashmob*.

22 **Define estos términos utilizando las palabras indicadas en cada caso.**

- **Forma musical**: características musicales, tipo de composición, estructura, tipo de género musical.
- **Estructura**: elementos, organizar, base, compositor, pieza musical.
- **Género musical**: formas musicales, criterios, instrumentación, concepto, intención, destinatario, clasificación, función.
- **Estilo musical**: obras, tendencia musical, características, conjunto.

23 **Completa en tu cuaderno con la estructura o el esquema correspondiente.**

a) Primaria o estrófica: ______.

b) ______: ABAB o AABB.

c) Ternaria: ______ o ______.

d) ______: ABACA.

e) Tema con variaciones: ______.

24 Usa los siguientes ritmogramas para crear una estructura musical ternaria y un rondó. Después, compón una melodía para estas.

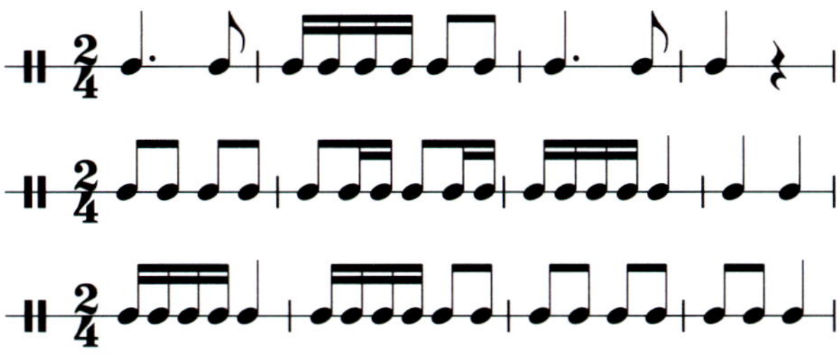

25 Copia y completa en tu cuaderno un esquema como el siguiente sobre los géneros musicales.

El concepto de **género musical** es ____.
Los principales géneros se clasifican:

- Según la ____, en vocal o ____.
- Según la función, en ____ o ____.
- Según el ____, en ____ o popular.
- Según la ____, en puro o ____.

26 Explica la diferencia entre las estructuras musicales simples, libres y complejas.

27 Define con tus propias palabras las principales funciones de los siguientes equipos de profesionales del espectáculo e indica tres de sus componentes habituales.

equipo de producción — equipo creativo-artístico — equipo técnico — equipo de sala

28 Contesta.

a) ¿Qué características debe tener un espacio escénico para que sea adecuado?

b) ¿Qué habilidad se tuvo en la Grecia clásica a la hora de construir escenarios?

c) ¿Qué evolución experimentaron los espacios escénicos a lo largo de la Edad Media, el Renacimiento, el Barroco y el Clasicismo?

29 Relaciona en tu cuaderno cada espacio escénico con el tipo de espectáculo que tiene lugar en él.

sinfonía	carpa
concierto de *rock*	catedral
ópera	auditorio
actuación de una banda municipal de música	teatro de herradura a la italiana
performance	templete de música en un parque
espectáculo circense	estadio de fútbol
oratorio	la calle

ACTIVIDADES TIC

30 Investiga el origen del término «zarzuela» y su relación con el monarca Felipe IV.

31 Muchos musicales se han convertido en películas de éxito, y viceversa. Investiga cuál fue el caso de los siguientes ejemplos: *My fair lady*, *Evita*, *High school musical*, *La bella y la bestia*, *Jesucristo superstar*, *El rey león*, *Grease*, *Los productores*, *West Side story*, *Cabaret*.

32 El Circo Price fue construido originalmente en 1853 en Madrid. Investiga su evolución y contesta.

a) ¿Dónde está ubicado actualmente?

b) ¿Cuáles son sus principales características?

c) ¿Qué capacidad tiene?

d) Visita su página web y explica el contenido de un espectáculo programado para esta temporada.

33 Joseph Beuys fue un artista alemán que destacó en el terreno del *happening* y la *performance*. Visiona el documental *Todo hombre es un artista*, sobre algunos de sus espectáculos, y contesta.

a) ¿Qué sensaciones provocan sus actuaciones?

b) ¿Crees que era artísticamente provocador?

c) Investiga qué era el grupo Fluxus y descríbelo.

34 Entra en la página web del Palacio de Festivales de Cantabria y realiza una visita virtual por sus salas. Después, contesta.

a) ¿Cuántas salas tiene?

b) ¿Para qué tipo de formaciones están diseñadas?

c) ¿Qué tipo de espectáculos hay programados esta temporada? ¿A qué formas de artes escénicas pertenecen?

CD ALUMNO

***Brindis* de *La traviata* de G. Verdi.**

El musical *West Side story*

Nueva York, 6 de enero de 1949. Jerry R. [Jerome Robbins] me ha llamado hoy para proponerme una versión moderna de *Romeo y Julieta*, situada en los suburbios de una gran ciudad durante las fiestas de Pascua, con los ánimos muy caldeados entre judíos y católicos. Los primeros serían los Capuleto; los segundos, los Montesco. Aunque lo importante es hacer una historia trágica en términos de comedia musical, usando únicamente sus técnicas y evitando caer en la trampa «operística». ¿Puede tener éxito algo así? Desde luego, no hay precedentes. Jerry sugiere a Arthur Laurents para el libreto.

Columbus, Ohio, 15 de abril de 1949. He recibido el borrador de las primeras cuatro escenas. Muy buen material. Pero esta no es forma de trabajar. Yo embarcado en una larga gira de conciertos, Arthur entre Nueva York y Hollywood… Puede que lo mejor sea aparcar el proyecto hasta disponer del tiempo suficiente.

Nueva York, 7 de junio de 1955. Jerry no se ha rendido. Seis años de retraso no suponen nada para él. A mí todavía me atrae el proyecto. Lo mismo le pasa a Arthur.

Beverly Hills, 25 de agosto de 1955. Hoy he tenido una jornada de trabajo bastante productiva con Arthur. Estamos emocionados de nuevo con *Romeo*. Hemos abandonado la idea del conflicto judío-católico porque no era muy innovadora, y hemos pensado en contrastar dos bandas juveniles: una de puertorriqueños recién llegados, y otra de jóvenes que se autoproclaman «americanos» […].

Nueva York, 14 de noviembre de 1955. Un joven letrista llamado Stephen Sondheim ha venido hoy y nos ha cantado algunas de sus canciones. ¡Cuánto talento! Creo, igual que los demás, que es ideal para este proyecto. Esto va avanzando.

Nueva York, 17 de marzo de 1956. De nuevo hay que retrasar *Romeo* un año. Puede que sea lo mejor.

Siento que este proyecto debe madurar, como el vino en los barriles. Problema clave: trazar la fina línea que separa Broadway de la ópera, el realismo de la poesía, el *ballet* de «simplemente bailar», lo abstracto y lo figurativo. Evitar ser demasiado moralistas […].

Nueva York, 8 de julio de 1957. Ensayos. Hermosos bocetos para los decorados de Oliver. Irene nos mostró sus figurines: sin palabras. Casi no puedo creerlo: ¡40 chavales están ya ensayando en el escenario! ¡40 chavales cantando un contrapunto a cinco voces, sin haberlo hecho antes, y sonando a gloria celestial! Creo que acertamos al no contratar «cantantes»: un profesional sonaría inevitablemente más maduro, y el toque «juvenil» de la obra se perdería […].

Washington, D. C., 20 de agosto de 1957. El estreno de ayer resultó tal y como lo habíamos soñado… Reí y lloré como si nunca hubiese visto la obra con anterioridad. Creo que la clave del éxito ha estado en la colaboración; todos, desde el principio, estuvimos trabajando para lo mismo. Incluso los productores perseguían los mismos objetivos que nosotros teníamos en mente… Nadie echó de menos un final feliz para la obra. Cosa rara en Broadway… Estoy orgulloso, me siento muy honrado de haber tomado parte en esto.

Extractos del diario de *West Side story*.
LEONARD BERNSTEIN.

ACTIVIDADES

35 Investiga y elabora una breve biografía de Leonard Bernstein y de Jerome Robbins. ¿Qué función tenían Arthur Laurents y Stephen Sondheim en el musical?

36 ¿Cuántos años permaneció el proyecto dormido desde que se planteó inicialmente?

37 ¿Qué relación guardan *West Side story* y la obra *Romeo y Julieta* de W. Shakespeare?

38 ¿Qué problema clave planteaba el musical? ¿Cuál fue la clave de su éxito?

5 Músicas del mundo

SABER

- Tradiciones musicales de Europa, África, América, Asia y Oceanía.
- Tipos de escala pentatónica. La escala hexatónica.
- Formas de acompañar una melodía.
- La música en la sociedad actual.
- La prensa musical.
- La crítica musical.

SABER HACER

- Repertorio vocal e instrumental.
- Interpretación de los pasos básicos de la conga.
- Creación de un gamelán.
- Creación de un mapa sonoro.
- Improvisación melódica sobre la escala hexatónica de *blues*.
- Redacción de una crítica musical.
- Audición activa de dos piezas de una nuba andalusí.
- Baile de una danza en línea *country*.

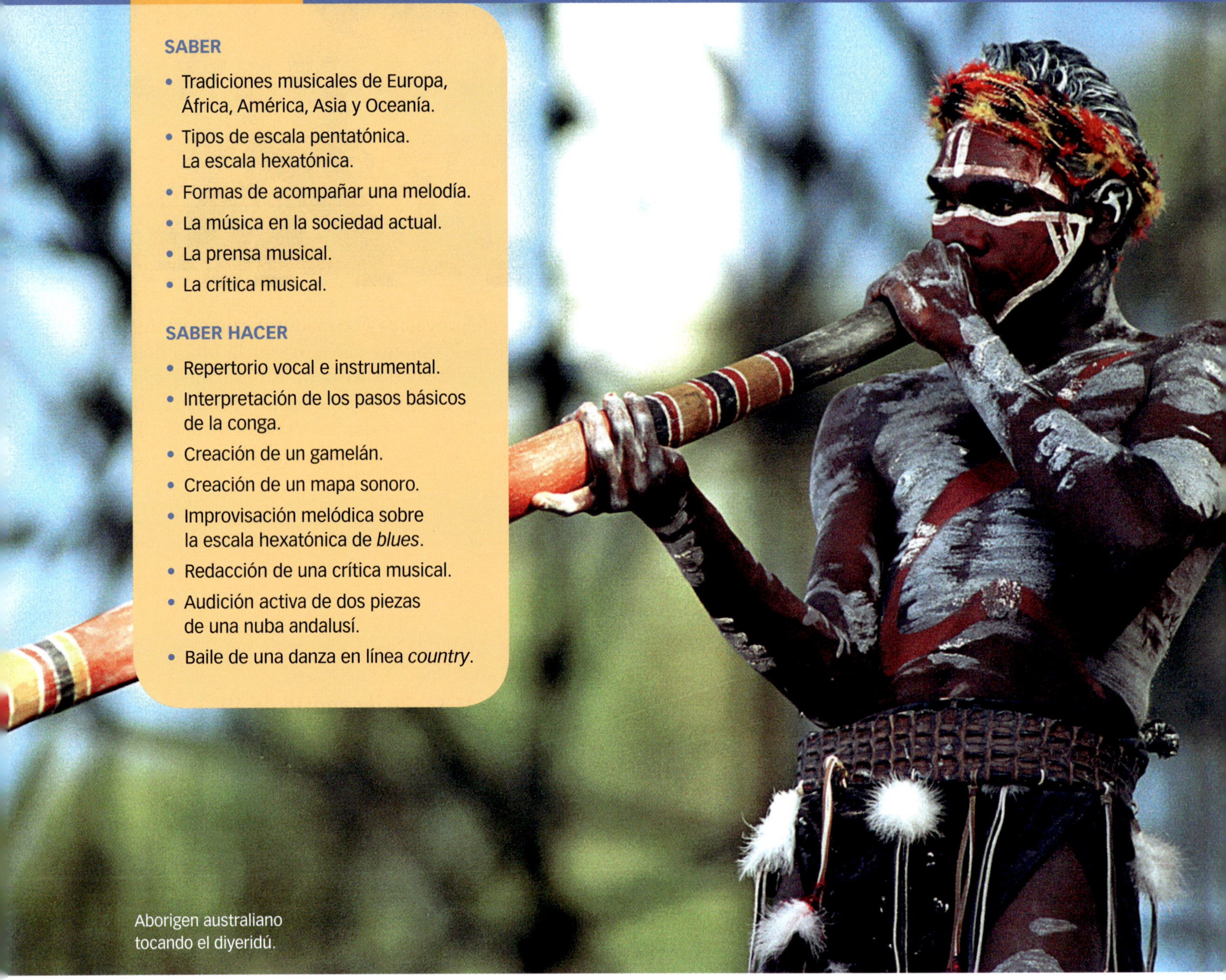

Aborigen australiano tocando el diyeridú.

La función más antigua de la música es acompañar la vida de una comunidad. Todos los pueblos, sin importar su procedencia, han recurrido a ella para aligerar la dureza de sus labores, dormir a los niños y celebrar ritos o acontecimientos señalados. Sin embargo, cada lugar la ha dotado de sus propias reglas y características, manifestando con ello su identidad, sus valores y su historia. Por eso, el estudio de las diferentes tradiciones musicales nos permite acercarnos a otras culturas y comprender mejor su forma de vida.

? NOS HACEMOS PREGUNTAS

- ¿En qué momentos te rodeas de música? ¿Qué funciones cumple en tu día a día?
- ¿Conoces música de otras culturas? ¿Cómo es? ¿Con qué instrumentos se toca?
- ¿Qué papel crees que juega la música en los medios de comunicación?
- ¿Cómo piensas que influyen los medios de comunicación en tus gustos musicales?

1 Tradiciones musicales del mundo

En todas las sociedades, la mayor parte de la música se ha aprendido y transmitido de manera oral, de generación en generación. Casi siempre ha estado estrechamente vinculada a las costumbres y quehaceres de cada pueblo y, por lo tanto, ha sido sensible a las transformaciones de la sociedad en la que se desarrollaba. Con el tiempo, la música de tradición oral ha ido fusionándose también con otros tipos de música, como la clásica o la popular urbana, lo que ha dado lugar a una amplia paleta musical, con un sinfín de colores y matices.

Las características, usos y funciones de la música alrededor del mundo son casi inabarcables, pero un estudio de algunas tradiciones destacadas proporciona una buena idea de su riqueza y diversidad.

En Europa: el rebético griego

Los griegos no inventaron la música, pero sí la palabra que la designa actualmente: ***mousikē***, que significa «el arte de las musas». Sin embargo, tras el esplendor cultural de la Antigüedad griega, la música tradicional griega hibernó varios siglos hasta que vio su renacer a finales del siglo XIX.

Tras la guerra de Independencia turca, a principios de la década de 1920, en la que Grecia perdió sus posesiones en Turquía, dos millones de griegos asentados en Asia Menor tuvieron que abandonar sus hogares. En los suburbios de las grandes ciudades, como Atenas o Tesalónica, la población inmigrante se reunía a cantar y recordar su lugar de origen en pequeños cafés y locales. Así nació el rebético, resultado de la combinación de elementos musicales griegos, bizantinos y otomanos. Se trata de una música vocal de canto quejumbroso, a menudo coral, acompañado por instrumentos de cuerda, como el violín y el *buzuki*. Sus ritmos suelen basarse en danzas tradicionales y las letras hablan de amor y de la vida marginal, muchas veces ligada con la delincuencia.

SABER MÁS

La **etnomusicología** surgió en el siglo XIX, cuando algunos estudiosos, atraídos por la «música exótica» de otros continentes, comenzaron a investigar los tipos de música no occidentales, transcribiendo sus melodías y comparándolas con la música europea. Con el paso del tiempo, su enfoque se ha ampliado, y en la actualidad abarca el estudio de todo tipo de música –culta, tradicional y popular urbana– en relación con su contexto, entendida como un fenómeno humano inseparable de la sociedad en la que se desarrolla.

Griego tocando un *buzuki*.

SABER HACER

1 Escucha *Thessaloniki Mou*, un rebético dedicado a la ciudad de Tesalónica, e identifica los instrumentos que suenan. Después, interpreta la melodía sobre la música.

ACTIVIDADES

1 El *mbube* es un estilo coral sudafricano creado a principios del siglo XX por la etnia de los zulú que trabajan en las zonas mineras. Escucha *Mamizolo*. ¿Cuántas líneas melódicas diferentes distingues en la música? ¿Se alternan o suenan simultáneamente?

En África: la música coral sudafricana

En Sudáfrica confluyen comunidades de muy diverso origen étnico. La música ha jugado un papel esencial en todos los pueblos sudafricanos, interpretándose desde tiempos remotos para la curación de enfermos o para propiciar buenas cosechas. En un pasado más reciente, bajo el colonialismo y el régimen del *apartheid* (un sistema de segregación racial vigente hasta 1992), se convirtió en un instrumento de lucha contra la opresión blanca. Pero, sobre todo, para los sudafricanos la música ha sido desde siempre un vehículo accesible y eficaz de transmisión del conocimiento. Así, el género más arraigado es la música coral, interpretada por los miembros de la comunidad.

Las piezas corales suelen tener una estructura basada en un patrón **pregunta-respuesta**, en el que una voz solista improvisa, alternándose o superponiéndose con un coro que interpreta ostinatos melódicos, creando una **textura polifónica** de gran riqueza tímbrica.

En el Caribe: la conga cubana

Las tradiciones musicales de las diversas etnias africanas llegaron a América en el siglo XVI con el comercio de esclavos, y se fusionaron con la música indígena y europea allí presentes. Así nació, entre otras formas musicales, la conga cubana, un tipo de composición alegre de ritmo contagioso. Su origen se encuentra en los **cabildos**, unas sociedades de ayuda mutua en las que los esclavos se reunían para celebrar sus ritos y tradiciones, entre los que la música desempeñaba un papel fundamental. Con el tiempo, y a pesar de las prohibiciones y la opresión que sufrió la población afroamericana, los cantos y ritmos de los cabildos acabaron por salir a la calle, acompañando las **comparsas de Carnaval**.

Las congas se interpretan y bailan en espacios abiertos. A menudo, el público ejerce de coro, alternándose con los instrumentos de viento y percusión de estas agrupaciones, entre los que figuran tambores, cencerros, sartenes y otros idiófonos de metal.

Hoy en día, el término «conga» designa además a la agrupación que interpreta dicho tipo de composición, al baile que lo acompaña y a un tipo de tambor alargado que lo interpreta, también llamado tumbadora.

SABER HACER

2 Una de las características de la conga es su ritmo binario y sincopado. Aprende su «paso de calle» y báilalo con la música.

- Marca primero el ritmo con percusión corporal.
- Aprende los siguientes pasos, manteniendo el ritmo anterior y levantando ligeramente la pierna con el cuarto paso. Repite la secuencia de pasos empezando con el pie izquierdo.

- Inventa un nuevo paso y construye, con los ya aprendidos, una coreografía.

En América del Sur: la música aimara de los Andes

En las comunidades aimara que habitan la cordillera de los Andes (que abarca extensos territorios de Argentina, Chile, Perú, Bolivia y Ecuador), la música y la danza reflejan el respeto del pueblo indio por su tierra y la unión entre sus habitantes. Aún hoy se realizan frecuentes ritos de fertilidad y agradecimiento a la Pachamama o «Madre Tierra».

Uno de los elementos más característicos de la música aimara es el timbre producido por diferentes tipos de flautas de caña, como el **sicu**, una especie de flauta de pan formada por dos hileras de tubos de caña de diferente longitud, que puede tener distintos tamaños en función de la edad de su intérprete. Una de las hileras de tubos se llama ira (macho) y la otra arca (hembra). Cada una de ellas puede tocar distintas notas y ambas interpretan juntas melodías en forma de **diálogo musical**. Esta complementariedad entre opuestos, gracias a la cual es posible crear algo único, está muy presente en la concepción del mundo del pueblo aimara.

ACTIVIDADES

2 Escucha este sicuri, un tipo de composición escrita para un par de sicus. Después, contesta.

- ¿Puedes distinguir las diferentes hileras de tubos que interpretan una misma melodía?
- ¿Qué ocurre con el tempo?

En Oriente Medio: el *dabke*

El *dabke*, que significa «zapateado» en árabe, es un tipo de música y de danza tradicional de algunas regiones del Líbano, Palestina, Siria, Jordania e Irak. Tiene un fuerte carácter rítmico, ya que la **danza** es grupal, interpretada por hombres y mujeres que, agarrados de las manos, ejecutan enérgicos saltos de manera sincronizada.

Su origen está vinculado a la tierra y al trabajo cooperativo, imprescindible en el medio rural: una vez pasado el invierno, los habitantes de los pueblos de estas regiones reparaban las grietas en los tejados de sus casas, construidos con adobe (una pasta hecha de tierra, agua y paja). Esta tarea era desempeñada de manera conjunta por todos los vecinos de las aldeas, pues consistía en amasar la mezcla con los pies durante un largo período de tiempo. Para que la pasta quedara uniforme, los aldeanos se colocaban en fila, agarrados de las manos, y procedían a dar un paso adelante y un pisotón, un paso atrás y un pisotón, sucesivamente. Con el fin de aligerar la monotonía y el esfuerzo de esta actividad, surgieron los primeros cantos *dabke*, a los que se fueron incorporando instrumentos de todas las familias, como el laúd y el *kanun* (cordófonos), la *darbuka* y el *dhol* (membranófonos), y la *zurna* o el *ney* (aerófonos).

En la actualidad, el *dabke* acompaña ocasiones festivas, como bodas y nacimientos, y existen grupos profesionales que lo interpretan.

ACTIVIDADES

3 Escucha este fragmento de un *dabke* libanés. Después, contesta.

- ¿De qué familia son los instrumentos que intervienen?
- ¿Qué tipo de ritmo acompaña la melodía? Transcríbelo en una partitura.

4 Busca una foto e información sobre los instrumentos orientales mencionados en el texto (el *kanun*, la *darbuka*, el *dhol*, la *zurna* y el *ney*) y haz un resumen de sus características.

La tabla es uno de los instrumentos más importantes de la música clásica india. Es un membranófono de altura determinada, compuesto por dos tambores de distinto tamaño con un círculo dentro del parche, que produce diferentes sonoridades.

En el sur de Asia: la música clásica india

Las tradiciones musicales de Asia son muchas y muy diversas, pero todas ellas relacionan la música con el mundo espiritual y consideran que esta contribuye al equilibrio del ser humano y de la sociedad. Tal es el caso de la música clásica india, que es concebida principalmente como un medio de realización espiritual.

Este tipo de música es de extraordinaria complejidad y riqueza, con reglas que solo se dominan tras muchos años de estudio. Aunque cuenta con un sistema de notación, se transmite esencialmente de manera oral de maestro a alumno; por eso, se trata de **música académica**. El **raga** (que significa «color» o «estado de ánimo» en sánscrito) es el concepto fundamental de su teoría musical, y hace referencia a los diferentes esquemas melódicos sobre los que se basa una composición, en parte improvisada por el intérprete. Se considera que cada raga crea una atmósfera única, capaz de influir de una manera específica en el estado anímico del intérprete y del oyente. Por ello, existen ragas para cada estación del año e incluso para determinadas horas del día o de la noche.

Cada raga se asocia a una secuencia rítmica, llamada ***tala***, que puede constar de 3 a 108 golpes. Estos se aprenden con la ayuda de monosílabos que representan los diferentes toques de los instrumentos de percusión.

Habitualmente, en este tipo de música, la melodía corre a cargo de la voz y del sitar, la base armónica es interpretada por la *tanpura*, un cordófono parecido al sitar que toca un bordón, mientras que la tabla aporta el acompañamiento rítmico.

En el sudeste asiático: el gamelán de Bali

La música de Indonesia es inseparable de las ceremonias que rigen la vida de su comunidad y está fuertemente vinculada a la poesía, el teatro y la danza. El gamelán es la agrupación tradicional más famosa del país y está integrada por metalófonos de bronce, xilófonos, gongs, crótalos o platillos, flautas y tambores y, en algunos casos, también por instrumentos de cuerda como la cítara. Además, suele incluir una voz solista femenina o coros masculinos o mixtos.

Junto con los de la isla de Java, los gamelanes más populares de Indonesia se encuentran en Bali, cuya música se caracteriza por su sonido brillante y un carácter alegre. Las agrupaciones se organizan por miembros de un mismo barrio o aldea, y sus reuniones no son meros ensayos de un repertorio musical preexistente, sino que comportan una peculiar labor de **creación colectiva**. Las composiciones interpretadas por el gamelán balinés giran en torno un tema principal, llamado ***pokok***, que es enseñado por un músico profesional al resto de los integrantes. A partir de dicho tema, cada miembro de la agrupación tiene libertad para realizar sugerencias y propuestas de variación, que los demás músicos pueden aceptar o rechazar. Así se desarrolla un proceso de composición colectiva que a veces dura varios meses y que tiene como resultado una obra basada en la **variación simultánea** de un mismo tema.

La composición definitiva no se escribe, sino que se toca tantas veces como lo solicite la comunidad, y desaparece cuando deja de interpretarse. Además, una misma pieza es ejecutada por conjuntos de gamelanes diferentes y, de esta manera, va evolucionando.

ACTIVIDADES

5 Escucha el raga *Asa Bhairav*, que tradicionalmente se toca antes del amanecer, y contesta.

- ¿Qué sensación te produce la música?
- Estas son las notas en las que se basa la composición. Úsalas para improvisar sobre la música. Graba el resultado y analízalo con tus compañeros.

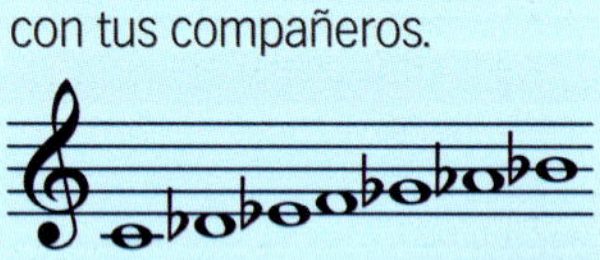

Ravi Shankar.

SABER HACER

3 **En grupos de seis a ocho integrantes, crea con tus compañeros un gamelán, usando instrumentos de percusión del aula.**

- Aprende el siguiente tema y ensáyalo en conjunto.

- Proponed cada uno una variación (con el mismo tipo de compás y extensión) y, después, un acompañamiento rítmico. Dad vuestra opinión sobre las creaciones de los demás de forma constructiva.

Gamelán de Bali.

En Oceanía: las *songlines* de Australia

Los aborígenes australianos consideran la música y, en especial, los cantos, como portadores de la mitología, la historia y la experiencia de sus antepasados. El aprendizaje musical marca las etapas vitales, transmitiendo los conocimientos adecuados para cada momento: los niños comienzan a cantar y danzar imitando las labores cotidianas; en la pubertad, aprenden melodías relacionadas con plantas, animales y mitos, y en la edad adulta, cuando asumen responsabilidades, son instruidos en las canciones más importantes para su clan. Muchos cantos son secretos y de carácter sagrado, por lo que solo los llegan a conocer aquellos que, por su madurez y honor, son considerados merecedores de interpretarlos.

El poder de estas canciones es tal que, tradicionalmente, se han usado para construir auténticos **atlas de transmisión oral**. Las canciones se encadenan entre sí formando lo que los aborígenes llaman una *songline* o un «sendero de canciones», es decir, un **mapa sonoro** que detalla minuciosamente un paisaje determinado a través de sonidos, onomatopeyas, de la descripción de sus accidentes geográficos (manantiales, cuevas, etc.) y de relatos mitológicos. Así, las *songlines* aportan información valiosísima sobre vastas extensiones de territorio y permiten abrirse camino y sobrevivir en una de las tierras más inhóspitas y deshabitadas del planeta.

Hoy en día, los aborígenes consideran imperdonable el olvido de sus cantos ya que, según sus creencias, si una canción se muere, también lo hace la región sobre la que esta versa.

SABER MÁS

El término ***World music*** (traducido al castellano como «músicas del mundo») fue acuñado hace más de 30 años por la industria discográfica para hacer alusión a todas aquellas tradiciones musicales no occidentales o pertenecientes a minorías étnicas, y a su fusión con estilos populares urbanos. Con el tiempo, la *World music* se ha convertido en todo un fenómeno cultural, como lo demuestra el éxito de artistas como Manu Chao o Lila Downs, y de festivales especializados como el WOMAD.

Lila Downs.

SABER HACER

4 **Crea un mapa sonoro de tu entorno e interprétalo.**

- Piensa en un lugar por el que te guste caminar. Anota en un cuaderno los detalles de su paisaje físico y sonoro: la textura de la tierra, la flora, la fauna, el clima, sonidos y ruidos presentes en el mismo, etc. Puedes grabar algunos de estos últimos con el fin de recordarlos con mayor exactitud.
- Describe el paisaje con sonidos, onomatopeyas y palabras. Puedes usar ostinatos vocales, percusión corporal e incluso algunos de los sonidos grabados. Después, añade una sencilla melodía.
- Graba el resultado y muéstralo a tus compañeros.

ACTIVIDADES

6 Describe la sonoridad de las siguientes melodías que hacen uso de la escala pentatónica.

- *Fengyang Ge*, música tradicional china.
- *Qongqothwane* de M. Makeba, música tradicional sudafricana.

7 Construye en tu cuaderno las escalas pentatónicas mayor y menor de sol, y las escalas hexatónicas de mi y sol.

8 Los intervalos de 3.ª menor (un tono y un semitono), de 4.ª aumentada (dos tonos y dos semitonos como la 5.ª disminuida), y de 7.ª menor (cuatro tonos y dos semitonos) son los más característicos de las melodías de *blues*. Por eso las notas que los conforman son conocidas como notas de *blues*. Fíjate en la escala hexatónica de do y escribe en un pentagrama dichos intervalos.

2 Tipos de escala pentatónica

Las escalas pentatónicas, formadas por cinco notas, están presentes en las tradiciones musicales de todo el mundo, desde las antiguas melodías de África y Asia hasta en los estilos más recientes como el *rock*.

Existen numerosos tipos de escala pentatónica en función de la distribución de los intervalos entre sus notas, pero las más habituales son:

pentatónica mayor de do

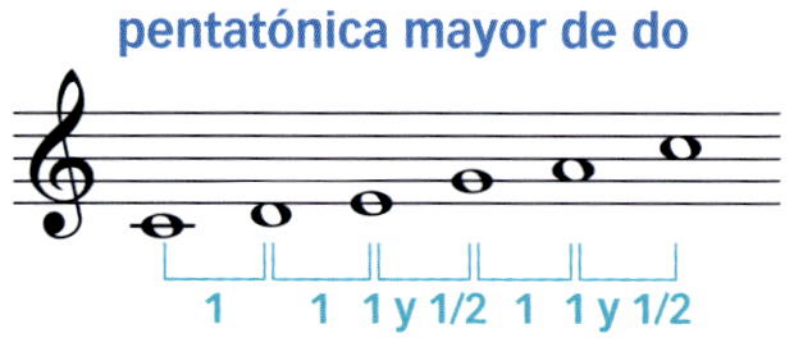

pentatónica menor de do

SABER HACER

5 Interpreta esta nana tradicional japonesa y di en qué escala pentatónica se basa.

6 Crea una melodía basada en la escala pentatónica de do mayor.

3 La escala hexatónica

Si a una escala pentatónica menor se le añade una nota más a una distancia de cuarta aumentada respecto de la tónica, se obtiene la escala hexatónica, en la que se basa la música *blues*.

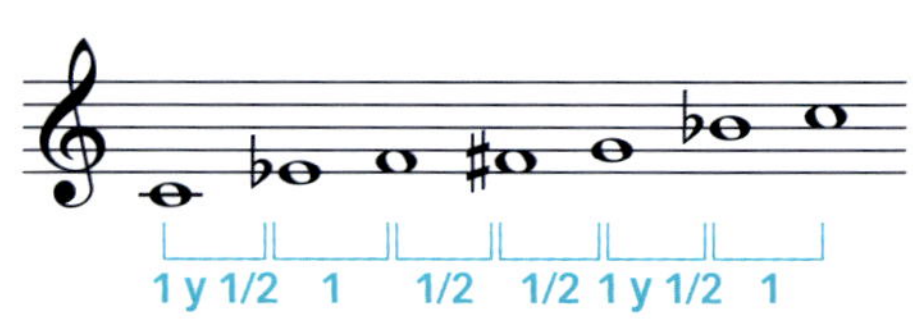

SABER HACER

7 Crea e improvisa una melodía de *blues* sobre la siguiente base musical.

- Escucha la base musical en compás de cuatro por cuatro e identifica sus partes.

Parte A	Parte A	Parte B
8 compases	8 compases	8 compases

- Basándote en la escala hexatónica de re, crea una melodía para la parte A. Sobre la misma escala, improvisa durante la parte B.
- Practica tu creación y graba el resultado para mostrarlo en clase.

4 Formas de acompañar una melodía

Existen múltiples maneras de acompañar una melodía, pero las más recurrentes en todas las tradiciones musicales son las siguientes:

- **Bordón**: es uno de los acompañamientos más antiguos y extendidos. Consiste en emplear una o más notas que suenan a la vez y se prolongan a lo largo de la composición. Lo más habitual es que dichas notas sean la tónica y la dominante de la escala en la que se basa la melodía.

- **Ostinato**: consiste en una breve secuencia rítmica o melódica que se repite de manera continuada a lo largo de la composición.

- **Acordes**: cualquier acorde puede ser válido para acompañar una melodía. Sin embargo, existen secuencias recurrentes de acordes o arpegios, conocidas como progresiones armónicas, como la integrada por los acordes de tónica (grado I) – subdominante (grado IV) – dominante (grado V) – tónica.

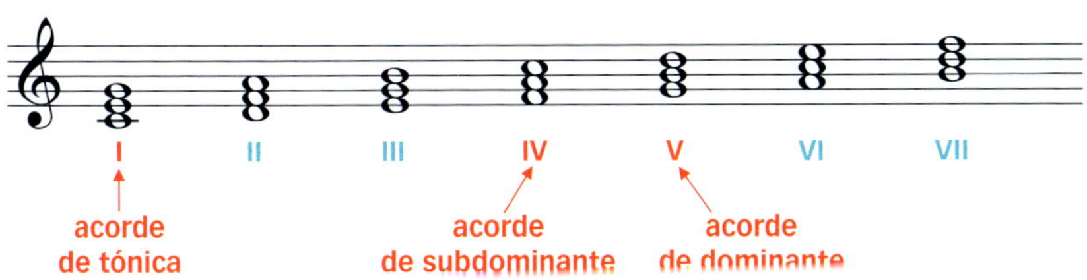

ACTIVIDADES

9 Identifica el tipo de acompañamiento que suena en cada caso.

- *Yo soy el punto cubano* de Celina y Reutilio.
- *Rumenya*, música *klezmer*.
- *Táimse Mo Chodladh*, música tradicional irlandesa.

SABER HACER

8 Interpreta *La bamba*, una conocida canción tradicional mexicana, y utiliza la progresión armónica I–IV–V para acompañarla.

REPERTORIO MUSICAL

CD ALUMNO

Kalinka, tradicional rusa.

Shalom haverim, canon tradicional hebreo.

Siyahamba, **tradicional zulú.**

ACTIVIDADES

10 Di si estos fragmentos son de música ambiental, funcional o artística, e indica las características musicales que los diferencian.

5 La música en la sociedad actual

La música se ha hecho omnipresente en la sociedad actual: la vida cotidiana transcurre casi invariablemente sobre un fondo musical, sea cual sea la actividad que realicemos. Así, está casi siempre presente mientras escuchamos la radio, vemos la televisión, jugamos a un videojuego, paseamos por un centro comercial o aguardamos en una sala de espera. Esto ha dado lugar a **nuevos usos** y a nuevas **formas de escucha**, y ha provocado la aparición de numerosos estilos musicales.

Las funciones de la música

Según la intencionalidad con la que se componga una obra y el uso que se haga de ella, esta puede tener diferentes funciones:

- **Artística**: es la de la música concebida y escuchada como un modo de expresión artística en sí mismo (por ejemplo, una sinfonía interpretada en una sala de conciertos).
- **Funcional**: es propia de la música compuesta al servicio de cualquier otro medio de expresión (el cine o la publicidad, por ejemplo) o de una actividad (como las canciones de trabajo o las nanas).
- **Ambiental**: como la del hilo musical de una sala de espera o de un centro comercial. Este tipo de música varía según qué ambiente se quiera acompañar, aunque mayoritariamente se recurre a melodías simples, armonizaciones sencillas e instrumentaciones poco llamativas.

Los efectos de la globalización

El fenómeno iniciado en el siglo XX y conocido como «**globalización**» ha provocado, por un lado, la desaparición de las fronteras musicales, favoreciendo la difusión de las prácticas más diversas, acercando culturas y propiciando su fusión, pero, por otro lado, ha desplazado las tradiciones musicales más locales, vivas gracias a la transmisión oral, en favor de músicas más comerciales, especialmente del *rock* y del pop. En las últimas décadas se está viviendo la asimilación generalizada de la cultura urbana occidental –incluida su música–, y de su manera de entender el ocio, centrada particularmente en el consumo.

SABER MÁS

La escucha involuntaria de música es a menudo molesta y puede ser perjudicial para nuestra salud si su volumen excede determinados límites. Según la Organización Mundial de la Salud, uno de los principales agentes contaminantes de nuestra sociedad es el ruido. Así, es frecuente que la **contaminación acústica** provocada por ciertos locales de ocio impida el descanso de los vecinos, causando estrés, depresión y otras enfermedades graves.

La apreciación crítica de la música

Las posibilidades de difusión musical que hay en la actualidad son tantas y tan variadas que han creado un nuevo público: el «oyente aficionado». Sin embargo, estamos diariamente expuestos a tal cantidad de música que resulta prácticamente imposible mantener plena atención sobre todo lo que escuchamos. En este sentido, se pueden distinguir dos formas de audición:

- **Audición inconsciente**, propia del **oyente pasivo**: se realiza de forma espontánea y a menudo suele acompañar otra actividad principal, como escuchar música ambiental en un establecimiento comercial, en la radio del coche mientras se conduce o en casa mientras se lee.
- **Audición activa**, propia del **oyente activo**: requiere una atención completa y resulta imprescindible para sacar el máximo partido a la

experiencia musical. Se trata de una audición consciente y que, además, puede ser comprensiva si el objetivo es profundizar en determinados aspectos de la música, como la interpretación, la estructura, las posibilidades expresivas, etc. Este tipo de escucha la llevamos a cabo, por ejemplo, durante el análisis de una obra en el aula de música.

La audición activa es una herramienta imprescindible para disfrutar de la música en un sentido amplio, y fundamental a la hora de elaborar una **opinión crítica** de una pieza. Gracias a ella se pueden emitir juicios fundamentados, rigurosos y coherentes.

Los gustos musicales

En el desarrollo de los gustos musicales son numerosos los factores que intervienen. Entre los más inmediatos, se puede destacar la influencia de la familia, de los amigos y del entorno más cercano. Sin embargo, resulta indiscutible el extraordinario poder que ejercen los medios de comunicación. La música, además de un arte, es un producto comercial, por lo que a la calidad de un artista se suman otro tipo de consideraciones de promoción y estrategia de ventas. Por ello, el consumidor, debe seleccionar razonadamente aquello que nos interesa, ponderando los criterios objetivos, determinados por la calidad del producto, y los subjetivos, relacionados con las propias preferencias.

ACTIVIDADES

11 Relaciona las siguientes actitudes con un tipo de oyente (pasivo o activo) y comenta con tus compañeros otras actitudes propias de cada uno.

- Usa criterios de valoración personal para seleccionar lo que escucha.
- Siempre que sea posible, prefiere escuchar la música en vivo.
- Se deja influir por las modas musicales.
- Escucha una canción dos veces seguidas sin percatarse de ello.

ACTIVIDADES

12 Analiza tu relación con la música.

- ¿Qué papel tiene en tu vida?
- ¿Qué es lo que te atrae de la música que escuchas?
- Haz una lista de los principales factores que influyen en tus gustos musicales y compara tus resultados con los de tus compañeros.

6 La prensa musical

La mayoría de los diarios incluye una sección dedicada a la música, con **reportajes**, **críticas**, **reseñas** y **noticias** sobre temas de actualidad musical. Además, en el medio escrito existen periódicos y revistas que dedican parte o todos sus contenidos a abordar temas musicales: son las **publicaciones especializadas** en diferentes tipos de música, como *Rolling Stones* en el ámbito de la música popular urbana, *Ritmo* y *Scherzo* en el de la música clásica, *Cuadernos de jazz* en el del género jazzístico, *Ópera actual* para los amantes de la lírica, etc. Por su parte, los *fanzines* (del inglés «*fan's magazine*») son publicaciones temáticas realizadas por y para aficionados a un estilo musical concreto.

Tal y como ha sucedido en otros ámbitos de la sociedad, las tecnologías de la información y la comunicación han cambiado los soportes y formatos en los que se distribuye la prensa musical. Así, los periódicos, revistas y *fanzines* impresos conviven hoy en día con sus versiones digitales o con publicaciones creadas especialmente para la red.

Mondosonoro, que comenzó como un *fanzine* en 1994, en la actualidad es una de las revistas de referencia sobre música *indie*.

La crítica musical es una tarea de gran responsabilidad, por su repercusión cultural y social. Suele reflejar los valores y fundamentos de la sociedad a la que pertenece, por lo que musicología recurre a ella para obtener datos sobre cómo fueron percibidas y recibidas determinadas obras en su momento.

ACTIVIDADES

13 Lee el siguiente texto periodístico. ¿De qué tipo de publicación musical se trata? ¿Crees que es especializada? ¿Qué tipo de audición exige su elaboración?

Rock tuareg básico pero deslumbrante

El disco es lo mejor que Moctar ha grabado en su todavía corta carrera. Canciones brillantes y directas que remiten a sus principios como músico.

Un joven guitarrista de pueblo se traslada a la gran ciudad. Allí conoce a una chica y sus directos lo convierten en la comidilla del momento. Pero para triunfar tiene que pelear contra la oposición de su padre, profundamente religioso, y las envidias de los músicos locales. Sí, es el guion del *Purple rain* (1984) de Prince, pero en este caso la ciudad no es Minneapolis sino Agadez (Níger), la estrella es el guitarrista tuareg Mdou Moctar y los actores hablan en *tamashek*, la lengua de ese pueblo nómada.

La banda sonora de *Akounak Tedalat Taha Tazoughai* es lo mejor que Moctar ha grabado en su todavía corta carrera. [...]

ÍÑIGO LÓPEZ. *Babelia*, *El País*, 21/09/2015

La crítica musical

Se entiende por crítica musical el comentario o juicio emitido en un medio de comunicación sobre cualquier actuación o situación de carácter musical (estrenos discográficos, noticias de la industria, festivales musicales, publicaciones, etc.). Es fundamental diferenciar entre crítica y opinión: esta última expresa las preferencias personales y, por tanto, es un juicio subjetivo, mientras que la crítica se apoya en hechos y razonamientos argumentados.

Las críticas musicales suelen comprender las siguientes partes:

Titular	Es **atractivo**, para captar la atención del lector.
Entradilla	Contiene la **información básica** sobre el objeto de la valoración (título, intérprete, compositor, discográfica, lugar del evento, etcétera).
Análisis formal	Incluye todos los **elementos musicales relevantes** (ritmo, tempo, armonía, instrumentación, timbre, textura, carácter, relación entre la música y el texto etcétera).
Análisis del contexto	Relaciona el objeto del análisis con su **contexto sociocultural**: con el entorno y estética musical predominante, con otras obras del mismo compositor, etcétera.
Desarrollo argumental	Expone los **argumentos** que sirven para justificar la valoración enunciada en las conclusiones.
Conclusiones	Es la parte más subjetiva y literaria, en la que el autor resume los **aspectos más destacados** y saca sus propias conclusiones, recomendando o no la música analizada.

Un buen crítico musical debe reunir los siguientes requisitos para llevar a cabo su trabajo adecuadamente:

- Tener una **curiosidad natural** que lo haga avanzar en sus conocimientos y adoptar una **actitud abierta** respecto a su objeto de análisis, dejando de lado las ideas preconcebidas.
- Tener **conocimientos musicales** lo más amplios posible. Lo ideal es que conozca muy bien la historia, la técnica y el repertorio musical que va a analizar.
- Recurrir a **diversas fuentes de documentación**, para dar siempre una información veraz y fidedigna. Debe conocer las tendencias del mercado y los principales aspectos históricos y evolutivos del grupo, compositor e intérprete en cuestión. Esto lo obligará a documentarse ampliamente, recurriendo a diversos medios (personas relacionadas con la industria musical, como representantes, compositores, cantantes, etc.; fondos documentales, como archivos, hemerotecas, bibliotecas especializadas…).
- Sustentar su crítica con **argumentos coherentes**, que le permitan defender sólidamente su posición. En este sentido, es fundamental transmitir al lector toda la información necesaria, para que este pueda seguir los razonamientos expuestos.
- Conocer al **público objetivo** al que se dirige, teniendo en cuenta su edad, sus preferencias musicales, su nivel cultural, etc., con el fin de adoptar una manera u otra de expresarse y de profundizar más o menos sobre el tema tratado.

ACTIVIDADES

14 En 1913, tras el estreno en París de *La consagración de la primavera*, el crítico musical de *Le Figaro* afirmó acerca de la obra que era un «espectáculo extraño, una barbarie pueril que el público del [Teatro] Campos Elíseos acogió sin respeto»; y de su compositor, I. Stravinsky, que «sus composiciones cada vez parecen un poco más ridículas». Contesta.

- ¿Por qué crees que ha cambiado la consideración de esta obra?
- ¿Piensas que los críticos de la época estaban preparados para valorarla?

SABER HACER

9 Escribe una crítica musical sobre una canción de actualidad o un disco publicado recientemente. Para ello, sigue las siguientes indicaciones.

- Familiarízate con el estilo musical al que pertenece la obra, de manera que puedas englobarla dentro de un repertorio determinado. Ten en cuenta que, tanto si la obra elegida te gusta como si no, debes poner especial cuidado en el uso de argumentos objetivos.
- Escucha la obra tantas veces como sea necesario. No te conformes con una primera audición, ya que el oído requiere tiempo para percibir todas las inflexiones y particularidades de la música. Trata de entender la pieza, valora su creatividad y calidad artística, y resume en unas pocas líneas tu impresión general.
- Realiza una pequeña investigación sobre otros aspectos relacionados con la canción o el disco elegido, especialmente sobre sus autores e intérpretes. En esta parte puedes incluir una breve biografía del artista o grupo, así como noticias relacionadas con el mismo (su sello discográfico, su trayectoria musical, etc.). Para ello, busca información en medios diferentes: páginas web, bibliotecas, hemerotecas, etc., y recuerda que es importante utilizar fuentes de confianza, ya que de ellas va a depender en gran medida la veracidad de las argumentaciones que emplees.
- Después, céntrate en el análisis puramente musical, pormenorizando las características de la pieza, así como de su interpretación. Esta es la parte más valiosa de tu crítica, por lo que debes profundizar en ella todo lo posible.
- Para finalizar, añade una valoración personal, en la que, a partir de tus conocimientos y tu opinión, aportes tu propia visión de la obra.

REPERTORIO MUSICAL

CD ALUMNO

La música tradicional marroquí

La música tradicional marroquí es una de las más diversas y ricas del territorio árabe, debido, entre otras razones, a su estratégica localización: al ser la puerta de enlace entre Europa y África, Marruecos ha sido un lugar de paso de múltiples culturas, donde se ha conformado un crisol musical de extraordinaria originalidad y belleza.

En Marruecos, la música marca el ritmo de la vida cotidiana y es la expresión fundamental de la cultura popular. Está presente en múltiples situaciones: en los nacimientos, bodas, funerales, fiestas religiosas y tareas del campo. En sus melodías y ritmos conviven las sonoridades del África negra con los cantos andaluces y las enigmáticas armonías del Magreb.

Músicos del desierto del Sáhara marroquí, en Erg Chebbi.

La música andalusí

Marruecos comparte con España el origen de la música andalusí: un estilo de música árabe que se originó en al-Ándalus (nombre de la península ibérica durante los siglos de dominio musulmán) entre los siglos IX y XV. Se cree que nació en Córdoba de la mano del músico iraquí Ziryab, el cual creó allí su propia escuela de música, en la que enseñaba canto clásico oriental, que fusionó con otros estilos locales. Además, introdujo modificaciones en el laúd y relacionó cada escala modal con un estado de ánimo distinto.

La música andalusí se fusionó rápidamente con la tradición hispánica medieval y se extendió por el resto de la Península y por el norte de África (especialmente tras la Reconquista y los asentamientos de moriscos y sefardíes provenientes del antiguo al-Ándalus). Este estilo ha seguido transmitiéndose oralmente en países como Argelia, Líbano, Túnez, Egipto y Marruecos.

La nuba

La composición por excelencia de la música andalusí es la nuba, una elaborada serie de piezas vocales a una sola voz o interpretadas por dos coros alternos, que incluye solos instrumentales e interludios, y en las que se exaltan el amor, la belleza y la sensualidad. «*Nawba*» en árabe significa turno y tiene que ver con el momento asignado a cada artista para interpretar su música ante el califa. Es por ello que las diferentes piezas que configuran estas largas composiciones se enlazan unas con otras.

A las diferentes escalas modales en las que se basan las nubas se les atribuía el poder de influir sobre los estados de ánimo. Así, había diferentes modos relacionados con cada mes del año y una nuba para cada hora del día.

Las nubas son interpretadas por agrupaciones clásicas, integradas por instrumentos como el rabel, el violín, la cítara, el laúd o la *darbuka*. Muchos de estos instrumentos son empleados hoy en día en la música occidental por lo exótico de su sonido. La música occidental también se ha dejado influir por las melodías andalusíes, repletas de semitonos y cromatismos.

Realiza una audición activa de *Tuishya* y de *San'a «Ya Wahida»,* dos piezas integrantes de una nuba tradicional.

- **Las nubas están formadas por un número variado de piezas musicales, a menudo contrastantes entre sí. Escucha estos ejemplos e identifica el género (vocal, instrumental o mixto), tempo, compás y carácter de cada pieza.**
- **Vuelve a escuchar *Tuishya* y analiza cuáles de los siguientes instrumentos la interpretan. Después, investiga sobre los mismos y crea una breve presentación sobre cada uno de ellos.**

laúd (*'ud*)

darbuka

rebab

pandereta

- **Escucha de nuevo *Tuishya* mientras sigues su estructura. ¿Aprecias las repeticiones, variaciones y contrastes que se producen entre las frases musicales de cada una de las partes de la música?**

Parte A	Parte B	Parte C	Parte D
12 compases	12 compases	16 compases	14 compases

- **Crea un ostinato rítmico para cada una de las partes de *Tuishya*. Por ejemplo:**

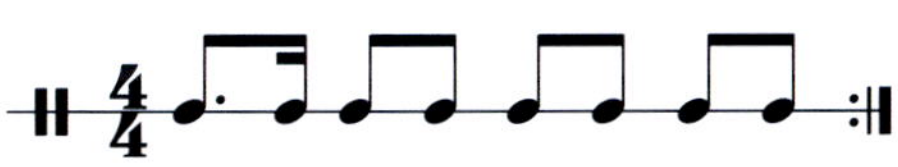

- **Vuelve a escuchar *San'a «Ya Wahida»*. ¿Qué instrumentos escuchas en esta ocasión?**
- **Fíjate en la letra en castellano de *San'a «Ya Wahida»*. ¿Se corresponde el contenido de la misma con el carácter de la música?**

Oh, tú, único en tu tiempo por tu belleza,
perfecto como la luna llena cuando aparece…
Advierto que me ignoras cada vez que me ves,
giras la cabeza y te soy indiferente.
¿Es acaso por haber cometido alguna falta por ignorancia?
¿O tal vez sea por tu arrogancia?

Sacia la sed de este servidor iraquí
con lo que emana del caudal del valle de Irak.
Dale a tu amado siervo
el dulce regalo de la unión eterna.
No albergo en mi corazón deseo más dulce que tú,
oh, máxima de mis aspiraciones.

- **Improvisa sobre la parte instrumental de *San'a «Ya Wahida»* con un instrumento de láminas cromático o con el teclado, usando esta escala modal en la que se basa la pieza.**

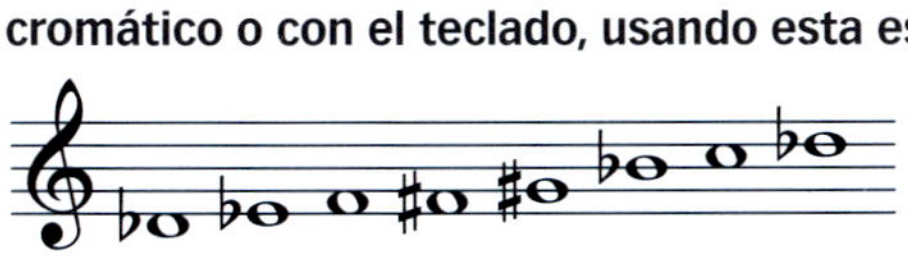

DESARROLLO DE LAS COMPETENCIAS CLAVE

Baile de una danza en línea *country*

La música *country*, que surgió a finales del siglo XIX en EE. UU., tiene sus raíces en las tradiciones musicales de las diferentes culturas emigradas a América, tanto europeas como africanas. Esta confluencia también se dio en el baile que, al ritmo de violines, mandolinas y banyos, fue combinando los pasos de antiguas danzas inglesas, irlandesas y francesas con los rápidos y complicados juegos de pies interpretados por la población afroamericana.

Así, poco a poco se fue creando un nuevo estilo asociado a la música *country*, conocido como *western dance*, en el que la figura de los *cowboys* tuvo una influencia determinante, tanto en la estética (con las botas de media caña, los vaqueros y las camisas de cuadros) como en los pasos y movimientos de la danza (por ejemplo, copiando el ademán de lanzar un lazo para atar a las vaquillas o el de saltar a lomos de un caballo). No obstante, el baile *country* actual, llamado *line dance* o baile en línea es un fenómeno muy reciente, de apenas 30 años.

Los bailarines de este tipo de danza se sitúan formando una o varias líneas, todos mirando en la misma dirección, y ejecutan varias secuencias de pasos de manera sincronizada. Cada secuencia se baila mirando en una dirección o «pared», o bien primero a una pared y luego a otra. Cuando termina una secuencia, se gira 45º y se repite entera.

Cotton-eyed Joe es una pieza tradicional, muy popular en la música *country*, cuyos orígenes se remontan a las canciones interpretadas en las plantaciones de algodón a finales del siglo XIX. A lo largo de los años se han creado numerosas versiones, con o sin letra, y su melodía ha inspirado diferentes bailes, incluidos varios bailes en línea. La versión que vas a escuchar, interpretada por el grupo irlandés The Chieftains, recibió una nominación en los Premios Grammy de 1992.

Baila con tus compañeros el baile en línea de la canción *Cotton-eyed Joe*.

1 Marca el pulso contando el número de compases de cada sección.

Introducción (voz y violín)	Sección 1	Sección 2	Sección 3
12 compases	8 compases	8 compases	8 compases

2 Contesta.

- ¿En qué compás está escrita?
- ¿Qué instrumentos identificas?
- Investiga sobre el *bodhran* y el *tin whistle*. ¿En qué tipo de música suelen estar presentes?
- ¿Qué relación tienen con la música *country*?
- Investiga sobre el banyo. ¿Qué dos familias instrumentales se dan cita en su construcción?

3 Interpreta la melodía de la introducción vocal de *Cotton-eyed Joe*.

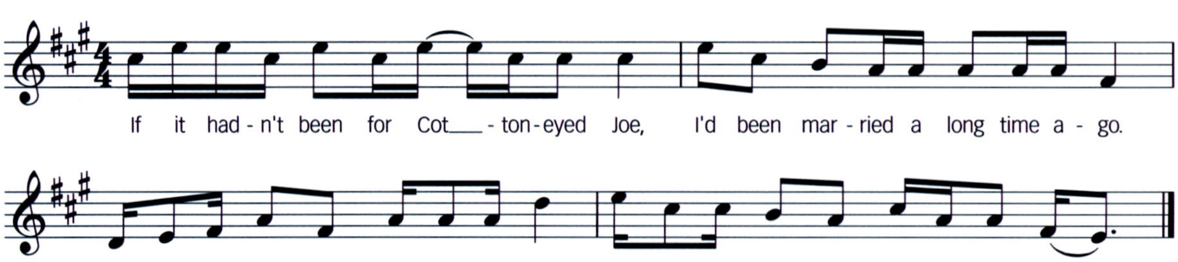

4 Aprende los pasos básicos de esta secuencia de pasos para la sección musical 1.

compás 1, pulsos 1 y 2	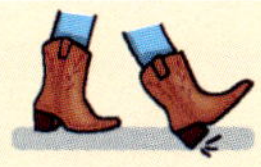	Adelanta el pie derecho y golpea el suelo con el talón dos veces.
compás 1, pulsos 3 y 4		Lleva hacia atrás el pie derecho y golpea el suelo con la punta dos veces.
compás 2, pulso 1	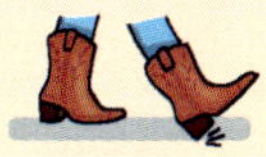	Adelanta el pie derecho y golpea el suelo con el talón.
compás 2, pulso 2		Lleva hacia atrás el pie derecho y golpea el suelo con la punta.
compás 2, pulso 3	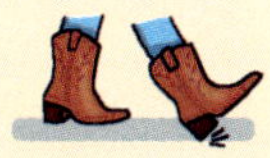	Adelanta el pie derecho y golpea el suelo con el talón.
compás 2, pulso 4	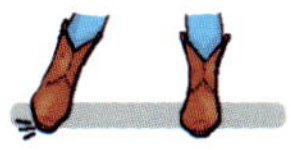	Desplaza el pie derecho a tu derecha y golpea el suelo con la punta.
compás 3, pulso 1		Cruza la pierna derecha por detrás de la izquierda y golpea el talón con la mano izquierda.
compás 3, pulso 2		Descruza la pierna derecha y golpea el talón con la mano derecha.
compás 3, pulso 3	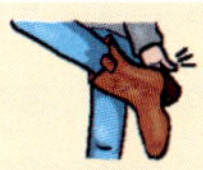	Cruza la pierna derecha por delante de la izquierda y golpea el talón con la mano izquierda.
compás 3, pulso 4		Descruza la pierna derecha y apoya el pie en el suelo junto al pie izquierdo. Gira 45° a tu izquierda.
compás 4, pulso 1		Da un paso con el pie derecho hacia la derecha.
compás 4, pulso 2		Cruza el pie izquierdo por detrás.
compás 4, pulso 3		Da un paso con el pie derecho hacia la derecha.
compás 4, pulso 4		Da una palmada mientras juntas los pies.
compás 5	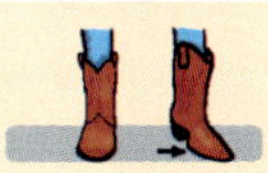	Igual que el compás 4, pero hacia la izquierda.
compás 6		Con el tronco girado hacia la derecha y las manos en los bolsillos, da un paso con el pie derecho hacia atrás y junta los pies. Repite.
compás 7		Igual que el compás 6, pero caminando hacia delante empezando con el pie izquierdo.
compás 8	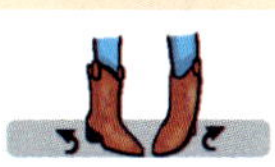	Con los pies juntos, saca los talones hacia fuera. En el segundo pulso, vuelve a colocar los pies juntos. Repite.

5 En grupos de seis, cread una secuencia de pasos para la sección musical 2. Finalmente, interpretad la danza completa repitiendo la secuencia de pasos de la sección 1 en la sección 3.

ACTIVIDADES FINALES

¡Realiza las actividades en tu cuaderno!

15 Explica qué es la etnomusicología, cuándo surgió y qué tipos de música abarca hoy en día.

16 Ordena los siguientes acontecimientos.

a) Guerra de Independencia turca.

b) Hibernación de la música tradicional griega.

c) Dos millones de griegos asentados en Asia Menor abandonan sus hogares.

d) Esplendor de la música en la Antigüedad griega.

e) Surge el rebético, resultado de la combinación de elementos musicales griegos, bizantinos y otomanos.

f) La población emigrante se reúne a cantar y recordar su lugar de origen en pequeños cafés y locales de los suburbios de ciudades como Atenas o Tesalónica.

17 Completa en tu cuaderno con el término correcto.

a) En Sudáfrica, el género más arraigado es la música [solista / monofónica / coral].

b) Las piezas suelen tener una estructura basada en el patrón [ABACA / pregunta-respuesta / bordón].

c) El solista [repite / varía / improvisa], alternándose o superponiéndose con un coro que interpreta una estructura melódica con forma [binaria / diferente cada vez / a modo de ostinato o estribillo fijo].

d) La textura es [monódica / polifónica / contrapuntística].

18 Completa el siguiente texto en tu cuaderno.

En el Caribe, las tradiciones musicales de los esclavos africanos se mezclaron con la música ___ y ___ allí presentes. Así nacieron formas musicales como la ___, de origen ___.

Surgió en los ___, unas sociedades en las que se reunían los esclavos y donde la ___ tenía un papel muy importante. Se interpreta en espacios ___ y el público ejerce a menudo de ___, alternándose con los instrumentos de ___ y ___.

Hoy en día, este término designa el tipo de composición, la ___ que la interpreta, el ___ que la acompaña y un ___ que en ella suena.

19 Corrige en tu cuaderno las siguientes afirmaciones.

a) En las comunidades africanas, la música es extraordinariamente compleja y se basa en los ragas.

b) La música aimara está fuertemente vinculada a la poesía, el teatro y la danza.

c) Uno de los tipos de música más característicos de la cordillera de los Andes es el *dabke*, una danza tradicional grupal con un fuerte carácter rítmico.

d) El diálogo musical con diferentes tipos de flautas de caña es esencial en la música clásica india.

e) La música de Indonesia es concebida principalmente como un medio de realización espiritual.

f) En la música de Australia, el gamelán es la agrupación tradicional más popular.

g) Los cantos *dabke* giran en torno a un tema principal, enseñado por un músico profesional, sobre el que los integrantes proponen variaciones.

h) En Oriente Medio, el aprendizaje musical marca las etapas vitales de una persona, transmitiéndole los conocimientos adecuados para cada momento.

20 Define estos términos utilizando las palabras indicadas en cada caso.

- **Rebético**: canto, otomanos, violín, coral, griegos, quejumbroso, *buzuki*, bizantinos.
- ***Dabke***: mano, música, Líbano, Palestina, Siria, Jordania e Irak, danza, zapateado, grupal, árabe, saltos, carácter rítmico, sincronizada.
- **Raga:** composición, teoría musical, esquemas melódicos, color o estado de ánimo, atmósfera, improvisada, intérprete y oyente.
- ***Tala***: golpes, monosílabos, raga, instrumentos de percusión, secuencia rítmica, toques.
- ***Pokok***: músico profesional, integrantes, tema principal, gamelán balinés, variaciones.
- ***Songline***: paisaje, mapa sonoro, sendero de canciones, onomatopeyas, accidentes geográficos, canciones, relatos mitológicos, sonidos.

21 Indica de dónde son tradicionales los siguientes instrumentos y en qué tipo de música se emplean.

buzuki gong sitar crótalos
darbuka sartén violín *zurna* sicu
tabla cencerro laúd *tanpura*
conga o tumbadora metalófono

22 Escribe en tu cuaderno los intervalos que hay entre las notas de la escala pentatónica mayor, la escala pentatónica menor y la escala hexatónica.

23 Observa las siguientes escalas y contesta.

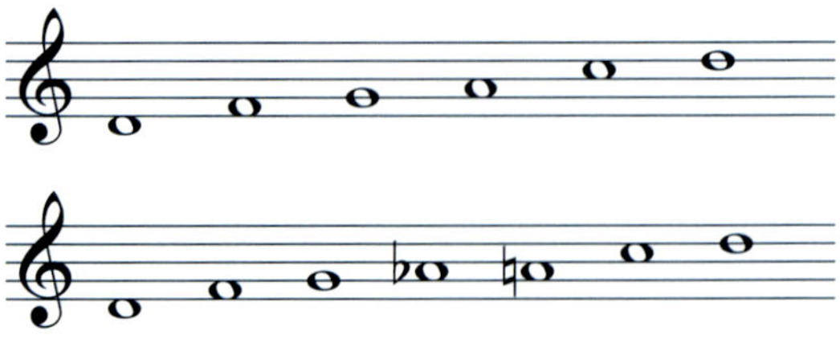

a) ¿De qué tipo de escala se trata en cada caso?

b) Transforma la primera escala en una escala pentatónica mayor.

c) Indica cuáles son las notas de *blues* presentes en la segunda escala.

24 Escribe en tu cuaderno una partitura en cuatro por cuatro, de cuatro compases y en la escala pentatónica de do mayor. Después, crea un acompañamiento para la misma en forma de bordón, otro en forma de ostinato y un tercero con acordes.

25 Copia en tu cuaderno la siguiente escala y escribe los acordes que se forman a partir de la misma. Después, señala los acordes de tónica, subdominante y dominante.

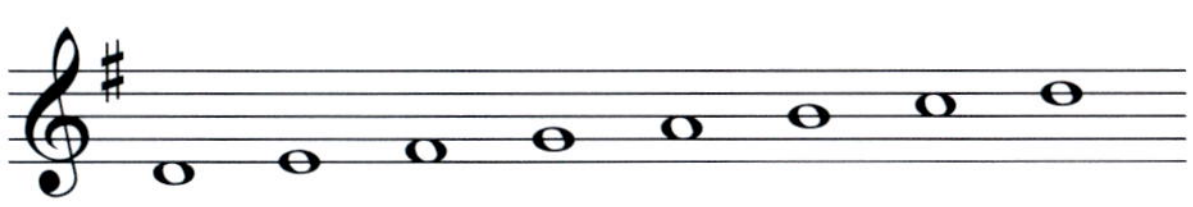

- ¿Qué progresión armónica es muy frecuente en el acompañamiento con acordes?

26 Describe con tus propias palabras las funciones que puede tener la música según su intencionalidad y el uso que se hace de la misma.

27 Relaciona las siguientes afirmaciones con alguna de las funciones de la musica.

a) La banda sonora de la película obtuvo varios premios a la mejor música original.

b) La música que había en el centro comercial estaba pensada para incitar el consumo.

c) El cuarteto interpretará música de cámara del Barroco y del Clasicismo.

d) La música del anuncio era tan pegadiza que se mantenía en la mente del posible consumidor.

e) La música relajante de la sala de espera calmaba en alguna medida las inquietudes de los pacientes.

f) Escuchar esa sinfonía interpretada por toda una orquesta sinfónica resultaba muy impactante.

28 Escribe en tu cuaderno las situaciones diarias en las que escuchas música y clasifícalas según estén relacionadas con una audición activa o inconsciente.

29 Contesta.

a) ¿Qué consecuencias ha tenido la globalización en la música?

b) ¿Hay alguna relación entre este fenómeno y la evolución de los gustos musicales a nivel mundial?

c) ¿Qué factores intervienen en nuestros gustos musicales?

d) ¿Qué criterios debe tener en cuenta un consumidor musical?

30 Copia y completa en tu cuaderno un esquema como el siguiente sobre las partes fundamentales de una crítica musical.

titular	Es ___ , para ___ .
___	Contiene la información básica sobre el objeto de valoración (___ , ___ , ___ , ___).
análisis ___	Incluye todos los ___ (ritmo, tempo, armonía, instrumentación, timbre, textura…).
análisis ___	Relaciona el objeto de análisis con ___ .
___	Expone los ___ .
___	Es la parte más ___ , que resume ___ .

31 Escribe tu propia opinión sobre los requisitos que debe cumplir un buen crítico musical.

ACTIVIDADES TIC

32 Ravi Shankar fue un extraordinario intérprete del sitar y el músico hindú que mejor ha sabido transmitir la herencia de la música clásica hindú al mundo occidental. Investiga con qué intérpretes occidentales tocó y en qué festivales participó.

33 Investiga y escribe una breve biografía de la cantante sudafricana Miriam Makeba. Después, contesta.

a) ¿Con qué apodo era conocida?

b) ¿Qué estilos musicales fusionó?

c) ¿Qué premios recibió a lo largo de su vida?

34 Muchos especialistas afirman que la escala pentatónica es la que más interiorizada está en nuestro cerebro y que, por ello, está presente en tantas y tan diversas culturas. Busca el vídeo del World Science Festival de 2009 en el que Bobby McFerrin demuestra el poder de esta escala (con las palabras clave «*pentatonic scale*»).

35 Investiga qué son el sicuri y el *kotekan* y explica qué relación guardan entre sí.

36 Investiga sobre la revista *Billboard* y contesta.

a) ¿En qué año se fundó y dónde?

b) ¿Sigue publicándose?

c) ¿Con qué periodicidad se publica?

d) ¿Qué es la *Billboard* Hot 100?

Paranaue, capoeira tradicional brasileña.

Cuaderno de campo

[…] Mientras la señora de la casa preparaba *ugali* (pasta de maíz) con *melenda* (salsa gelatinosa de judías), pude escuchar en algún lugar relativamente cercano, el sonido de un tambor. Después de tres años envuelto entre música del poblado, me sentía capaz de diferenciar entre lo que era o no música wagogo.

Este tambor, por las características de su sonido y la manera en que era percutido mientras acompañaba frases entre cantadas y declamadas, no me resultaba nada familiar. Era la primera vez que escuchaba una música diferente en Nzali y fue entonces cuando, para confirmar mis sospechas, pregunté:

—Este tambor no es de aquí, ¿verdad?

—No, no lo es —respondieron al unísono la señora y el señor de la casa (lo cual era una señal inequívoca de fiabilidad).

—Y ¿de dónde es?, ¿por qué lo tocan?

—Es una Mganga (doctor tradicional, curandero) de otro lugar y viene porque hay alguien enfermo en aquella casa.

—¿Qué le ocurre al enfermo?

—Tiene grandes dolores de cabeza y por eso ha venido a curarle.

—¡Ah! —respondí mientras me apoyaba sobre la pared y continuaba escuchando pensativo.

Al cabo de un rato, logré desviar mi atención y olvidar aquel asunto; cenamos y nos fuimos a dormir con el fondo sonoro del tambor.

Después de toda la noche, al filo del amanecer, me di cuenta de que aún continuaba sonando. En principio no me sorprendió, ya que imaginé que se trataría de un ritual que se prolongaría hasta el alba. No obstante, para calmar mi curiosidad, hice un comentario:

—Sigue sonando todavía el tambor de Mganga. ¿Cuánto tiempo va a seguir allí?

—Hasta que se le vaya el dolor de cabeza al enfermo —respondió el señor de la casa.

Me pareció extraordinario pensar que el tambor solo se callaría cuando el dolor de cabeza del enfermo cesara, pero más grande fue mi sorpresa cuando, ante mi advertencia: «Terminará cansadísimo de tocar el Mganga, ¿no?», me respondieron:

—¡No, no…, el que toca no es Mganga, es la persona a quien le duele la cabeza, el propio enfermo!

Patrimonio musical wagogo. Contexto y sistemática. POLO VALLEJO.

ACTIVIDADES

37 ¿En qué contexto suena la música que describe Polo Vallejo y quién es su intérprete?

38 ¿Qué función o funciones desempeña la música en este caso?

39 Investiga qué es la musicoterapia y a qué tipo de enfermedades se aplica en Occidente.

40 ¿Crees que la música que escuchas influye directamente sobre tu salud? ¿Y en tu estado de ánimo?

41 Un cuaderno de campo es una herramienta fundamental para un etnomusicólogo, pues en él anota de primera mano las impresiones fruto de su observación diaria en el lugar. Averigua cuáles son las fases fundamentales de una investigación etnomusicológica.

Polo Vallejo es un reconocido músico, compositor y etnomusicólogo, cuya investigación sobre la música del pueblo wagogo en Tanzania constituye una referencia en el campo de la etnomusicología actual.

6 España y sus tradiciones musicales

SABER

- Características de la música tradicional española. Cantos y danzas.
- El flamenco.
- Tipos de agrupaciones musicales.
- Tipos de compás.
- Grupos de valoración especial.
- La música en la radio, la televisión y la publicidad.

SABER HACER

- Repertorio vocal e instrumental.
- Elaboración de un trabajo de campo sobre la música tradicional.
- Composición de acompañamientos rítmicos para una canción.
- Invención de una letra para una melodía dada.
- Creación de un ritmo de zorcico.
- Creación de una sintonía para un programa de televisión.
- Audición activa de *Como el agua*, interpretada por Camarón y P. de Lucía.
- Creación de una emisora de radio digital.

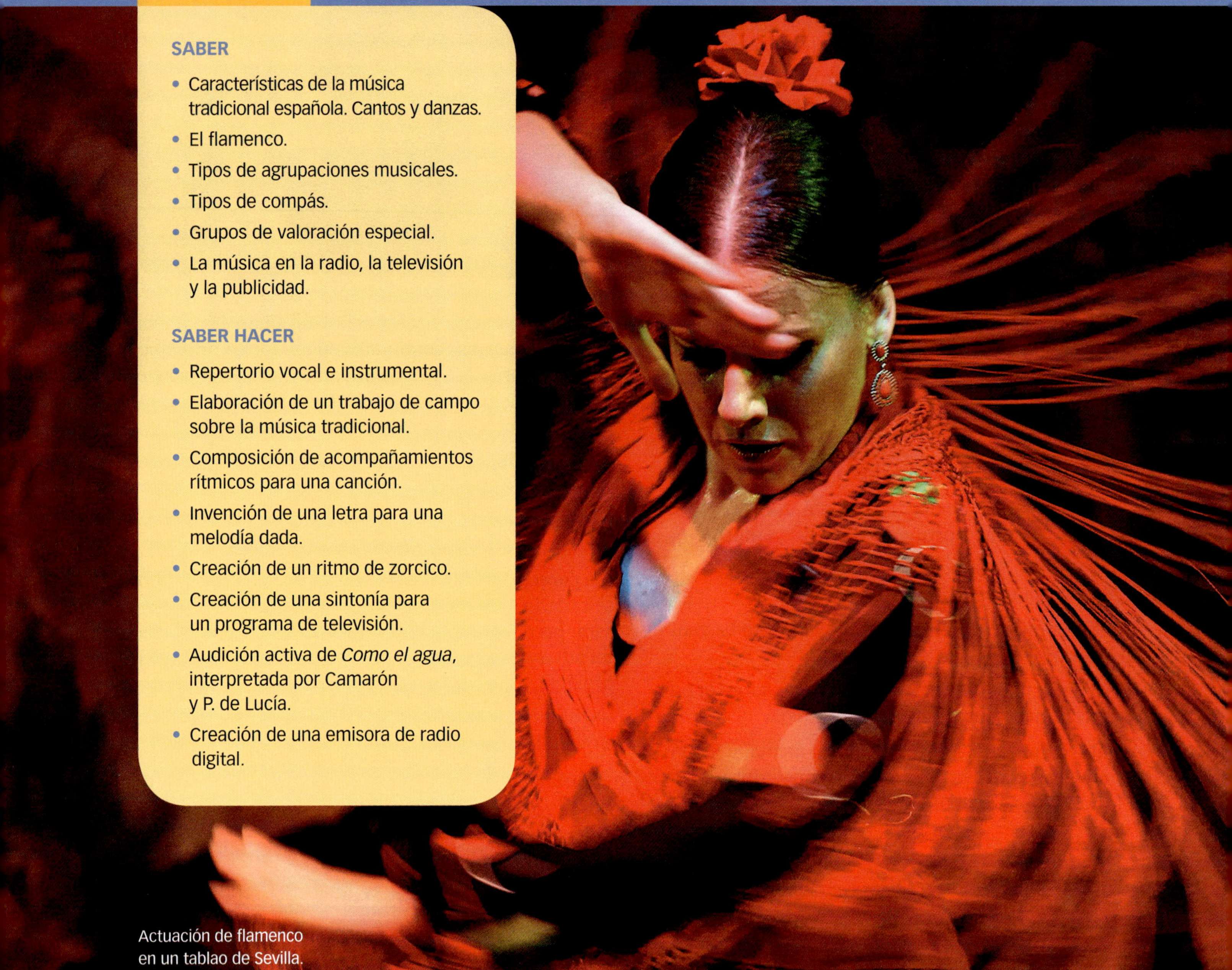

Actuación de flamenco en un tablao de Sevilla.

La música tradicional española destaca por su gran diversidad de cantos, danzas, instrumentos y tipos de agrupaciones musicales. Y es que, a lo largo de la historia, nuestro país ha estado habitado por numerosos pueblos (celtas, íberos, fenicios, griegos, romanos, visigodos, árabes, etc.), que han ido enriqueciendo nuestra cultura. Además, la orografía española ha favorecido naturalmente la preservación de rasgos folclóricos muy diferentes. Especialmente hoy en día, en la era de la globalización, es importante conocer nuestras tradiciones y evitar que caigan en el olvido.

? NOS HACEMOS PREGUNTAS

- ¿Qué tradiciones musicales de tu región conoces? ¿Cómo y de quién las has aprendido?
- ¿Qué tipo de música es el flamenco: tradicional, culta o popular?
- ¿Qué tipos de programa sueles escuchar en la radio y la televisión? ¿Tienen estos medios alguna influencia sobre tus gustos musicales?

1 La música tradicional española

La música tradicional, incluida la española, se interpreta desde tiempos inmemoriales en el seno de las comunidades, asociada a sus costumbres, celebraciones, ritos y actividades cotidianas. Al ser anónima y aprenderse, interpretarse y transmitirse oralmente de generación en generación, termina experimentando múltiples transformaciones y acaba siendo el resultado de una creación colectiva. Para facilitar su transmisión y memorización, las piezas tradicionales suelen tener:

- **Estructuras sencillas**, a menudo simétricas, con temas bien definidos.
- Melodías de **ámbito reducido**, que raramente superan un intervalo de octava, basadas en **escalas diatónicas**.
- Una textura **monódica** o de **melodía acompañada**.

SABER MÁS

Lo **tradicional** es aquello que, sin ser de nadie en particular, pertenece a todo un pueblo. Sin embargo, no se debe confundir música tradicional con música popular, ya que esta última se asocia a un compositor conocido y se interpreta tal y como este la concibió. Es el caso de numerosos pasodobles, chotis, sardanas o tanguillos que, aunque se consideran típicamente españoles, fueron compuestos a partir del siglo XIX por autores conocidos.

2 Tipos de canto

Los múltiples cantos folclóricos de nuestro patrimonio musical pueden clasificarse atendiendo a su función:

- **Romances narrativos**: provienen de los cantares de gesta que interpretaban los juglares en la Edad Media y suelen tratar sobre temas históricos y hazañas de héroes. Habitualmente, su diseño melódico es muy lineal y no tienen estribillo.
- **Canciones de ronda**: suelen ser interpretadas en la calle por grupos (mozos, mujeres, estudiantes, etc.). Según la ocasión, pueden servir para pedir aguinaldos, rondar a la amada o hacer sátira y crítica social. Se acompañan principalmente con instrumentos de cuerda y con objetos sonoros como cántaros, cucharas o calderos.
- **Canciones relacionadas con la naturaleza**: las más conocidas son los mayos, que acompañan la exaltación de la llegada de la primavera, tan importante para el medio agrícola. Aunque esta tradición es de origen pagano, fue asimilada por el cristianismo, que sustituyó la figura simbólica del árbol por la de la cruz. También existen canciones rogativas, para pedir buenas cosechas.
- **Canciones sobre temas religiosos**: las más famosas son los villancicos, pero también están las canciones de Cuaresma y Semana Santa, que hablan de la pasión y muerte de Cristo, y las dedicadas a san Pedro y san Juan o a los santos patronos de los pueblos.
- **Cantos para celebrar momentos señalados en la vida de una persona**: incluyen las canciones de cumpleaños, los cantos fúnebres o las canciones de boda, interpretadas por los amigos del novio o de la novia antes de la ceremonia para homenajear su matrimonio.
- **Cantos de trabajo**: hacen más llevaderas todo tipo de labores, tanto en el campo como en el hogar. A menudo se cantan en coro de manera dialogada o al unísono y, en todas ellas, el ritmo es un elemento fundamental, pues ayuda a marcar el desarrollo de la labor.

ACTIVIDADES

1 Identifica la función de cada uno de los siguientes cantos tradicionales.

- *Galapaguito.*
- *Despacito y callandico.*
- *Al olivo.*
- *Canto del honor.*
- *Ya viene mayo.*
- *Rogativas al Cristo de los Afligidos.*

- **Canciones infantiles**: acompañan juegos (de corro, de comba, de palmas…) y también sirven para facilitar el aprendizaje escolar (como las tablas de multiplicar o el abecedario). Suelen tener un ritmo muy marcado y a menudo se acompañan con percusión corporal.
- **Canciones de cuna o nanas**: se emplean para dormir a los niños, por lo que tienden a ser repetitivas y con ritmos y tempos lentos, para inducir a la relajación e incitar así al sueño.

SABER HACER

1 Realiza un trabajo de campo sobre las canciones tradicionales de tu región.

- Recurre como informantes a las personas de más edad que tengas en tu entorno y pregúntales sobre el repertorio que conocen.
- Pídeles que lo interpreten y graba las sesiones.
- Transcribe la letra de, al menos, dos canciones que desempeñen funciones diferentes.
- Presenta tu trabajo al resto de tus compañeros y comparad los resultados.

3 Tipos de danza

Existen numerosos tipos de danza tradicional: unas exigen una preparación física especial y otras pueden ser ejecutadas por todo aquel que lo desee; algunas requieren varios participantes, mientras que otras son interpretadas por un solo bailarín; las hay que se bailan con pañuelos, arcos de flores, cintas, palos…

Atendiendo al número de personas que las interpreten, se distinguen:

- **Danzas en solitario**: el ***aurresku*** del País Vasco es el ejemplo más representativo de esta variante. Se baila en solitario por hombres, al son del chistu y del tamboril.
- **Danzas en pareja**: las parejas habitualmente danzan separadas y enfrentadas, como es el caso de la **muñeira** gallega, la **folía** canaria y la **charrada** leonesa y extremeña. Los bailes agarrados, como el **pasodoble** o el **chotis**, tienen su origen en el siglo XIX.
- **Danzas en grupo**: suelen ser abiertas, es decir, que admiten un número ilimitado de bailarines, y generalmente no requieren condiciones físicas especiales para su ejecución. Entre ellas, destacan las bailadas en corro, como la **danza prima** en Asturias, cuyos participantes entrelazan sus meñiques y giran en torno a una hoguera u otro elemento representativo de la fiesta, y la **sardana** en Cataluña, que se basa en la alternancia de diferentes secuencias de pasos interpretadas en corro por hombres y mujeres agarrados de las manos. También existen numerosas danzas grupales en corro abierto o cuerda, como la **isa** canaria, en la que se forman figuras que se van complicando a medida que avanza la música, y las ***soka-dantzas*** vascas, en las que los participantes se dan las manos formando una cuerda y son guiados por los bailarines de los extremos.

Joven bailando un *aurresku*.

Algunos bailes destacados

En nuestro país hay tres bailes tradicionales especialmente difundidos:

- La **jota**: es de compás ternario y se baila con los brazos alzados, ejecutando pequeños saltos y movimientos de punta y talón con los pies. Aunque es especialmente popular en Aragón y Navarra, presenta variantes en muchas otras regiones. Se inicia con un preludio instrumental en el que los bailarines se sitúan en parejas enfrentadas, seguido de una parte vocal, llamada copla, que da comienzo al baile. Tras la última copla, suena la salida instrumental o despedida.
- La **seguidilla**: es una de las danzas más antiguas, originaria de Castilla-La Mancha. Su ritmo es ternario y se baila en grupos de parejas enfrentadas. Consta de un preludio instrumental; una parte cantada en la que se invita al baile, llamada salida; la vuelta, que vuelve a ser instrumental; y la copla o estribillo. Las seguidillas adoptan diferentes nombres según la región de donde procedan: murcianas o parrandas en Murcia, sevillanas en Andalucía, saltonas en Canarias, etcétera.
- El **fandango**: es de compás ternario y se baila en parejas. Inicialmente solo se acompañaba con una guitarra, pero con el tiempo se incorporaron la voz, las castañuelas y otros instrumentos de percusión. Consta de una introducción instrumental y una copla cantada que suele repetirse hasta tres veces. Existen cientos de variedades en el País Vasco, Asturias, Galicia, Extremadura, Islas Baleares, Portugal e incluso Latinoamérica y, además, se ha convertido en un palo del flamenco.

ACTIVIDADES

2 Escucha la jota aragonesa *Ay, qué murallas tan altas* e identifica el preludio y las coplas.

- ¿Corresponde cada verso a una frase musical?
- ¿Cuántos versos componen cada copla?
- ¿Cuántas coplas identificas?

3 Escucha una sevillana tradicional y otra de la música culta inspirada en la música tradicional. ¿Qué elementos comunes encuentras?

SABER HACER

2 Interpreta este fandango de Huelva y crea para él un acompañamiento rítmico de palmas para el mismo.

4 El flamenco

El flamenco es un estilo de música y una forma de danza de origen muy antiguo, surgido en Andalucía, por influencia gitana, árabe, judía, griega y fenicia. A finales del siglo XVIII comenzó a configurarse como un género artístico fundamentalmente escénico, en el que el **toque** (interpretación a la guitarra), el **cante** (melismático, ejecutado con voz rota) y el **baile** (con movimientos de manos y percusión con los pies) tienen un papel fundamental, acompañados por palmas y, recientemente, otros instrumentos de percusión como el cajón flamenco.

Las castañuelas son un instrumento idiófono, también conocido como palillos, chácaras o tejoletas, presente en multitud de danzas de nuestro país, como la jota, las seguidillas, el fandango y el flamenco.

Consta de más de 50 **palos** o tipos de cante, que se caracterizan por su compás, armonía, carácter, métrica de las coplas, origen geográfico, presencia o no de acompañamiento de guitarra, etc. Entre los más antiguos figuran la toná, el martinete y la saeta; mientras que los palos básicos, de los que surgen muchos otros, son el fandango, el tango, la seguidilla y la soleá.

SABER HACER

3 Aprende a marcar (con palmas y enumerando los pulsos) este compás flamenco de doce tiempos (que combina ritmos binarios y ternarios). Ten en cuenta que los números en negrita indican los pulsos fuertes.

1 **2** 1 2 **3** 4 5 **6** 7 **8** 9 **10**

4 Con la secuencia rítmica anterior, acompaña los siguientes fragmentos de una alegría y de una soleá por bulerías, adecuándote a su tempo. ¿Qué agrupación interpreta cada palo?

5 Tipos de agrupaciones musicales

Las canciones y bailes tradicionales se acompañan con todo tipo de instrumentos (que a menudo adquieren diferentes nombres en cada región), además de con utensilios del campo o domésticos, como cencerros, cascabeles, botellas, cucharas, almireces o cántaros. Estas son algunas de las agrupaciones más populares en nuestro país:

- **Dúo de flauta y tamboril**: generalmente es ejecutado por un solo intérprete. En sus orígenes, interpretaba música asociada a la celebración de ritos de ferti-lidad y funerarios, y durante la Edad Media solía acom-pañar las danzas. La flauta tiene tres agujeros y se toca con la mano izquierda al tiempo que se marca el ritmo con el tamboril, que se golpea con una baqueta con la mano derecha. Algunos ejemplos son el chistu y el tamboril vascos; la chifla y el tamborín asturianos, y el flabiol y el tamboril que acompañan la sardana en Cataluña.
- **Banda**: está formada por instrumentos de viento y percusión. Al igual que la orquesta, se organiza en secciones y cuenta con un director. Existen diversos tipos de bandas según su función (militares, municipales y procesionales) y los instrumentos que las conformen

1 Banda de gaitas.

2 Dúo de flauta y tamboril.

3 Rondalla y tuna.

4 Cobla.

5 Charanga.

6 Chirigota.

(gaitas, cornetas y tambores…). Todas participan en los acontecimientos señalados de su municipio, interpretando pasodobles, marchas procesionales o arreglos de músicas populares. Son especialmente reconocidas en Levante y Andalucía.

- **Rondalla y tuna**: se remontan al siglo XVI, cuando era costumbre que los mozos rondasen las calles interpretando canciones. La rondalla estaba formada por jóvenes que interpretaban canciones de ronda y jotas durante las festividades. Por su parte, la tuna o estudiantina nació en las universidades y estaba integrada por estudiantes pobres que tocaban en las fondas, con el fin de poder ganarse algo de comer; por eso también se les llamaba «sopistas». En ambas agrupaciones, tienen especial relevancia los instrumentos de cuerda pulsada, entre los que figuran guitarras, laúdes, bandurrias y guitarrones; aunque también intervienen instrumentos como el violín, la pandereta o las castañuelas.
- **Cobla**: es catalana y acompaña diferentes danzas tradicionales, especialmente la sardana. Está integrada por un flabiol y un tamboril (interpretados por un solo músico), dos tiples, una tenora, dos trompetas, un trombón, dos fiscornos y un contrabajo.
- **Charanga**: está formada por instrumentos de viento y percusión, como el saxofón, la trompeta, el trombón, los platillos y el bombo. Participa en las fiestas municipales, recorriendo plazas y calles al tiempo que incita al baile con su alegre repertorio. Es muy popular en Navarra, Valencia y Sevilla.
- **Chirigota**: es una agrupación coral que, durante el Carnaval, interpreta por las calles canciones de carácter pícaro y satírico. Habitualmente se acompaña con guitarras, bombo, platillos, mirlitones y silbatos. Las canciones que interpreta también se denominan chirigotas y consisten en adaptaciones de piezas tradicionales o canciones muy conocidas, a las que se cambia la letra. Las más famosas son las de Cádiz.

SABER HACER

5 Interpreta el estribillo del famoso pasodoble *El relicario* de J. Padilla. Después, en grupos, cread sobre su melodía la letra de una chirigota.

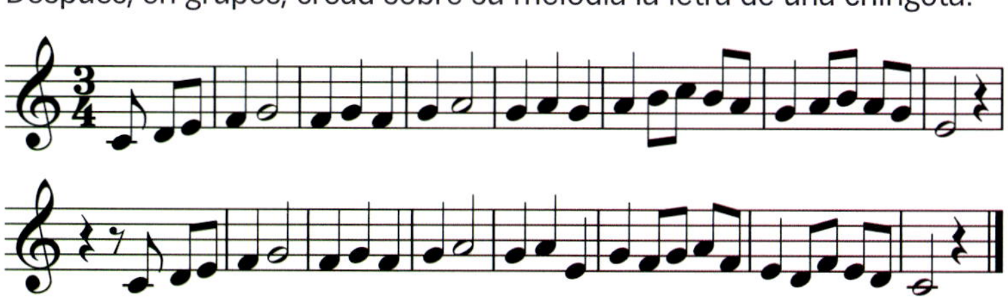

ACTIVIDADES

4 Identifica en los siguientes fragmentos las distintas agrupaciones tradicionales españolas.

- Dúo de flauta y tamboril.
- Banda sinfónica.
- Tuna.
- Cobla.
- Chirigota.
- Charanga.

6 Tipos de compás

El tipo de **compás** de una composición indica siempre la manera en la que se agrupan los **pulsos o tiempos** (de dos en dos en los compases binarios, de tres en tres en los ternarios y de cuatro en cuatro en los cuaternarios), así como el valor de las figuras que representan el pulso (corcheas, negras, blancas, etcétera).

Compases simples y compuestos

Los compases binarios, ternarios y cuaternarios pueden clasificarse en:

- **Compases simples** o **de subdivisión binaria**: son aquellos cuyos pulsos son divisibles entre dos. La figura que representa cada pulso es una blanca, una negra o una corchea. Por ejemplo:

- **Compases compuestos** o **de subdivisión ternaria**: son aquellos cuyos pulsos son divisibles entre tres. Por lo tanto, la figura que representa el pulso en este tipo de compases (una blanca o una negra) siempre lleva puntillo. Por ejemplo:

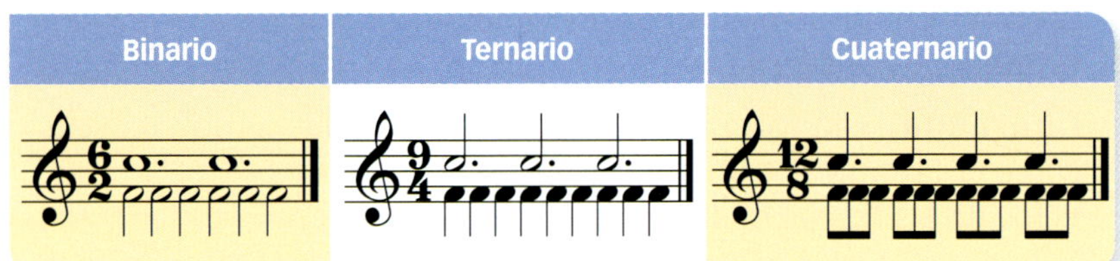

Compases de amalgama

Los compases de amalgama combinan dos compases simples con idéntico denominador. Los más utilizados son los de **cinco por cuatro** (la suma de un compás de tres por cuatro y otro de dos por cuatro) y **siete por cuatro** (la combinación de un compás de cuatro por cuatro y otro de tres por cuatro). Habitualmente se representan así:

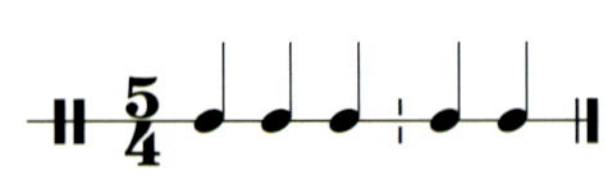

Cambios de compás

En una misma pieza musical pueden producirse cambios de un tipo de compás a otro, lo cual se representa mediante una doble barra seguida del nuevo indicador de compás. Tras el cambio, la velocidad del pulso puede cambiar, lo que se indica con equivalencias de figuras.

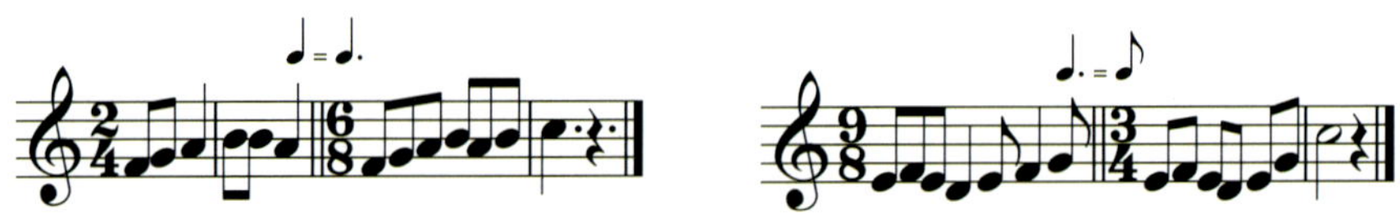

TEN EN CUENTA

El compás se indica siempre a **modo de fracción**:

- En los **compases simples**, el numerador es 2, 3 o 4, y refleja el número de pulsos que hay en cada compás, mientras que el denominador indica qué figura representa el pulso (2 para una blanca, 4 para una negra y 8 para una corchea):

  2 ← Dos pulsos por compás.
  4 ← El pulso equivale a una negra.

- En los **compases compuestos**, el numerador es 6, 9 o 12, e indica el número de subdivisiones que hay en cada compás, mientras que el denominador refleja la figura que representa el valor de cada subdivisión:

  6 ← Seis subdivisiones por compás.
  8 ← Cada subdivisión equivale a una corchea.

ACTIVIDADES

5 Identifica el tipo de compás de estos fragmentos de música tradicional: simple, compuesto o de amalgama. ¿Cuál de ellos comienza en anacrusa?

- *Nana del sueñito.*
- *Romance de la loba parda.*
- *Jig-muiñeira do miño-carballesa.*
- *Charrada de Bercimuelle.*

SABER HACER

6 Escribe cuatro secuencias rítmicas, de cuatro compases para cada una, usando los siguientes tipos de compás. Después, interprétalas con un compañero, adivinando el tipo de compás empleado en cada caso. $\frac{2}{2}$ $\frac{6}{4}$ $\frac{9}{8}$ $\frac{7}{4}$

7 Escucha este zorcico e identifica su motivo rítmico principal, basado en un compás de amalgama producto de la suma de un tres por ocho y un dos por ocho. Después, contesta.

- ¿De cuántas frases musicales consta? ¿De qué tipo son? ¿Por cuántos compases está formada cada una?
- Crea tu propia frase musical con ritmo de zorcico.

7 Grupos de valoración especial

Estos grupos rítmicos son conjuntos de figuras cuyo valor conjunto no coincide con el que indica el tipo de compás en el que se encuentran, sino que deben interpretarse más rápido o más lento de lo habitual. Así, se emplean para introducir un grupo de figuras de subdivisión ternaria en un compás de subdivisión binaria, como el **tresillo** y el **seisillo**, que han de ejecutarse en un solo pulso y, por lo tanto, a mayor velocidad que el resto de corcheas o semicorcheas de la pieza:

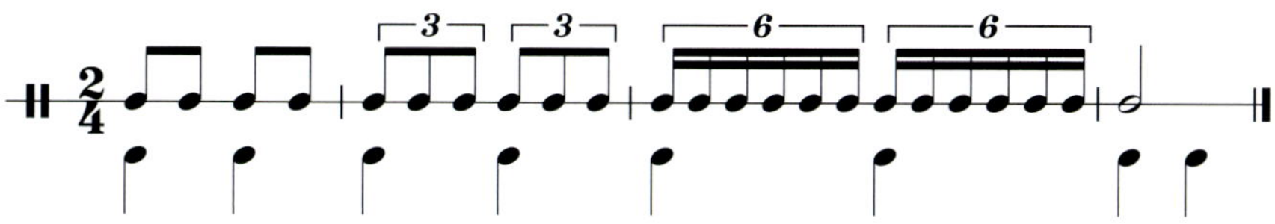

También es posible incluir un grupo de figuras de subdivisión binaria en un compás de subdivisión ternaria. Tal es el caso del **dosillo** y del **cuatrillo**, que han de interpretarse en un solo tiempo y, por lo tanto, a menor velocidad que el resto de las corcheas o semicorcheas de la pieza:

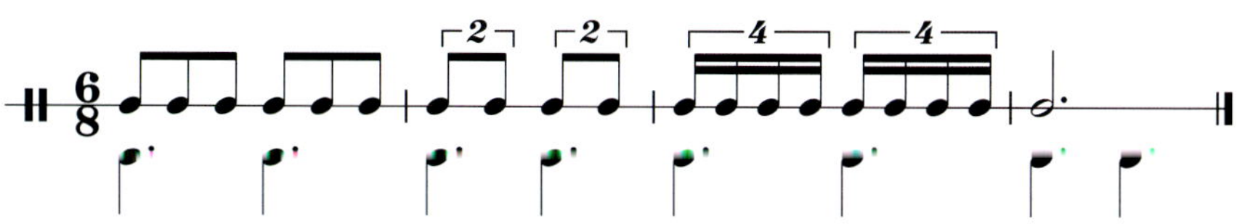

Los grupos de valoración especial se señalan con una línea o ligadura sobre los mismos, junto a una indicación del número de figuras que lo conforman y que, por eso, deben sonar en un solo pulso.

Zorcico.

SABER HACER

8 Interpreta esta melodía tradicional castellana y contesta.

- ¿Cuántos pulsos hay en cada compás? ¿Es un compás simple o compuesto?
- ¿Qué grupos de valoración especial incluye? ¿A qué pulso equivalen?

REPERTORIO MUSICAL

CD ALUMNO

Los cuatro muleros, **tradicional de Andalucía.**

Na beira, **tradicional de Galicia.**

SABER MÁS

El primer aparato comercial de transmisión de **ondas de radiofrecuencia** (es decir, la primera radio) fue creado a finales del siglo XIX por el italiano Guillermo Marconi. Dichas ondas utilizan el espectro electromagnético entre 3 hercios (Hz) y 300 gigahercios (GHz). En cambio, las frecuencias más bajas se emplean para las comunicaciones entre submarinos, y las más altas, para la televisión, la telefonía móvil y la comunicación por satélite.

8 La música en la radio

La transmisión de música sin restricciones comenzó con la radio, ya que hasta entonces el gramófono, accesible únicamente para las clases adineradas, solo permitía escuchar discos previamente comprados y con una duración determinada. Con la llegada de las primeras estaciones de radio en la **década de 1920**, un número casi ilimitado de oyentes podía escuchar la misma música de forma simultánea y durante un tiempo teóricamente ilimitado.

En la **década de 1940**, la radio ya era el medio de comunicación más extendido, utilizado para informar, educar, entretener, acompañar y despertar la imaginación de millones de personas en todo el mundo. Con el tiempo, las cadenas de radio han ido especializando sus contenidos, atendiendo a la gran variedad de públicos con diversos intereses y gustos.

La radio puede hacer que una canción sea conocida por millones de personas en cuestión de días. Muchos programas incluyen canciones o piezas musicales entre sus contenidos de forma esporádica, pero también hay emisoras cuyos contenidos son exclusivamente musicales, como las **radiofórmulas**, dedicadas enteramente a la programación de un determinado tipo de música (como Los 40 Principales, Europa FM, Kiss FM, etc.), y las **emisoras especializadas**, que cuentan con una programación dedicada a varios temas y géneros musicales pertenecientes a un mismo tipo de música (como Radio Clásica o Radio 3).

Pero, además de ser parte de contenidos de programas, la **música** está presente en la radio como una herramienta más del lenguaje radiofónico, empleada con el propósito de estructurar, resaltar y ambientar contenidos. Algunos de los formatos más recurrentes son:

- **Sintonía**: breve melodía usada de cabecera, intermedio y salida de un programa, utilizada para identificarlo y atraer el interés del público.
- **Cortina**: fragmento de diez a quince segundos, que separa las distintas partes de un programa, diferenciando sus contenidos.
- **Ráfaga**: tiene la misma función que la cortina, pero es más breve (unos cinco segundos).
- **Golpe musical**: fragmento extremadamente corto (de unos dos o tres segundos) que se usa para llamar la atención del oyente en un momento determinado.
- **Música de fondo**: mantiene la continuidad, llenando los momentos de estancamiento causados por una pausa en el programa o el establecimiento de nuevas conexiones.

SABER HACER

9 Interpreta el tema de la *Sinfonía azul*, de F. Mompou, utilizada como sintonía de la Cadena Ser a partir de la década de 1940. Después, crea un acompañamiento rítmico que ayude a atraer el interés del público.

ACTIVIDADES

6 Escucha un fragmento de la versión en castellano de la célebre emisión radiofónica de *La guerra de los mundos*, y analiza los diferentes recursos sonoros empleados.

En 1938, el director de cine Orson Welles adaptó al formato de noticiario radiofónico la novela de ciencia ficción de H. G. Wells en la que se narra la invasión de la Tierra por marcianos. El programa estaba tan bien hecho que muchos oyentes pensaron que era verídico y sembraron el pánico en Nueva York y Nueva Jersey, los lugares supuestamente invadidos.

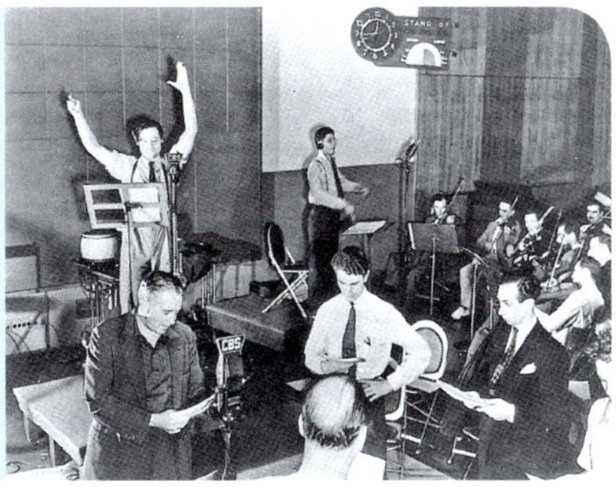

La radio en línea y las plataformas de *streaming*

La llegada de Internet y el paso de la tecnología analógica a la digital han abierto nuevas posibilidades para la radio. Actualmente, cualquier persona puede grabar sus propios *podcasts* y colgarlos en un blog o usarlos para crear un canal de radio alternativo que transmita exclusivamente a través de la red. Esto ha provocado la eclosión de incontables canales de **radio en línea**. Además, las cadenas tradicionales han incluido también sus programas en Internet, con las siguientes ventajas:

- La radio puede escucharse tanto en tiempo real como en diferido.
- Es posible acceder a información relacionada con la programación.
- Los programas pueden descargarse mediante *podcast*.
- Algunos programas están grabados en vídeo, por lo que el oyente también puede ver lo que sucede en el estudio de grabación.
- En ocasiones, se ponen a disposición del oyente contenidos adicionales, como fonotecas o videotecas.
- Se fomenta la interactividad con los oyentes mediante foros y comentarios en su web y en las redes sociales.

En los últimos años han surgido además numerosos **portales para escuchar música en línea**, como Spotify, Deezer, Tidal o Apple Music. Se trata de proveedores de música bajo demanda, en formato de listas de reproducción o de canales de radio, muchos de los cuales, además, nos hacen recomendaciones personales según nuestros gustos musicales. Esto es posible gracias al ***streaming***, un tipo de tecnología que permite reproducir archivos al mismo tiempo que se descargan. El usuario tiene a su disposición millones de canciones que puede escuchar tantas veces como quiera, y también puede crear sus propias listas de reproducción para compartirlas con otros usuarios o añadirlas a un blog o a una página web.

SABER MÁS

Existen multitud de aplicaciones para escuchar emisoras de radio convencionales desde el teléfono móvil. Entre ellas, Tune in y Xiia Live permiten acceder a emisoras de todo el mundo.

ACTIVIDADES

7 Descárgate el *podcast* de un programa de radio e identifica sus recursos musicales.

- Entra en la web de Radio Nacional de España y accede al apartado «A la carta». Selecciona una emisora y un programa, y descárgate el *podcast*.
- Identifica las sintonías, cortinas, ráfagas y golpes musicales que oigas.
- Analiza y describe las características de cada uno de ellos: compás, tempo, intensidad, carácter...

8 ¿Qué portal utilizas para escuchar música en Internet? ¿Qué razones te han llevado a elegirlo? Crea con él una lista de reproducción que contenga ejemplos musicales de cada una de las comunidades autónomas.

ACTIVIDADES

9 ¿Cuál es tu programa de televisión favorito? Accede a la página web de la cadena que lo emite y visualiza uno de sus últimos programas. Después, contesta.

- ¿En qué momentos hay música?
- ¿Qué función o funciones desempeña en cada caso?
- ¿Cuáles son sus características principales?

En los últimos años, la televisión pública española está apostando por la creación de bandas sonoras de excepcional calidad para algunas de las series que se emiten en su parrilla. Tal es el caso de *Isabel*, cuya banda sonora, escrita por Federico Jusid, ha sido grabada por el Coro y la Orquesta de Radio y Televisión Española y ha recibido numerosos premios y galardones.

9 La música en la televisión

La televisión nació a comienzos del siglo XX en Inglaterra, pero fue en la **década de 1950** cuando se produjo su expansión definitiva. Desde entonces, constituye uno de los medios de comunicación más influyentes en todo el mundo, pues está presente en la mayor parte de los hogares.

La música siempre ha ocupado un importante lugar en transmisiones televisivas. Además, las compañías discográficas, conscientes de su enorme poder, confían a este medio la promoción de sus artistas, patrocinando o participando activamente en la definición de los contenidos de algunos programas musicales, e interviniendo directamente en aquellas cadenas especializadas cuya programación se dirige especialmente a los jóvenes, como las que se dedican en exclusiva a la emisión de videoclips.

Internet, por su parte, ha proporcionado un nuevo medio en el que ofrecer los servicios audiovisuales. En las páginas web se puede seguir en directo las emisiones de las distintas cadenas de televisión o visualizarlas en diferido, así como hacer peticiones o dejar comentarios.

Pueden distinguirse cuatro tipos de contenido televisivo atendiendo al papel que desempeña la música en ellos:

- **Programas musicales**: su contenido temático es la música en sí. Entre ellos, figuran las retransmisiones de conciertos, videoclips o *realities* musicales, una de las últimas fórmulas televisivas creadas por la industria, en la que los participantes conviven mientras compiten entre sí en una disciplina artística determinada (*Fama*, *Operación triunfo*, *La voz*, etcétera).
- **Programas con intervenciones musicales**: combinan entrevistas, reportajes o noticias con actuaciones musicales más o menos puntuales. Habitualmente, cuentan con la presencia de músicos en el plató que tocan o cantan en *playback*.
- **Programas no musicales**: en ellos, la música cumple una labor funcional y no interviene directamente, aunque está presente en las sintonías y en otros momentos puntuales.

Un caso aparte son las **series televisivas**, en las que la música desempeña una función similar a la que tiene en las producciones cinematográficas, por lo que puede ser diegética o incidental, y cumplir una función estructural, narrativa, expresiva o estética.

SABER HACER

10 Crea una sintonía para un programa informativo.

- Recuerda que la función de este tipo de música es identificar el programa y estructurar sus contenidos.
- Usa un compás de dos por cuatro, un ritmo marcado y una melodía puramente instrumental.
- Puedes añadir la locución de un texto por encima de la música. En este caso, la sintonía pasa a llamarse «careta». Puede ser algo así: «Europa Noticias, informativo matinal».

10 La música en la publicidad

Una de las más importantes vías de financiación de los medios de comunicación es la **publicidad**.

Tanto en la radio como en la televisión, el objetivo de los anuncios es seducir al público para que adquiera un determinado producto, y uno de los recursos más utilizados para atraer la atención del potencial consumidor y lograr que empatice con su producto es la música, pues favorece el proceso de identificación instintiva con el producto y facilita el recuerdo de sus bondades.

En la radio, la música suele reforzar la palabra, mientras que en la televisión, tiene tanta importancia como la imagen. En ambos medios se pueden distinguir los siguientes tipos de música:

- **Préstamos musicales** de temas conocidos, pertenecientes a todas las épocas y estilos: su objetivo principal es marcar un carácter con el que el consumidor se identifique (transgresor, sofisticado, serio, romántico, etcétera). Por ejemplo, la música popular urbana es un recurso frecuente cuando el anuncio se dirige a un público joven.
- **Adaptaciones musicales** de obras preexistentes, también conocidas como ***covers***: se realizan cuando es necesario hacer algunas modificaciones a la pieza original para cubrir las necesidades de la producción publicitaria, como cambiar la letra de la canción para que esta hable sobre el producto anunciado.
- **Música original** especialmente compuesta para la ocasión: son piezas musicales que pueden incluir en sus letras un mensaje publicitario explícito, los llamados ***jingles***, o simplemente transmitir los valores del producto, sin hacer una alusión directa al mismo.

SABER HACER

11 Interpreta uno de los *jingles* más famosos de la historia de la televisión.

ACTIVIDADES

10 Relaciona estos fragmentos con uno de los siguientes productos publicitarios: coche, perfume de mujer y helado. Justifica tu respuesta y di qué tipo de música se ha empleado en cada caso.

11 Busca en Internet *Tengo gambas*, de la campaña de verano elaborada por la ONCE en 2003. Después, contesta.

- ¿Qué tipo de música suena en el anuncio? ¿Se trata de un *jingle*? Justifica tu respuesta.
- ¿Desempeña la música en este caso un papel referencial?
- ¿Qué tipo de emociones provoca en el espectador?

REPERTORIO MUSICAL

La renovación del flamenco

A finales de la década de 1960, España estaba aún inmersa en un proceso de apertura cultural, presente en todas las ramas artísticas, incluido el flamenco (un estilo hasta entonces de tendencias conservadoras que había mantenido sus raíces y estructuras prácticamente inalteradas). Así, grandes protagonistas de otras corrientes como el *rock* empezaron a encontrarse, musicalmente hablando, con intérpretes flamencos, primero de manera informal y, progresivamente, en lo que se denominó «fusión flamenca».

Las primeras colaboraciones tuvieron como protagonistas al cantaor Agujetas y al grupo de *rock* andaluz Smash. Después, se sumarían otras experiencias, como las de Lole y Manuel, Enrique Morente o Camarón de la Isla y Paco de Lucía, de quienes se ha dicho que revolucionaron el mundo del flamenco.

Paco de Lucía tocando la guitarra.

Camarón de la Isla

Camarón es considerado por muchos como uno de los mejores cantaores flamencos de todos los tiempos.

Nacido en 1950 en el seno de una amplia familia gitana, se aficionó al cante desde niño. Pronto fue descubierto por otros cantaores como Manolo Caracol y Antonio Mairena. Cantó por toda Andalucía al tiempo que su fama iba en aumento, y con dieciocho años fue contratado en Madrid. Allí conoció al guitarrista Paco de Lucía, con quien estableció una gran amistad, además de compartir buena parte de su carrera artística. Esta unión, tan virtuosa y purista como regeneradora, es considerada por muchos como una de las bases de la renovación del flamenco. Juntos y por separado, Camarón y Paco de Lucía supieron fusionar de forma exquisita y trasgresora el flamenco con otros estilos como el *rock*, el *jazz*, la *bossa nova* e incluso la música clásica, abriendo este estilo musical al mundo.

A la muerte de Camarón en 1992, Paco de Lucía canceló sus actuaciones por todo el mundo durante casi un año, pensando incluso en una retirada artística.

Como el agua

Camarón de la Isla y Paco de Lucía grabaron juntos más de una decena de discos. En 1981 salió a la luz *Como el agua*, un disco compuesto en su mayoría por Pepe de Lucía, hermano de Paco de Lucía. El tema del mismo nombre que abre el disco es un tango, un palo flamenco de origen americano vinculado a las músicas afroamericanas del siglo XVIII y que llegó a España (Sevilla y Cádiz) a mediados del siglo XIX, donde fue perdiendo su esencia americana para aflamencarse. De compás cuaternario, hoy es uno de los palos básicos del flamenco.

Con cierto carácter arrumbado y aire muy pegadizo, *Como el agua* se ha convertido en un símbolo de la unión de dos grandes del flamenco y de la historia de la música de nuestro país.

Realiza una audición activa de *Como el agua*.

- **Escucha la pieza. ¿Qué instrumentos intervienen en la misma?**
- **Investiga sobre el origen del cajón.**
  - ¿De qué país es originario?
  - ¿Quién fue el responsable de su introducción en el flamenco?
  - Escucha de nuevo el tema, prestando atención a su sonido, del cual se ha dicho que está a medio camino entre las palmas y el taconeo. ¿Crees que esta afirmación es cierta? ¿Cómo definirías su timbre?
- **Sigue la letra de la canción. ¿Coinciden las sílabas tónicas con las partes fuertes del compás?**

Limpiaba el agua del río
como la estrella de la mañana.
Limpiaba el cariño mío
el manantial de tu fuente clara.

Como el agua,
como el agua,
como el agua.

Como el agua clara
que baja del monte,
asín quiero verte
de día y de noche.

Como el agua…

Yo te eché mi brazo al hombro
y un brillo de luz de luna
iluminaba tus ojos.

Como el agua…

Si tus ojillos fueran
aceitunitas verdes,
toa la noche estaría
muele que muele,
muele que muele,
toa la noche estaría
muele que muele,
muele que muele,
muele que muele.
Luz del alma mía divina
que a mí me alumbra mi corazón.
Mi cuerpo alegre camina
porque de ti lleva la ilusión.

Como el agua…

- **Analiza la estructura de este tango y completa en tu cuaderno una tabla como la siguiente, indicando el número de compases de cada una de sus partes y los instrumentos que intervienen en ellas. ¿Qué instrumento o instrumentos te ayudan a seguir el compás de la música en cada momento?**

introducción	estrofa	estribillo	estrofa	estribillo	solo de guitarra	estrofa
estribillo	solo de guitarra	estrofa	estrofa	estribillo (×4)		

- **Acompaña con palmas la música empleando el siguiente ritmo.**

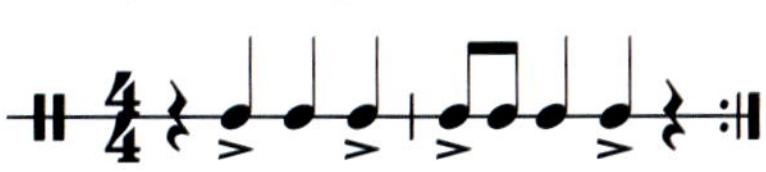

- **Interpreta este otro ritmo, también con palmas, para acompañar la música.**

- **Dividid la clase en dos grupos y acompañad la pieza con los ritmos anteriores de forma conjunta.**
- **Incorporad al acompañamiento rítmico el siguiente acompañamiento melódico durante el estribillo.**

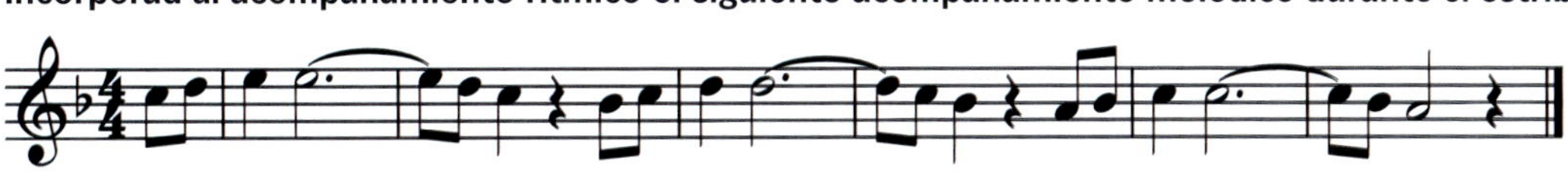

- **Busca información sobre la vida de Paco de Lucía y completa en tu cuaderno una sencilla biografía vital y musical de este guitarrista gaditano.**
- **La voz es el elemento principal del cante flamenco. Tanto en el hombre como en la mujer pueden existir distintos tipos de voces flamencas atendiendo al timbre, altura y forma de interpretación. Investiga cuáles hay y decide en cuál de ellas clasificarías la voz de Camarón.**

Creación de una emisora de radio digital

Para elaborar un programa de radio de contenido musical es importante elegir cuidadosamente las composiciones y versiones que vamos a emitir, pues estamos construyendo un espacio público en el que difundir un determinado repertorio y ampliar el horizonte musical de nuestros oyentes potenciales.

Gracias a los avances tecnológicos, hoy en día es relativamente fácil montar una emisora de radio. Para ello, podemos utilizar **Spreaker**, una aplicación gratuita que permite crear una emisora de radio digital y difundir sus contenidos, tanto en directo (vía *streaming*) como en diferido. Además, proporciona una consola o mesa de mezclas virtual para grabar y editar los contenidos programados.

Crea con tus compañeros una emisora de radio digital. Para ello, seguid estos pasos.

1 Definición del tipo de emisora y sus programas.

Formad equipos de ocho personas y después reuníos para poneros de acuerdo sobre los siguientes puntos:

- **Tipo de emisora**: programación musical de la misma, teniendo en cuenta que debe girar en torno a la música tradicional de España y de otras partes del mundo.
- **Nombre y sintonía** de la emisora.
- **Duración** de los programas que contiene.
- **Secciones** que incluirá cada programa: música, entrevistas, reportajes, crítica y reseñas discográficas, noticias, anuncios de próximos conciertos, etcétera.

2 Distribución de las tareas.

Distribuid las funciones habitualmente desempeñadas por los profesionales de la radio:

- **Productor**: es el responsable del programa. Define y gestiona los contenidos, busca la financiación, organiza los recursos humanos y técnicos necesarios y realiza el seguimiento de la emisión.
- **Redactor**: elabora los contenidos del programa y los pone por escrito en un guion.
- **Presentador**: pone voz al programa, mediante locuciones, entrevistas, etcétera.
- **Comentarista/crítico musical**: sus intervenciones aportan el punto de vista especializado sobre el tema en cuestión. Elabora las críticas musicales y proporciona información y sugerencias sobre el panorama musical y la actualidad discográfica.
- **Documentalista**: busca, trata y cataloga el material (escrito o sonoro) necesario para la realización del programa, facilitando la información sobre el mismo al redactor y al técnico de sonido. También mantiene al día la base de datos de la emisora.
- **Especialista en derechos de emisión y propiedad intelectual**: negocia los derechos de explotación de los contenidos emitidos en el programa.
- **Técnico de sonido**: realiza la toma de sonido en directo, la edición y montaje del material de audio y el manejo del equipo y del *software* necesarios para la emisión y realización de los programas (en este caso, Spreaker).
- ***Webmaster*** y ***social media manager***: alimenta la página web del programa o de su espacio en las redes sociales como vehículos de difusión e interacción con la audiencia.

3 Preparación del programa.

A la hora de preparar el programa, será necesario:

- **Definir el contenido**: el productor escogerá el tema entre todas las propuestas realizadas, la estructura y los contenidos del programa.
- **Crear el guion**: el redactor se encargará de reflejar en un guion, paso a paso, cómo se va a desarrollar el programa. Dicho guion deberá ser lo más completo posible para que no falte ningún material (escrito o sonoro) a la hora de realizar la grabación. Puedes seguir este modelo:

Tiempo	Efectos sonoros	Locución	Música
0:00-0:12	Sintonía		
0:13-0:33		*Buenos días: esta es la emisora de los alumnos del aula de Música de 4.º de ESO. Hoy vamos a ofreceros muchas sorpresas.*	
0:34-2:03			«Maragata», por Eliseo Parra.
...	...	...	...

- **Documentarse y gestionar los derechos**: el documentalista recopilará todas las audiciones y efectos sonoros detallados en el guion. Cuenta con una pequeña galería de efectos en Spreaker. También puede recurrir al banco de imágenes y sonidos libres de derechos disponibles en el «Catálogo de recursos educativos» del Ministerio de Educación, Cultura y Deporte. A la hora de realizar las búsquedas, hay que marcar la pestaña **Sonidos**, introducir palabras clave en el buscador (como «sintonía» o «cortina») y pulsar **Buscar**.

  La Ley de Propiedad Intelectual contempla el uso de música protegida en el aula, siempre que sea con fines educativos [artículo 32]. No obstante, el especialista en derechos puede investigar en qué consisten las licencias *creative commons* y qué clase de contenidos se acogen a ellas. Además, ayudará al documentalista en su labor de recopilación de materiales.

4 Creación del programa y de la emisora.

Para la instalación de Spreaker, entrad en **www.spreaker.com** y registraos como usuarios, creando una cuenta para vuestro proyecto. Podéis suscribiros a algún programa de radio o simplemente presionar el botón **Hecho** en la parte inferior izquierda.

En el menú superior, seleccionad la pestaña **Descubre** y, tras verificar el correo electrónico, proceded a descargar **Spreaker Studio**, la consola o mesa de mezclas que imita a la de un estudio de grabación. Recordad que debéis autorizar el acceso al micrófono del equipo con el fin de poder grabar vuestros *podcasts*.

Spreaker es una herramienta muy intuitiva. El menú de la izquierda incluye:

- **Grabar**: permite visualizar la consola de grabación y edición de *podcasts*.
- **Borradores y Archivos**: aquí se almacenan todos los *podcasts* grabados.
- **Conectar Skype**: permite hacer entrevistas telefónicas, así como recibir llamadas de los oyentes.

- **Prueba de grabación**: al pulsar **Grabar**, la consola se divide en cuatro áreas:
  - **Playlist**: sirve para crear listas de reproducción de canciones. Para ello, hay que pulsar en el botón + y seleccionar los archivos de audio que deseamos.

La Playlist cuenta con estas opciones: **(1)** Regulador de volumen. **(2)** Monitor, que controla lo que tú oyes. **(3)** Mute, que controla lo que escucha tu audiencia. **(4)** Auto DJ, que permite la reproducción continua de las pistas que forman parte de la lista.

  - **Pistas**: permite añadir archivos de audio y tener un mayor control sobre su reproducción. Con **Fader** se puede disminuir gradualmente el sonido de una pista al tiempo que aumentamos el sonido de otra para hacer transiciones suaves.

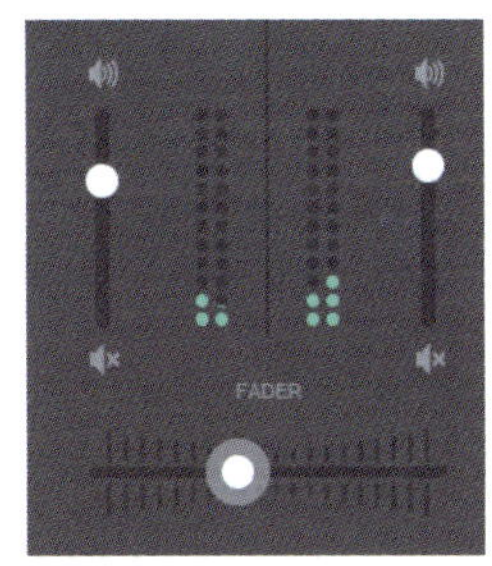

  - **Efectos**: constituye una pequeña galería con varios recursos sonoros. Aquí deberéis importar las sintonías, cortinas, ráfagas y otros efectos del programa pulsando + y seleccionando el archivo en vuestro equipo.

  - **Chat**: permite la comunicación entre usuarios de la plataforma, incluso durante el transcurso de la propia emisión.

Tras realizar algunos ensayos y cargar todos los materiales sonoros en Spreaker, cada grupo procederá a grabar su programa pulsando en **Iniciar**, **Offline** y **Rec**, creando así un *podcast*.

Podréis escuchar el *podcast* en el apartado **Archivos** y, si estáis satisfechos con el resultado, proceder a su difusión haciendo clic en **Publicar**.

Finalmente, el técnico de sonido, junto con el *webmaster* y *social media manager*, se encargará de crear la emisora propiamente dicha, cuya parrilla estará formada por el conjunto de *podcasts* grabados.

¡Realiza las actividades en tu cuaderno!

12 Contesta sobre la música tradicional.

a) ¿En qué contexto se interpreta?

b) ¿A qué tipo de situaciones está asociada?

c) ¿Quién la compone?

d) ¿Cómo se transmite?

13 Indica tres características principales de las melodías tradicionales.

14 Identifica a qué tipos de canto corresponden las siguientes afirmaciones.

a) Su objetivo es hacer más amenas las tareas del campo y del hogar.

b) Su origen se encuentra en los cantares de gesta que interpretaban los juglares en la Edad Media.

c) Son generalmente interpretadas en el medio agrícola y están relacionadas con las estaciones del año y con las cosechas.

d) Acompañan juegos o contribuyen a facilitar el aprendizaje escolar.

e) Se emplean para dormir a los niños.

f) Las interpretan los mozos para rondar a su amada.

g) Entre ellas destacan los villancicos, pero también incluyen las canciones de Cuaresma y Semana Santa o las dedicadas a los santos.

15 Copia y completa la siguiente tabla.

Danza	Interpretación	Lugar
aurresku	en solitario	
	en solitario	Galicia
charrada		
danza prima		
	en grupo	Cataluña
	en grupo	Islas Canarias
soka-dantza		

16 Define estos términos utilizando las palabras indicadas en cada caso.

- **Jota**: Aragón y Navarra, ritmo ternario, preludio instrumental, brazos alzados, parte vocal, saltos, punta y talón, pareja, despedida, pies.
- **Seguidilla**: vuelta, parejas enfrentadas, Castilla-La Mancha, ritmo ternario, salida, copla, preludio instrumental, parrandas, Canarias, sevillanas, saltonas, Murcia, Andalucía.
- **Fandango**: parejas, castañuelas, palo flamenco, compás ternario, guitarra, introducción instrumental, voz, copla, tres veces, instrumentos de percusión, variedades.

17 ¿Qué es el flamenco? ¿Qué son los palos del flamenco? ¿Cuántos hay aproximadamente? ¿Por qué se caracterizan?

18 Completa las siguientes afirmaciones sobre el flamenco con el término correcto.

a) Su origen es muy [antiguo / reciente] y surgió en [Andalucía / la costa atlántica].

b) Tiene influencia [castellana / gitana / árabe / judía / ortodoxa / griega / romana / fenicia].

c) Comenzó a configurarse en el siglo [XV / XVI / XVII / XVIII / XIX] como género escénico.

d) Consta de [toque / acordeón / cante / aires / baile].

19 ¿Qué tienen en común los términos de cada serie?

a) Martinete, seguidilla, saeta, soleá, toná, tango, fandango.

b) País Vasco, Asturias, Galicia, Extremadura, Islas Baleares, Portugal.

c) Muñeira, folía, charrada, pasodoble, chotis, jota, seguidilla, fandango.

d) Flauta, chistu, chifla, flabiol.

e) Flabiol, tamboril, tiple, tenora, trompeta, trombón, fiscorno, contrabajo.

20 Copia en tu cuaderno las afirmaciones verdaderas y corrige las falsas.

a) El dúo de flauta y tamboril es uno de los conjuntos instrumentales más extendidos en nuestro país.

b) La charanga, como la banda, está formada por instrumentos de viento y percusión, se organiza en secciones y cuenta con un director.

c) La chirigota es una agrupación catalana que acompaña danzas tradicionales como la sardana.

d) La rondalla y la tuna son agrupaciones formadas por instrumentos de cuerda pulsada.

e) La tuna es una agrupación coral que en Carnaval interpreta por las calles canciones pícaras y satíricas.

21 Define con tus propias palabras lo que indica el compás.

22 Corrige y completa con ejemplos la siguiente tabla.

Compás simple	binario	
		$\frac{3}{4}$
	cuaternario	
Compás compuesto		$\frac{12}{8}$
	ternario	
	cuaternario	$\frac{6}{8}$

23 Explica la diferencia entre un compás ternario simple y un compás ternario compuesto.

24 Clasifica estos compases y crea un ritmo de un solo compás para ejemplificar cada caso.

$\frac{12}{8}$ $\frac{5}{4}$ $\frac{2}{4}$ $\frac{7}{4}$ $\frac{3}{2}$ $\frac{6}{8}$ $\frac{2}{2}$ $\frac{6}{4}$ $\frac{9}{8}$ $\frac{4}{4}$ $\frac{3}{4}$

25 ¿Qué es un grupo de valoración especial? ¿Para qué se emplea? ¿Cómo se indica?

26 Copia y completa los siguientes ritmogramas con alguno de estos grupos de valoración especial.

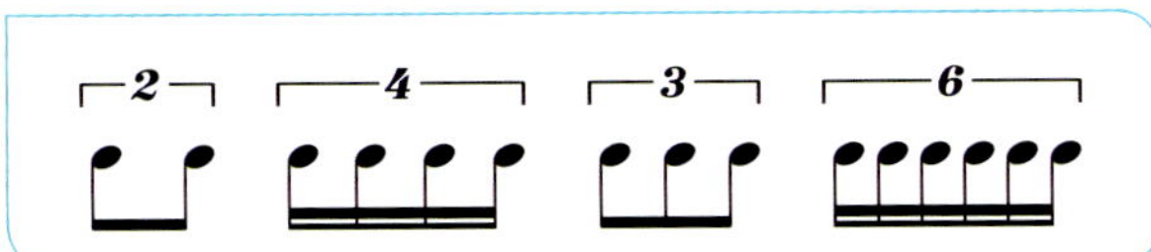

27 Completa el siguiente texto en tu cuaderno.

Las primeras estaciones de radio surgieron en ______, y en ______ la radio ya era el medio de comunicación más extendido. Existen dos tipos de emisoras: las ______, dedicadas enteramente a la programación de un tipo de música, y las ______, que tratan varios temas y géneros musicales pertenecientes a un mismo tipo de música.

28 Escribe en tu cuaderno cada formato con contenido sonoro del lenguaje radiofónico junto a su definición.

sintonía	fragmento musical que separa las distintas partes de un programa
ráfaga	fragmento musical usado de cabecera, intermedio y salida de un programa
música de fondo	fragmento musical muy corto empleado para llamar la atención del oyente en un momento dado
cortina	fragmento musical con la misma función que la cortina, pero de duración más breve
golpe musical	fragmento musical que mantiene la continuidad, llenando los momentos de estancamiento

29 Contesta.

a) ¿Cuáles son las ventajas de la radio en línea frente a la radio convencional? ¿Y las de la televisión?

b) ¿Qué es el *streaming* y qué ventajas tiene?

c) ¿Cúando se expandió la televisión?

d) ¿Qué relación tiene con las compañías discográficas?

e) ¿Qué tipos de programas televisivos pueden distinguirse según el papel de la música en ellos?

30 Describe con tus propias palabras la diferencia entre préstamo musical, adaptación musical y música original en el ámbito de la publicidad.

ACTIVIDADES TIC

31 Averigua sobre la publicidad y contesta.

a) ¿De cuándo es el primer reclamo publicitario del que se tiene registro?

b) ¿Quién fue el llamado «padre de la publicidad»?

c) ¿A qué cuatro principios hace referencia la regla AIDA?

32 Busca información sobre Heinrich Rudolf Hertz y redacta una breve biografía suya.

33 Investiga sobre la radio y contesta.

a) ¿Qué significan AM y FM?

b) ¿Qué diferencias hay entre ambos sistemas?

c) ¿Cuál puede cubrir mayor cantidad de territorio? ¿Y cuál proporciona una mejor calidad?

d) ¿Qué otros usos tienen las ondas de radio?

34 Radio Clásica es la emisora de Radio Nacional de España especializada en música clásica y comparte página web con el resto de servicios de Radio y Televisión Española. Compruébalo visitando su web. ¿Cómo es su programación?

35 ¿Cuál es la diferencia entre la televisión por ondas de radio, la televisión por cable, la televisión por satélite, la televisión digital terrestre y la televisión por protocolo de Internet?

36 Los palos del flamenco son tantos que los estudiosos los han organizado en torno a lo que se denominado «árbol del cante flamenco». Busca algunos ejemplos. ¿Cuáles son las ramas principales?

REPERTORIO MUSICAL

Sintonía de la serie de televisión *Juego de tronos* de R. Djawadi.

¿Qué le hace la música a nuestro cerebro?

Los seres humanos convivimos con la música en todo momento. Es un arte que nos hace disfrutar de ratos placenteros, nos estimula a recordar hechos del pasado, nos permite compartir emociones con canciones grupales en conciertos o tribunas deportivas... [...] Es por eso que, desde la neurociencia, nos hacemos muchas veces esta pregunta: ¿qué le hace la música a nuestro cerebro?

La música parece tener un pasado extenso, tanto o más que el lenguaje verbal. [...] Existen diversas teorías sobre la relación entre la música y la evolución. [...] Una de las hipótesis postula que la música se desarrolló para ayudarnos a movernos juntos. Y la razón por la que esto tendría un beneficio evolutivo es que cuando la gente se mueve al unísono tiende a actuar de forma más altruista y estar más unida. Algunos científicos sugieren que la influencia de la música sobre nosotros puede deberse a su capacidad para utilizar sistemas cerebrales construidos para otros fines, tales como el lenguaje, la emoción y el movimiento.

Escuchamos música desde la cuna o, incluso, en el período de gestación. Los bebés, en los primeros meses de vida, tienen la capacidad de responder a las melodías antes que a una comunicación verbal de sus padres. Los sonidos musicales suaves los relajan. Se sabe, por ejemplo, que niños prematuros que no pueden dormir son beneficiados por los latidos de la madre o sonidos que los imitan. [...]

Algunos estudios de neuroimagen muestran que, tanto al escuchar como al hacer música, se estimulan conexiones en una amplia franja de regiones del cerebro, normalmente involucradas con la emoción, la recompensa, la cognición, la sensación y el movimiento. Las nuevas terapias basadas en la música pueden favorecer la neuroplasticidad –es decir, el establecimiento de nuevas conexiones y circuitos que compensen en parte las deficiencias en las regiones dañadas del cerebro–.

La música es física y anima a la gente a moverse siguiendo su ritmo. Cuanto más destacado sea el ritmo, más radical y contundente será el movimiento del cuerpo. El ejercicio físico puede ayudar a mejorar la circulación, a proteger el cerebro y facilitar la función motora, y la música induce estados emocionales al facilitar cambios en la distribución de las sustancias químicas que pueden inducir estados de ánimo positivos [...].

Emoción, expresión, habilidades sociales, teoría de la mente, habilidades lingüísticas y matemáticas, habilidades viso-espaciales y motoras, atención, memoria, funciones ejecutivas, toma de decisiones, autonomía, creatividad, flexibilidad emocional y cognitiva: todo confluye de forma simultánea en la experiencia musical compartida. Las personas cantan y bailan juntas en todas las culturas. Sabemos que lo hacemos hoy y lo seguiremos haciendo en el futuro. Podemos imaginar que lo hacían también nuestros ancestros, alrededor del fuego, hace miles de años. Somos lo que somos con la música y por la música: ni más ni menos.

FACUNDO MANES. *El País,* 14/09/2015.

ACTIVIDADES

37 ¿Qué papel tiene la música en la evolución del ser humano y cuáles son las funciones de los sistemas cerebrales involucrados en la escucha y la práctica musical?

38 ¿Por qué es importante la pervivencia de la música tradicional?

39 ¿Qué diferencia has experimentado cuando has tocado música o danzado en solitario y en grupo?

40 «Cada armonía corresponde a un determinado estado de ánimo». ¿Qué opinas de esta afirmación de Aristóteles?

7 La música culta en España

SABER

- La música culta española desde la Edad Media hasta el siglo XXI.
- Tipos de textura musical.
- La modulación.
- La educación musical en España.
- La edición de partituras.
- Derechos de autor y derechos conexos. La piratería.

SABER HACER

- Repertorio vocal e instrumental.
- Creación de acompañamientos instrumentales.
- Creación de una pieza contemporánea.
- Edición de partituras con MuseScore.
- Audición activa de *Habanera* de Ernesto Halffter.
- Creación de un arreglo musical con un sintetizador en línea.

La directora de orquesta alavesa Inma Shara, una de las pocas mujeres españolas destacadas en este ámbito.

Aunque en ocasiones la música culta española no ha sido justamente valorada y estudiada, su riqueza se pone de manifiesto ya desde las primeras obras recogidas en los códices medievales, pasando por los polifonistas y vihuelistas del siglo XVI, posteriormente gracias a compositores nacionalistas como Isaac Albéniz o Manuel de Falla, que recuperaron la proyección internacional de nuestra música, y finalmente, con las vanguardias musicales, que han ganado un lugar propio en el contexto musical europeo. ¡Compruébalo por ti mismo a lo largo de esta unidad!

? NOS HACEMOS PREGUNTAS

- ¿Sabrías citar alguna obra musical y algún compositor de música culta española?
- ¿Existe algún género escénico genuinamente español? ¿Qué características tiene?
- ¿Qué instrumentos musicales son típicamente españoles?
- ¿Conoces algún intérprete de música culta española? ¿A qué ámbito pertenece?

1 La Edad Media

La Edad Media en España comenzó con las primeras invasiones germánicas del año 409 y terminó con la conquista de Granada en 1492. Fue una época de constantes cambios en las fronteras de los distintos reinos, y de convivencia entre las diferentes culturas y religiones que habitaron la península ibérica: principalmente visigodos, judíos y musulmanes. En este contexto, la música estaba fuertemente marcada por la espiritualidad católica y la tradición profana europea, pero también recibía la influencia árabe, especialmente en el sur de la Península.

En el contexto litúrgico, el pueblo visigodo desarrolló el **canto mozárabe** (así llamado porque fue la población cristiana que vivía en el territorio de al-Ándalus la que continuó con su práctica durante la invasión musulmana). Además de cumplir las características del canto gregoriano (anónimo, monódico sin acompañamiento instrumental, interpretado en latín por voces masculinas en forma de coro y solista, con escalas modales pero ritmo libre), era muy expresivo y melismático.

Por su parte, la **monodia profana**, surgida en toda Europa en el siglo IX, si bien se transmitió sobre todo de manera oral, a través de juglares y trovadores, también se conserva en cancioneros como las *Cantigas de Santa María* del rey Alfonso X el Sabio y las *Cantigas de amigo* del juglar Martín Códax. Esta música vocal era monódica (con acompañamiento instrumental), de autor conocido, compuesta con escalas modales y modos rítmicos, de carácter lúdico y con un texto profano o religioso, generalmente en lengua vernácula.

Los judíos que vivían en la Península adaptaron canciones populares castellanas a ritmos e instrumentación árabe en la denominada **música sefardí**, mientras que en al-Ándalus se desarrolló también la **música andalusí**, que reunía elementos de la monodia profana con la música árabe.

ACTIVIDADES

1 Escucha estos fragmentos y, según sus características (género vocal litúrgico o profano, textura, ritmo, tipo de voz e idioma del texto), identifica si pertenecen al canto mozárabe, a la monodia profana o a la polifonía litúrgica medieval.

SABER HACER

1 Interpreta el estribillo de *Ben guarda Santa María*, de las *Cantigas de Santa María*, y después, con un compañero, inventa una polirritmia para acompañarla.

A comienzos del siglo IX surgió, de manera simultánea al resto de Europa, la **polifonía litúrgica** a partir de la adición al canto llano de una segunda voz paralela (*organum*). Esta nueva forma vocal evolucionó hacia otras más elaboradas, como el *discantus* (cuya segunda voz se movía por movimiento contrario) y el *conductus* (composición de dos a cuatro voces con el mismo ritmo y letra, de estilo silábico y carácter solemne). El repertorio polifónico litúrgico español se recoge en manuscritos como el *Códice Calixtino* (Santiago de Compostela) y el *Códice de Las Huelgas* (Burgos). El *Llivre vermell de Montserrat* (Barcelona) recoge tanto cantos monódicos, religiosos y profanos, como polifonía religiosa.

ACTIVIDADES

2 Escucha estos fragmentos e identifica si son de música litúrgica o profana, instrumental o vocal, y a una o varias voces.

2 El Renacimiento

En 1492, los Reyes Católicos expulsaron definitivamente a los musulmanes de la Península, Cristóbal Colón llegó a América, y Antonio de Nebrija publicó la primera gramática de una lengua vernácula: el castellano. Los siglos XV y XVI fueron de esplendor político y económico, y de los más prósperos de la cultura española, marcada por la religiosidad.

En el terreno musical, el Renacimiento ha sido considerado como la **Edad de Oro española**, en la que España llegó a ser un referente en toda Europa. Su música, como la europea, empleaba texturas a varias voces, continuaba usando las escalas modales medievales y tenía un ritmo medido y regular, pero estaba marcada por el **peso de lo religioso**.

En la música vocal, se mantuvo el **gregoriano** como canto oficial de la Iglesia, pero compositores como Cristóbal de Morales y Tomás Luis de Victoria también cultivaron **formas vocales religiosas a varias voces**, como el **motete** (con más de dos voces que compartían una misma letra) y la **misa** (sobre textos litúrgicos de la misa, en latín).

Por su parte, la **música vocal profana** se caracterizó por emplear temas musicales populares, ritmos muy marcados y una textura generalmente homofónica. Se desarrolló a través de tres formas propias, cultivadas, entre otros, por Juan del Encina y Mateo Flecha el Viejo: el **romance** (basado en romances poéticos y constituido por cuatro frases musicales distintas, con un acompañamiento instrumental ocasional), el **villancico** (basado en las tonadas cantadas por los villanos –o habitantes de las villas–, estructurado en estribillo, copla o estrofa y estribillo, e interpretado por una sola voz con acompañamiento de cuerda, o a varias voces a capela) y la **ensalada** (que combinaba distintas formas, idiomas y texturas, y mezclaba lo cómico con lo serio).

La **música instrumental** siguió vinculada al ámbito profano, y fue adquiriendo cada vez más relevancia, hasta llegar a desarrollar sus propias formas, unas basadas en el contrapunto imitativo, como el **tiento**; otras, en la improvisación, como la **tocata**, y otras, en la variación, como las **diferencias**. Destacaron las obras para órgano de Antonio Cabezón, y las composiciones para vihuela (antecesora de la guitarra y sustituta del laúd empleado en otros países) de Luis de Narváez.

El *Misterio de Elche* es un drama litúrgico sobre la vida de la Virgen María, que se ha representado ininterrumpidamente desde la Edad Media hasta la actualidad (en la basílica de Santa María, en Elche, Alicante). Está escrito en valenciano antiguo y amalgama música de distintas épocas (medieval, renacentista y barroca).

3 El Barroco

El Barroco musical empezó en España con la muerte de Felipe II (1598), que dio paso a la decadencia económica y posteriormente política del Imperio español. Aunque fue paralelo al llamado **Siglo de Oro** en el resto de las artes, en lo musical supuso una pérdida del esplendor renacentista.

Se caracterizó por recibir la influencia italiana de músicos como Luigi Boccherini, que vinieron a España para componer, y por el empleo del **policoralismo** (varios coros a la vez). Por lo demás, cumplía las características de la época: buscaba provocar emociones; empleaba elementos contrastantes y melodías recargadas; se basaba en escalas diatónicas; usaba un ritmo incisivo y mecánico, y empleaba predominantemente la melodía acompañada con el bajo continuo.

En el terreno de la **música escénica**, España hizo sus principales aportaciones a través de la **ópera** y la **zarzuela**. Músicos como Juan Hidalgo y José de Nebra componían sus obras basándose en textos de autores como Calderón de la Barca o Lope de Vega. También tuvieron éxito los **tonos**: piezas vocales a una o a varias voces con acompañamiento instrumental, que podían ser «a lo humano» (de tema profano, generalmente amoroso) o «a lo divino» (de tema religioso). Como los tonos, las **tonadillas**, canciones costumbristas de tono satírico y sabor generalmente andaluz, se intercalaban habitualmente en obras escénicas más largas.

En la **música instrumental** proliferaron las obras para **guitarra**, cuyo principal compositor fue Gaspar Sanz; para órgano, destacando Francisco Correa de Arauxo, y para **teclado**, sobresaliendo el padre Antonio Soler con sus sonatas, aunque también compuso **música de cámara**.

SABER HACER

2 Interpreta la melodía de la *Danza de las hachas* de la *Suite española* de G. Sanz. Después, contesta y crea un acompañamiento, usando los acordes de tónica y dominante.

- ¿En qué tonalidad está? ¿A qué grado afecta la alteración accidental?
- ¿De cuántas frases musicales consta? ¿En qué grado finaliza cada una?
- ¿Qué estructura tiene la pieza?

ACTIVIDADES

3 Escucha *Disfrazado de pastor*, un tono de J. Hidalgo, y contesta.

- ¿Es «a lo humano» o «a lo divino»?
- ¿Qué textura tiene?
- ¿Qué instrumentos lo interpretan? ¿Cuáles hacen el bajo continuo?
- ¿Qué otras características de la música barroca identificas?

4 El Clasicismo

A finales del siglo XVIII, la música española se acompasó al ritmo evolutivo europeo, compartiendo sus cualidades: era equilibrada, clara y brillante; buscaba expresar la perfección formal y la belleza absoluta; usaba formas musicales con estructuras muy definidas; daba protagonismo a la melodía, de frases breves y simétricas; usaba una armonía sencilla, con puntos de reposo bien marcados, y empleaba la textura de melodía acompañada, a menudo con el bajo Alberti (consistente en arpegiar las notas de un acorde de tríada en el orden grave-agudo-medio-agudo).

Durante el reinado de Carlos IV, muchos compositores españoles trabajaron al servicio de la realeza o de nobles aficionados a la música. Se puso especialmente de moda la **música orquestal** y **de cámara**, en la que sobresalió Juan Crisóstomo Arriaga. Respecto a la **música para guitarra**, el instrumento más popular en España, es de señalar la figura de Fernando Sor. En el ámbito de la **música escénica**, destacó Vicente Martín y Soler, que escribió óperas al estilo italiano y llegó a competir en fama con el mismo Mozart.

ACTIVIDADES

4 Identifica las características del Clasicismo en los siguientes fragmentos.

- *Allegro* del *Cuarteto de cuerda n.º 1* de J. de C. de Arriaga.
- *Minueto n.º 6* de F. Sor.
- *Dolce mi parve un di* de *Una cosa rara* de V. Martín y Soler.

Los instrumentos polifónicos son los que pueden producir más de un sonido al mismo tiempo, como la guitarra o el piano, mientras que los instrumentos monofónicos producen un único sonido, como la flauta.

7 Tipos de textura musical

La textura musical es la manera en que se combinan las líneas melódicas que integran una composición. Se diferencian estos tipos.

Monodia

Esta textura, también llamada **monofonía**, es la más sencilla y consiste en una única línea melódica interpretada por una voz o instrumento, o por varias voces al unísono.

Homofonía

En esta textura, varias líneas melódicas similares y con una relación armónica entre ellas se mueven simultáneamente con un mismo texto y un ritmo parecido o idéntico (**homorritmia**).

Polifonía

En esta textura, diversas líneas melódicas independientes entre sí son interpretadas por varias voces de forma simultánea. Su manifestación más sencilla son las **melodías paralelas** y **en espejo**, que luego evolucionaron al **contrapunto imitativo**, en el que varias líneas melódicas son ejecutadas por distintas voces que se imitan entrando de manera escalonada, como es el caso del **canon**.

Melodía acompañada

En esta textura hay una línea melódica principal que destaca claramente sobre las voces inferiores, las cuales constituyen el **acompañamiento armónico** (normalmente formado por acordes).

ACTIVIDADES

9 Escucha de nuevo las cinco primeras audiciones de la actividad 8 e identifica su textura.

SABER HACER

5 Transcribe este canon titulado *Fa pur fa pur così* de V. Martín y Soler a una partitura para tres voces. Ten en cuenta que el signo ✻ indica dónde deben entrar las voces segunda y tercera. Después, interprétalo con otros dos compañeros.

8 La modulación

Casi todas las composiciones están construidas a partir de una determinada **tonalidad**, es decir, que están formadas por un conjunto de notas pertenecientes a una escala musical concreta, las cuales giran en torno a la nota tónica y a los demás grados y acordes propios de dicha escala. Toda tonalidad puede estar en **modo** mayor o menor, dependiendo de la manera en la que se ordenan los intervalos de tono y semitono en la escala empleada. Así, cuando se dice que una pieza está compuesta en do mayor, se refiere a que está en la tonalidad de do y en el modo mayor.

> **RECUERDA**
>
> Para identificar la **tonalidad** y el **modo** de una pieza musical hay que fijarse en la armadura de clave y en la nota tónica, sobre la cual suele descansar y concluir la melodía.

Tonalidades y modos según las armaduras de clave

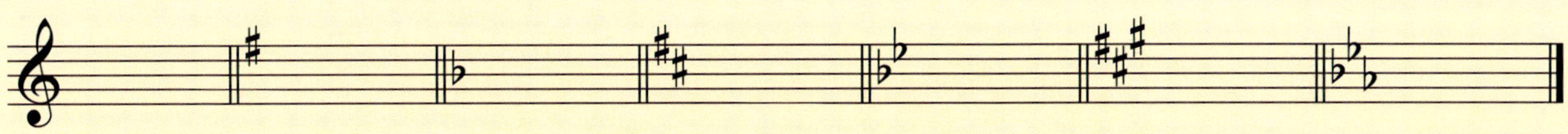

Do mayor La menor	Sol mayor Mi menor	Fa mayor Re menor	Re mayor Si menor	Si♭ mayor Sol menor	La mayor Fa# menor	Mi♭ mayor Do menor

Mi mayor Do# menor	La♭ mayor Fa menor	Si mayor Sol# menor	Re♭ mayor Si♭ menor	Fa# mayor Re# menor	Sol♭ mayor Mi♭ menor	Do# mayor La# menor	Do♭ mayor La♭ menor

Sin embargo, a menudo, una pieza musical incluye a lo largo de la misma alteraciones accidentales que, en ocasiones, llegan a modificar la tonalidad inicial mediante un proceso llamado **modulación**, cuya función es evitar la monotonía. Es un recurso empleado en la música culta, en la tradicional y en la popular urbana.

Las modulaciones suelen producirse a **tonalidades vecinas**, es decir, con el mismo número de alteraciones (como las escalas relativas de do mayor y la menor, ambas sin alteraciones) o bien con muy pocas alteraciones de diferencia entre ellas (como do y fa mayor).

ACTIVIDADES

10 Escucha de nuevo *Recuerdos de la Alhambra* de F. Tárrega mientras sigues la partitura. Después, contesta.

- La pieza comienza en la menor, pero modula en el compás 21 a una tonalidad en modo mayor. ¿Cuál es?
- ¿En qué grado de la mayor finaliza la partitura? ¿Y el fragmento que has escuchado? ¿Es conclusivo?
- ¿Cuántas alteraciones separan ambas tonalidades? ¿Qué sensaciones te produce el cambio de una tonalidad a otra?

REPERTORIO MUSICAL

CD ALUMNO

***Din dirindín*, anónimo del *Cancionero de Palacio*.**

Las espigadoras **de** ***La rosa del azafrán*** **de J. Guerrero.**

ACTIVIDADES

11 Investiga sobre los beneficios de la educación musical en el desarrollo del ser humano y resúmelos en cinco puntos. Después, ponlos en común con el resto de la clase y elaborad entre todos una lista con los principales.

9 La educación musical en España

La enseñanza de la música, como la de las artes plásticas y las artes escénicas, se engloba en el sistema educativo español dentro del área de las **enseñanzas artísticas**, presente en las aulas, como materia optativa u obligatoria, en todas las etapas educativas (Educación Infantil, Primaria, Secundaria y Bachillerato). Además, se imparte en otros dos ámbitos:

- **Enseñanzas no oficiales**: están dirigidas a músicos aficionados que no pretenden obtener un título oficial. Se imparten en escuelas municipales, centros culturales, sociedades musicales, etcétera.
- **Enseñanzas oficiales**: están regladas por la ley y su objetivo es preparar a los futuros músicos profesionales. Se organizan en tres grados:
  - **Elemental**: dura cuatro años, en los que el alumno se inicia en un instrumento o en el canto, y en los conocimientos básicos del lenguaje musical. Se imparte en conservatorios y academias oficialmente reconocidas por el Ministerio de Educación, Cultura y Deporte.
  - **Profesional**: se cursa en los mismos centros que la educación elemental y consta de seis cursos académicos, en los que se profundiza tanto en aspectos teóricos como en la interpretación instrumental o vocal. Al finalizarlo, se obtiene el Título Profesional de Música en la especialidad cursada.
  - **Superior**: dura cuatro años, en los que el alumno puede especializarse en el perfeccionamiento de la voz o del instrumento elegido, o bien cursar materias como Composición, Dirección de coros y orquestas, Musicología, Etnomusicología, Flamencología y Educación musical. Se imparte en conservatorios superiores o en universidades, dependiendo de la disciplina elegida, y al término del mismo se obtiene un título superior universitario.

10 La edición de partituras

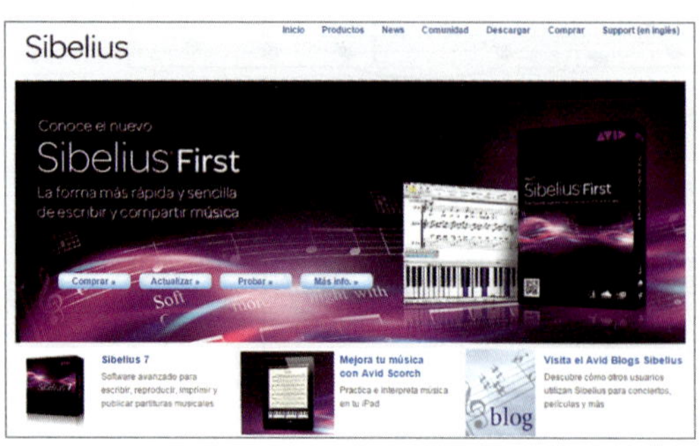

Hay muchos tipos de programas editores de partituras. Entre los de pago destacan Finale y Sibelius, utilizados tanto por aficionados como por profesionales, y entre los gratuitos, MuseScore y GNU LilyPond.

En la Edad Media, eran los monjes quienes, en los *scriptorium* de los monasterios, se dedicaban a copiar a mano libros de toda índole. Pero con la invención de la imprenta, surgió en el siglo XV la **industria editorial musical** y, con ella, la figura del editor y del impresor de música. A partir del siglo XVIII, esta industria fue ganando peso, y los editores se convirtieron en figuras clave en la difusión de la música.

Las Tecnologías de la Información y la Comunicación (TIC) han favorecido el desarrollo de programas informáticos de edición de partituras. Estos permiten crear y editar partituras en formato digital, hacer cambios en los instrumentos, modificar la tonalidad, escuchar el resultado en el momento (en sonido MIDI), traducir al pentagrama un archivo de audio importado o un sonido interpretado con un dispositivo MIDI conectado al ordenador, escanear la imagen de una partitura y convertirla en editable, exportar las partituras a diferentes formatos, etc. Su aparición ha abierto el mundo de la edición musical a los aficionados.

SABER HACER

6 Experimenta las posibilidades de edición que ofrece el programa MuseScore.

- Crea una partitura en compás de cuatro por cuatro, con ocho compases de duración, tempo *Andante*, tonalidad de do mayor, ámbito melódico entre do grave y fa agudo, y que contenga una variedad de figuraciones, matices de intensidad, signos de repetición y otros signos musicales que conozcas.
- Reproduce tu creación y expórtala a otro formato.
- Intercambia tu partitura con algún compañero e interpreta su creación.

ACTIVIDADES

12 Averigua quién fue Ottaviano Petrucci y qué son Casa Ricordi y Edición Peters.

13 Entra en la página web de IMSLP Petrucci Music Library y busca partituras de Vicente Martín y Soler, Joaquín Rodrigo y Cristóbal Halffter. ¿De cuál de ellos no encuentras ninguna? ¿A qué crees que es debido?

11 Derechos de autor y derechos conexos

Cuando un artista crea una obra, tiene derecho, sin necesidad de hacer ninguna gestión ni trámite, al reconocimiento público de su autoría y a la no alteración de su creación sin su consentimiento expreso. Este es el llamado **derecho moral**, y es inalienable, es decir, que nadie puede hacer renunciar a él a su autor, incluso si este decide ceder su propiedad o explotación a un tercero para obtener un beneficio económico. Por ejemplo, aunque Pablo Picasso hubiera vendido el cuadro *Las señoritas de Avignon* a un coleccionista de arte, y este a su vez lo vendiera al Museo de Arte Moderno de Nueva York, nadie podría negarle nunca al pintor malagueño su papel como autor del lienzo. Si otra persona se hiciera pasar por su creador incurriría en **plagio**, que desde el punto de vista legal constituye una infracción de los derechos de autor. Para facilitar el curso de las acciones legales necesarias en caso de plagio, muchos autores inscriben su obra en el **Registro de la Propiedad Intelectual**, para tener una prueba cualificada de la existencia de sus derechos morales sobre la misma.

Los autores también tienen derecho a explotar comercialmente su obra: es el llamado **derecho patrimonial**, que puede ser cedido o vendido mediante un contrato. A diferencia del derecho moral, solo puede ser ejercido durante un tiempo limitado (en Europa, durante toda la vida de su autor y hasta 70 años después de su fallecimiento para los herederos legales del mismo), transcurrido el cual la obra pasa a ser considerada de **dominio público**, es decir, que puede ser copiada, reproducida y editada libremente, siempre y cuando se respete el derecho moral de su creador.

Para proteger los **derechos de autor**, cada país tiene su propia **Ley de Propiedad Intelectual**, que regula las sanciones que se deben aplicar en el caso de plagio de una obra, invento o idea.

A diferencia de las artes tangibles, en las que el producto creado es un objeto físico (como una pintura o una escultura) que se vende una sola vez, una composición musical u obra literaria es un bien intangible cuya utilización y difusión es necesario proteger. Por ello, los autores y editores se asocian en las llamadas **sociedades de gestión colectiva de derechos de autor**, para controlar el cobro de los beneficios derivados de los derechos patrimoniales y detectar los usos no autorizados.

El Palacio Longoria (Madrid) es la sede de la Sociedad General de Autores y Editores (SGAE), la entidad española encargada de la gestión colectiva de los derechos de propiedad intelectual de las obras musicales, dramáticas, coreográficas y audiovisuales de sus socios.

TEN EN CUENTA

Con la facilidad para grabar y hacer fotos que nos ofrecen los dispositivos electrónicos a nuestro alcance, no es difícil olvidar que existe un importante derecho ligado a la dignidad: el **derecho a la intimidad personal y a la propia imagen**, garantizado en la Constitución española. Este confiere a su titular el poder para disponer de su imagen física y evitar su difusión sin su consentimiento. Por lo tanto, antes de proyectar las grabaciones que hagamos durante nuestra práctica educativa en el aula, debemos contar con el consentimiento de todos los implicados.

En música, las obras a menudo son el resultado de un proceso de creación colectiva en el que interviene un compositor, un letrista, un libretista, etc.; todos ellos son considerados autores. Por lo tanto, de cara a la interpretación de la música, tanto los músicos que participan en la misma como aquellos involucrados en su grabación fonográfica o audiovisual, tienen reconocidos una serie de **derechos conexos**, vinculados con los derechos de autor. Por ello, es necesario pedir permiso expreso y, si lo solicitan, pagar un canon por la copia, reproducción y edición de su grabación, tanto a las personas involucradas en su creación como a sus productores (las casas discográficas).

ACTIVIDADES

14 En grupos de cuatro, investigad el significado de «canon por copia privada» y «derecho a cita». ¿Qué defiende la plataforma Todos contra el canon?

15 ¿En qué período vivieron respectivamente E. Granados, I. Albéniz, P. Sarasate y M. de Falla? ¿Son sus obras de dominio público?

16 Según la actual Ley de Propiedad Intelectual, muchas grabaciones de la década de 1960 pasarán próximamente a ser de dominio público. Investiga cómo afecta este hecho a la industria discográfica.

El *copyright* y las licencias libres

La **licencia *copyright*** (cuyo símbolo es ©) significa «derecho de copia» y, según el derecho anglosajón, es la forma clásica de identificar quién es el titular de los derechos patrimoniales de una obra. Es decir, las obras con *copyright* tienen dueño, por lo que el usuario debe pedir siempre una autorización y, si es necesario, pagar por su reproducción, copia o edición.

Sin embargo, las nuevas formas de distribución de contenidos a través de la red y las críticas desde algunos sectores de la cultura y del desarrollo del *software* libre a las limitaciones que imponen los derechos de autor tradicionales, han motivado el nacimiento de dos **licencias libres** principales, que permiten conciliar la versatilidad de Internet con el derecho a la autoría intelectual.

- **Licencia *copyleft*** (cuyo símbolo 🄯 es un *copyright* invertido): significa «sin derechos reservados» e identifica aquellas obras que, aun teniendo un autor reconocido, pueden copiarse, reproducirse e incluso modificarse libremente, pues su autor renuncia al derecho patrimonial sobre ellas. Este tipo de licencia es irrevocable, es decir, que nadie puede utilizar un material con licencia *copyleft* y ejercer en el futuro un derecho patrimonial sobre el mismo.
- **Licencias *creative commons*** (cuyo símbolo es 🅭): significan «bienes creativos comunes» y son aquellas formas de explotación desarrolladas por la organización estadounidense del mismo nombre, sin ánimo de lucro, bajo la filosofía de que la cultura debe ser libre, y la creatividad y el conocimiento, compartidos y alejados del monopolio de los distribuidores de contenidos tradicionales. Estas licencias permiten decidir a los autores el grado de protección de sus obras, por ejemplo, si es o no obligatorio citar al autor; si se puede o no utilizar la obra con fines comerciales; si está o no permitida su modificación, etc.

El «top manta» es una de las formas de piratería más extendidas en la actualidad.

La piratería

El artista tiene derecho a percibir una compensación económica por su trabajo, pues de lo contrario se vería obligado a abandonar su labor creativa para poder mantenerse económicamente. Pero en el caso de que no lo desee, tiene derecho a ver respetada la forma de explotación que haya elegido al hacer uso de una licencia libre de un tipo u otro. Sin embargo, en las últimas décadas, con la ayuda determinante de Internet, han proliferado las vías de distribución paralelas (en soporte físico o en formatos digitales) que no respetan la Ley de Propiedad Intelectual al comercializar las obras de manera ilegal. En este sentido hay que tener en cuenta que la ley española permite como excepción la copia privada de una obra protegida, pero siempre y cuando se haya tenido acceso a la misma de manera legal (es decir, que esta se haya adquirido respetando los derechos de explotación vigentes para la misma), lo cual convierte en ilegal la copia privada de una obra obtenida por medios ilegales.

La **piratería** es uno de los casos más flagrantes de violación de los derechos de autor y afecta especialmente a la música y a la industria audiovisual. El consumo de productos pirata afecta no solo a los titulares de los derechos patrimoniales (como las casas discográficas o las productoras y distribuidoras de material audiovisual), sino también a los autores de la obra y a todos aquellos que hayan participado en su creación (como los artistas, intérpretes, traductores, editores y productores).

ACTIVIDADES

17 ¿Dónde consigues la música que escuchas a diario? ¿Crees que al adquirirla has respetado los derechos de autor?

18 Crea una pequeña fonoteca con fragmentos musicales libres de derechos, consultando las páginas freemusicarchive.org y musicalibre.es.

19 Investiga qué quieren decir los siguientes iconos en las licencias *creative commons*.

SABER HACER

7 En grupos de cuatro, interpretad la canción *Din dirindín* del repertorio y cread un acompañamiento instrumental (rítmico o armónico) para la misma. Después, grabad el resultado y debatid los siguientes aspectos.

- ¿Creéis necesario llevar vuestra grabación al Registro de la Propiedad Intelectual? ¿Por qué?
- ¿Quién es el autor de la música? ¿Y de la letra? ¿Existen derechos patrimoniales sobre la obra o esta es de dominio público? ¿Es necesario pedir a alguien permiso para la edición y grabación de la pieza?
- ¿Quién es el autor de los arreglos? ¿Puede ejercer derechos patrimoniales sobre estos arreglos?
- ¿Quiénes son los intérpretes? ¿Y el autor de la grabación? ¿Pueden ejercer derechos patrimoniales sobre el producto artístico final o simplemente cobrarán por su trabajo?
- ¿Qué personas tienen el derecho moral a ver reconocida su labor artística? ¿Y quién ostenta derechos patrimoniales sobre el resultado de la grabación?
- Decidid el tipo de licencia que queréis para la grabación: *copyright*, *copyleft* o *creative commons*, y en este último caso, con qué tipo de derechos reservados. ¿Qué os ha llevado a elegir un modelo u otro?
- En el caso de que quisierais ejercer los derechos patrimoniales de la forma tradicional, ¿cómo obtendríais un *copyright*? ¿A qué organismo deberíais acudir para gestionarlo?
- ¿Cómo vais a distribuir vuestra creación artística? ¿Será necesario vender o ceder el derecho de explotación a quien realice la labor de distribución?

REPERTORIO MUSICAL

La generación musical del 27

La música española del siglo XX destaca por el inconmensurable esfuerzo que hicieron varios grupos de compositores por renovar el lenguaje musical de nuestro país, anclado en el pasado, y conectarlo con las corrientes contemporáneas vanguardistas que habían surgido en Europa y América. Este fue el caso de los dos grupos de compositores españoles que, en lo musical, constituyeron el equivalente a la generación literaria del 27: el madrileño **Grupo de los ocho** o **Grupo de Madrid** (integrado por autores nacidos en torno a 1900, como Ernesto Halffter) y el **Grupo catalán** (que se presentó en 1931, en el que destacaron Federico Mompou y Roberto Gerhard). Su objetivo era crear un estilo musical propio, que mantuviera la esencia del folclore español defendida por su principal referente, Manuel de Falla, pero trascendiéndola al mismo tiempo mediante la influencia de las nuevas vanguardias. A pesar de que el trauma de la Guerra Civil obligara a muchos de sus componentes a un exilio forzoso, la influencia de ambos grupos dejó un poso que supo recoger la generación del 51.

El compositor

Ernesto Halffter (1905-1989) fue uno de los compositores españoles pertenecientes al Grupo de los ocho.

Comenzó su formación de la mano de su madre, quien le dio las primeras lecciones de música. Ya de niño compuso algunas pequeñas piezas y, en su juventud, su obra llamó la atención de Adolfo Salazar, importante crítico musical. Fue este quien le presentó a Manuel de Falla, del cual llegaría a ser su discípulo y con quien iniciaría una estrecha relación. En 1924, el propio Falla confió a Halffter la dirección de la Orquesta Bética de Cámara de Sevilla.

En 1925, el compositor madrileño alcanzó la fama con su obra para orquesta *Sinfonietta*, que le valió el Premio Nacional de Música. Ese mismo año se trasladó a París para proseguir sus estudios musicales bajo la orientación de Maurice Ravel.

La obra de Halffter, influida por sus dos grandes maestros, Falla y Ravel, tiene un estilo propio, espontáneo y apasionado, que combina elementos impresionistas y neoclasicistas con nuevas experiencias creativas. Supuso una exitosa aportación al pensamiento musical de nuestro país, estrechando los lazos con las tendencias vanguardistas europeas.

Sobre esta audición

La habanera es una forma musical, habitualmente cantada, que surgió en Cuba en la primera mitad del siglo XIX, y que se caracteriza por emplear un tempo lento, un compás binario y un característico ritmo que recuerda a la danza cubana.

La *Habanera* que Ernesto Halffter compuso en 1945 forma parte de la banda sonora de la película *Bambú*, dirigida por José Luis Sáenz de Heredia e interpretada por Fernando Fernán Gómez, Sara Montiel e Imperio Argentina. Dicha película hace patente cómo la independencia de Cuba en 1898, antigua colonia española, sembró entre muchos españoles la nostalgia por esta isla, conocida como «la perla de las Antillas». Esto se aprecia en numerosas referencias culturales, como es el caso de esta composición, que evoca el clima caribeño y transmite la melancolía por la tierra cubana.

Realiza una audición activa de *Habanera*.

- **Escucha la pieza y completa en tu cuaderno una ficha como esta.**

> – Tipo de compás.
> – Tempo de la música.
> – Número de voces.
> – Carácter de la pieza.
> – Instrumento que la interpreta y familia a la que pertenece.

- **Vuelve a escuchar la *Habanera* y acompáñala con el ritmo propio de esta forma musical mediante la siguiente percusión corporal.**

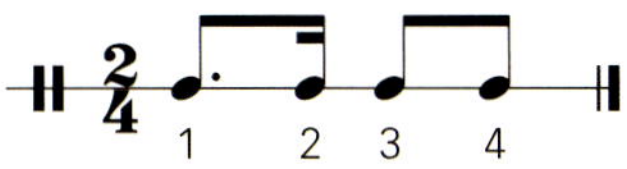

1 Golpe de la palma de la mano izquierda sobre la mesa.
2 Golpe del reverso de la palma de la mano izquierda sobre la mesa.
3 Chasquido de dedos con la mano derecha.
4 Golpe de la palma de la mano izquierda sobre la mesa.

- **¿Qué voz interpreta este ostinato rítmico: la melodía o el acompañamiento? Inventa una variante de ostinato y acompaña de nuevo la música con él.**

- **Observa la partitura de esta adaptación de la parte A de la *Habanera* y contesta.**

Moderato assai

a) ¿Qué significa exactamente el tempo *Moderato assai*?

b) ¿Cuántas frases musicales distingues? ¿De qué tipo es cada una (suspensiva o conclusiva)?

c) ¿En qué tonalidad está la pieza? ¿En qué grado de la escala finalizan las distintas frases musicales?

d) ¿En cuál de los principios compositivos (repetición, variación o contraste) están basadas las tres primeras frases? ¿Y la última?

e) Copia en tu cuaderno la partitura, incluyendo en ella el resto de los indicadores de intensidad y de tempo que suenan en la música: ***pp***, ***p***, ***mf***, ***cresc***., ***dim***., ***rit***.

- **Interpreta la partitura anterior con sus correspondientes indicadores de intensidad y de tempo.**

- **Interpreta la pieza con un compañero: uno ejecutará la melodía y el otro, el ostinato rítmico anteriormente inventado.**

- **Copia en tu cuaderno una tabla como la siguiente y complétala en sucesivas audiciones.**

Introducción	A	B	B'	A	Coda
a	a, b, c, d		a, b		a, b
	4, 4, 4, 4	5, 4	4, 5		

a) En la línea superior, que representa las secciones, escribe los signos de repetición necesarios.

b) En la siguiente línea, indica con letras las frases que componen cada sección.

c) Por último, en la línea inferior, indica el número de compases que dura cada una de las frases musicales.

DESARROLLO DE LAS COMPETENCIAS CLAVE

Creación de un arreglo musical con un sintetizador en línea

Desde la aparición de la tecnología digital, cualquier aficionado a la música puede tener un *home studio* con solo disponer de un ordenador, una buena tarjeta de sonido, micrófonos y altavoces de calidad. Esto es posible, gracias al desarrollo del ***software* musical**, es decir, el conjunto de aplicaciones informáticas que permiten, de un modo u otro, la creación, manipulación y edición del sonido con fines artísticos o comerciales. Entre las aplicaciones más utilizadas destacan los siguientes instrumentos:

- **Secuenciador**: permite grabar y modificar los sonidos grabados, convertirlos en pistas de audio que se pueden editar y mezclar de forma secuencial, así como reproducir y guardar el producto resultante en distintos formatos. Los sonidos se pueden captar mediante micrófonos conectados al ordenador, ser generados por instrumentos electrónicos o importarlos de archivos digitales de audio o vídeo.
- **Sintetizador**: permite generar y reproducir, desde cero, sonidos de manera artificial. Habitualmente está constituido por un teclado electrónico y una serie de mandos que controlan el timbre y los distintos efectos sonoros.
- ***Sampler***: toma muestras de sonido previamente grabadas (no genera sonidos desde cero, como hace el sintetizador), que se pueden modificar, combinar y reproducir.

Algunos de estos instrumentos virtuales no precisan descargarse en un ordenador y se pueden disfrutar en línea. Es el caso de **Audiosauna**, una aplicación que, entre otras cosas, dispone de un grabador, dos sintetizadores, un *sampler* y un mezclador de sonidos.

Realiza una versión contemporánea de la canción popular *La Tarara*. Para ello, sigue estos pasos.

1 Familiarízate con la aplicación.

- Entra en **http://www.audiosauna.com/studio**. En el menú superior izquierdo, crea una nueva canción pulsando **File** y **New Song**.
- Añade cuatro pistas diferentes mediante el menú **Track**, en el que puedes seleccionar el tipo de instrumento que interpretará la pista: **FM Synthesizer**, **Analog Synthesizer** o **Sampler** (ten en cuenta que para transcribir la partitura de *La Tarara* solo podrás emplear los sintetizadores).

  Las pistas creadas aparecen en la parte inferior de la pantalla con el nombre del instrumento seleccionado.
- En la esquina inferior derecha está el **zoom** ( ), y en la esquina superior derecha del programa está el **modo de visualización**: todas las pistas de manera simultánea ( ) o una de las pistas de forma aislada ( ). El teclado en el margen izquierdo te permite editar cada pista.

2 Edita la primera pista.

Cada vez que selecciones una pista (haciendo doble clic sobre su nombre en la parte inferior de la pantalla), aparecerá a la derecha el panel con el instrumento seleccionado al crearla (sintetizador FM, sintetizador analógico o *sampler*). Interpreta en su teclado la melodía de *La Tarara*, mientras compruebas cómo afectan al sonido los múltiples mandos de control que ofrece la aplicación.

- Elige entre las diferentes opciones de **Preset sounds** el sonido que te guste más para tu versión de la melodía.
- Selecciona la pista 1 en el modo de visualización de una pista aislada y transcribe la melodía de la primera voz de la partitura de *La Tarara*. Para ello, selecciona la herramienta **Pencil** en el menú superior izquierdo. Con la opción **Set snap to grid size**, elige la fracción correspondiente a la figuración que necesites para cada nota (1/2 para blancas, 1/4 para negras, 1/8 para corcheas, etcétera).

  A continuación, haz clic sobre la celda de la nota que quieras transcribir (indicada en el teclado de la izquierda) teniendo en cuenta que:

  - Las celdas blancas son las teclas blancas y las negras corresponden a las teclas negras.
  - Con la herramienta **Eraser** puedes borrar las notas que hayas introducido incorrectamente.
  - Con la herramienta **Selection** puedes seleccionar una o varias notas para desplazarlas, borrarlas o modificar su longitud (es decir, su duración).
  - Como la melodía de *La Tarara* es larga, tienes que ampliar la longitud de la pista que viene por defecto, arrastrando para ello el final de la barra verde superior ( ) mientras presionas el botón izquierdo del ratón.
- También puedes grabar las notas usando el teclado del ordenador: las letras A a L equivalen a las notas blancas de un teclado do a re agudo, mientras que las letras Q a P –excepto la R y la I– equivalen a las teclas negras. Para ello, pulsa el botón **Record** (el tipo de figuración lo tendrás que determinar manualmente).

  Si pulsas **Record** y **Play** simultáneamente puedes grabar exactamente lo que interpretes en el teclado a la vez que lo escuchas.
- Pulsando el botón **Play** puedes escuchar lo que has editado.

3 Edita las pistas 2 a 4.

Reproduce los pasos anteriores para grabar las pistas 2 a 5, correspondientes al acompañamiento en forma de acordes de la partitura.

4 Mezcla los canales.

En la parte inferior de la pantalla se encuentra el **mezclador de canales**, con el que puedes editar el volumen y los efectos sonoros del instrumento elegido para cada pista.

Por defecto, al pulsar **Play** escucharás todas las pistas a la vez, mientras que si bajo cada pista seleccionas **Solo Track** (botón **S**), podrás elegir las pistas que quieres que suenen. Si bajo cada pista seleccionas **Mute Track** (botón **M**), determinarás qué pistas prefieres silenciar.

En el lateral derecho del mezclador hay un panel de control con el que puedes modificar el volumen y los efectos sonoros de todas las pistas de forma simultánea.

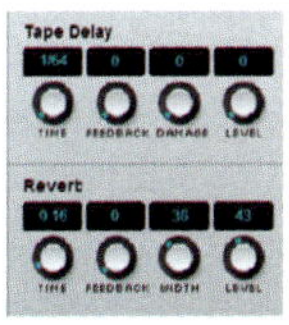

5 Edita otra pista y experimenta.

Prueba a crear una quinta pista utilizando el *sampler*, y experimenta el resto de las posibilidades que ofrece el programa.

6 Guarda el documento.

Por último, guarda tu creación en el menú superior izquierdo pulsando **File** y **Save to my Computer**.

¡Realiza las actividades en tu cuaderno!

20 Contesta sobre la Edad Media en España.

a) ¿Qué fechas la delimitan?

b) ¿Qué tres culturas y religiones convivieron?

c) ¿Qué tipos de música se cultivaron?

d) ¿Qué eran el *organum*, el *discantus* y el *conductus*?

21 Copia en tu cuaderno las afirmaciones verdaderas y corrige las falsas.

a) El canto mozárabe fue desarrollado por el pueblo visigodo en el contexto profano.

b) La monodia profana se interpretaba en latín, con un ritmo libre.

c) La polifonía litúrgica surgió en Europa en el siglo IX y se transmitió principalmente de manera oral.

d) Las *Cantigas de Santa María* y las *Cantigas de amigo* son cancioneros de música andalusí.

e) La música andalusí fue desarrollada por los judíos que vivían en la Península durante la Edad Media.

f) El canto mozárabe reunía elementos de la monodia profana y de la música árabe.

g) La música sefardí consistía en la adaptación de canciones populares castellanas a ritmos e instrumentaciones árabes.

22 Describe brevemente el contexto histórico, político, económico y cultural de la España renacentista.

23 Corrige y completa en tu cuaderno la siguiente tabla sobre los tipos de música renacentista.

Música instrumental	religiosa	romance, tocata, motete, misa
Música vocal		gregoriano, ensalada
		tiento, villancico, diferencias

24 Copia y completa este texto en tu cuaderno.

El Renacimiento musical español ha sido considerado como la ______. Su música empleaba texturas a ______, escalas ______ medievales y un ritmo ______; pero se distinguía por su ______.

En la música vocal, aunque se mantuvo el ______ como canto oficial de la Iglesia, también cultivaron formas vocales religiosas a ______ voces, como el motete y la ______. Por su parte, la música vocal ______ se caracterizó por emplear temas musicales ______, ritmos muy marcados y una textura generalmente ______.

La música instrumental siguió vinculada al ámbito ______, pero fue adquiriendo más relevancia, desarrollando sus propias ______, unas basadas en el contrapunto imitativo, como el ______; otras, en la improvisación, como la ______, y otras, en la ______, como las diferencias.

25 Elabora una lista de las características musicales del Barroco en España y otra de las del Clasicismo. ¿Qué formas musicales predominaron en cada una de estas épocas?

26 Define estos términos utilizando las palabras indicadas en cada caso.

- **Tono**: varias voces, a lo divino, tema profano, acompañamiento instrumental, tema religioso, obras escénicas más largas, a lo humano, intercalada, pieza vocal, una voz.
- **Tonadilla**: sabor andaluz, tono satírico, canción costumbrista, intercalada, obra escénica más larga.

27 Completa en tu cuaderno las siguientes afirmaciones sobre la música romántica española con el término correcto.

a) La música reflejaba un momento de [tranquilidad / crisis política].

b) España se mantuvo [al margen / al corriente] de las grandes tendencias sinfónicas europeas.

c) La música [religiosa / escénica] tuvo un gran desarrollo.

d) En la ópera, la influencia italiana [dejó de ser / continuó siendo] notable.

e) La ópera española alcanzó su esplendor a finales del [siglo XVIII / siglo XIX].

f) La zarzuela surgió en el [Barroco / Romanticismo].

g) La canción fue el equivalente del *lied* alemán, pero con un carácter más [internacional / costumbrista].

h) Las composiciones para instrumentos solistas [tuvieron / no tuvieron] mucha importancia.

28 Describe con tus propias palabras en qué consistió el nacionalismo musical español y el andalucismo.

29 Clasifica los siguientes términos según la época a la que correspondan: Clasicismo, Romanticismo, nacionalismo o siglos XX y XXI.

generación del 27 / música equilibrada / impresionismo / neoclasicismo / música electrónica / bajo Alberti / expresión de sentimientos / virtuosismo / armonías densas / unidad de la obra / estructuras definidas / armonía sencilla / andalucismo / reivindicación del folclore / espíritu nacional / dodecafonismo / frases simétricas / generación del 51 / música aleatoria / lenguaje musical libre / protagonismo melódico / cambios de intensidad / minimalismo

30 Indica al menos tres compositores representativos de cada una de las siguientes épocas: Renacimiento, Barroco, Clasicismo, Romanticismo y siglos XX y XXI.

31 Relaciona en tu cuaderno las siguientes texturas con los períodos de la historia musical. Después, ordena cronológicamente la columna de la izquierda.

monodia	Edad Media
polifonía	Barroco
homofonía	Renacimiento
melodía acompañada	Romanticismo

32 Copia y completa la siguiente tabla.

Tonalidad y modo	Armadura	Tónica
do mayor	sin alteraciones	do
fa mayor		fa
	fa sostenido	mi
do menor		do
	fa y do sostenido	re

33 Define con tus propias palabras qué es la homorritmia, las melodías paralelas y en espejo, el canon, el acompañamiento armónico y las enseñanzas artísticas.

34 Observa la siguiente partitura y contesta.

a) ¿En qué tonalidad comienza? ¿Hay alguna nota accidental?

b) ¿A qué tonalidad modula? ¿Cómo lo sabes?

c) ¿Se trata de una tonalidad vecina?

35 Explica la diferencia entre estos términos.

a) Enseñanzas oficiales y no oficiales.

b) Enseñanza elemental, profesional y superior.

c) *Copyright, copyleft* y *creative commons*.

d) Plagio y piratería.

e) Creación colectiva y dominio público.

36 Haz una lista en tu cuaderno con las funciones propias de un editor de partituras.

37 Escribe en tu cuaderno cada término junto a su definición.

derecho conexo	derecho inalienable del autor de una obra al reconocimiento público de su autoría.
derecho a la propia imagen	derecho a la explotación comercial de una obra.
derecho moral	derecho de todas las personas involucradas en la creación colectiva de una obra.
derecho patrimonial	derecho de toda persona a disponer de su imagen física y evitar su difusión sin su consentimiento.

38 Contesta.

a) ¿Qué es el Registro de la Propiedad Intelectual?

b) ¿Qué son las sociedades de gestión colectiva de derechos de autor?

c) ¿Qué determina la diferencia entre una copia legal de una obra y una ilegal?

d) ¿A quién afecta el consumo de productos pirata?

ACTIVIDADES TIC

39 Descubre en su página web la figura de Inma Shara, cuya foto abre esta unidad, y completa en tu cuaderno una tabla con la siguiente información.

Inma Shara	
Fecha y lugar de nacimiento	
Formación musical	
Orquestas que ha dirigido	

40 El Pórtico de la Gloria de la catedral de Santiago de Compostela, construido en el siglo XII, es una obra fundamental para conocer cómo eran los instrumentos medievales. Busca información al respecto y contesta.

a) ¿Qué es el proyecto de reconstrucción en madera de los instrumentos del Pórtico de la Gloria?

b) ¿Cuándo se inició y cuándo terminó?

c) Busca imágenes y audios sobre el proyecto.

41 Averigua qué eran los maestros de capilla, los ministriles y los corrales de comedias, y en qué época surgieron cada uno de ellos.

42 Lawrence Lessig y Richard Stallman son dos importantes personalidades en el mundo de las licencias libres. Investiga quiénes son, cuál de ellos tiene relación con el movimiento del *software* libre y cuál con el de la cultura libre, y define con tus propias palabras qué principios ideológicos sustentan ambos movimientos. ¿Cuál es tu opinión al respecto?

CD ALUMNO

Granada de E. Granados.

LECTURA

El desafío de la industria musical

[…] Hoy, la música está disponible en todos los rincones, en cantidades industriales, por un coste ínfimo. En una semana, cualquier criatura del siglo XXI con conexión a Internet puede consumir más música renacentista que la disfrutada por Lorenzo de Médici a lo largo de toda su vida.

Aun así, mejor desconfiar de los que proclaman que hemos alcanzado el paraíso en la tierra. En general, la música se escucha hoy con peor calidad sonora que hace 30 años. Los oyentes de pop somos víctimas de la tendencia a saturar cualquier grabación, para que sobresalga entre la cacofonía ambiental, un vicio de los productores que resulta dañino con esos auriculares que se introducen como proyectiles en los oídos, creando futuras generaciones de sordos.

Sí, se hace más música que nunca, pero es muy probable que su calidad media haya descendido. Más allá de los trampantojos de la nostalgia, hay razones objetivas: van cayendo los grandes estudios, con su equipo humano altamente especializado; sobre todo, han desaparecido los A&R (directores artísticos), los productores y demás sistemas de filtros que nos libraban de mucha basura.

Pero de eso se habla poco. En realidad, más que de la música en sí, ahora hablamos de sus modos de consumo y de las plataformas de distribución. […]

Cuando irrumpió Internet en nuestras vidas, su oferta de barra libre musical resultó irresistible. Te topabas con amigos no especialmente musiqueros que presumían de llenar sus discos duros con discografías completas, incluso de grupos que les resultaban desconocidos. Y normalmente, allí se quedaban: almacenadas, sin escuchar, arte muerto.

El paradigma, ya saben, ha cambiado. Acumular miles de horas de música perdió su encanto. Ahora se aspira a disponer de toda la música del mundo en cualquier lugar, a través de ordenador o teléfono. Servicios de *streaming*, como Spotify, Deezer o Apple Music, nos prometen la Fonoteca Universal. Conviene saber que hay mucho de espejismo: basta con buscar algo que se escape del *mainstream* o de los catálogos de las grandes compañías para descubrir enormes vacíos. […]

En realidad, esos 125 años de música grabada se podrían retratar como una guerra constante contra los avances tecnológicos, desde la pianola hasta el *streaming*. No lo interpreten como una oposición frontal al progreso: estamos hablando de sectores con intereses ambiguos, lastrados por la desconfianza. […]

Aunque, en contra de lo que nos enseña la historia, tanto los periodistas como los disqueros tendemos al pensamiento binario: o esto, o lo otro, con triunfo final del invento más avanzado, lo cierto es que la radio no arruinó los locales de directo, la televisión no acabó con el cine y el CD no enterró al vinilo. En la práctica conviven medios y soportes en feliz confusión, ignorando las profecías apocalípticas. […]

DIEGO A. MANRIQUE
El País, 09/09/2015

ACTIVIDADES

43 ¿Quién fue Lorenzo de Médici? ¿Cuál pudo ser su relación con la música?

44 ¿Qué postura tiene el autor del texto respecto a la calidad de la música en la actualidad? ¿Qué razones aduce para ello?

45 Investiga qué es una pianola y cómo funciona.

46 Según el artículo, ¿desbancará Internet al mercado de la venta de discos en formato físico? ¿Cuál es tu opinión al respecto?

47 ¿Cómo crees que afectan a la industria musical los formatos digitales?

Dirección de arte: José Crespo González.

Proyecto gráfico: Estudio Pep Carrió.
Fotografía de cubierta: Leila Méndez.

Jefa de proyecto: Rosa Marín González.
Coordinación de ilustración: Carlos Aguilera Sevillano.
Jefe de desarrollo de proyecto: Javier Tejeda de la Calle.
Desarrollo gráfico: Raúl de Andrés González, y Jorge Gómez Tobar.

Dirección técnica: Jorge Mira Fernández.

Coordinación técnica: Julio del Prado Martínez.
Confección y montaje: Jorge Borrego Luque y Luis González Prieto.
Corrección: Cristina Durán González y Nuria del Peso Ruiz.
Documentación y selección fotográfica: Sergio Aguilera Rubio.

Fotografía: A. Férriz; F. Ontañón; I. Codina; J. Jaime; O. Boé; ORONOZ; P. López; Polo Vallejo / CARMEN BALLVÉ; S. Yaniz; 123RF / Edyta Pawlowska; A. G. E. FOTOSTOCK / Eduardo Grund, mrk movie, Darius Koehli, Michal Dolezal, Art Media, The Hollywood Archive, BORGESE Maurizio / he; ALBUM / Paramount Pictures, Paco Manzano; CORDON PRESS / SYGMA / KEYSTONE PARIS, CORBIS / ZUMA press / Melissa Lyttle, Óscar González, Wang Peng / Xinhua Press, Demotix / Shane Zhang, Bob Sacha; COVER; EFE / José Méndez; EFE / SIPA-PRESS / INTERFOTO; GARCÍA-PELAYO / JUANCHO; GETTY IMAGES SALES SPAIN / Thinkstock, Jupiterimages; ISTOCKPHOTO / Getty Images Sales Spain, Mark Poprocki; SCALA GROUP / Christie's Images, London, Mary Evans; SHUTTERSTOCK; STOCK PHOTOS / ALAMY / Terry Harris, David Burton, imageBROKER, Yadij Levy, Dinodia Photos, Gaertner; Nosferatu / F.W. Murnau / Prana-Film Gmb-H; MUSEO ESPAÑOL DE ARTE CONTEMPORÁNEO, MADRID; PATRONATO MISTERI D´ELX; SERIDEC PHOTOIMAGENES CD; ARCHIVO SANTILLANA.